法と時間

法と時間

千葉正士著

信 山 社

はしがき

日の時間は時計で測られグリニヂ標準時を世界的な基準とし、年の時間は暦で測られ西暦が世界に通用するというのが、現代社会における時間の常識で、この時制と暦制とを合わせた時間制が、現代諸国家と国際社会に通ずる法制度を成している。この関係では時間が実定法の効力に生殺与奪の決定力を持つから、実定法学は法の効力の時間による有無・変化を論ずる。他方、自然科学は時間論の本流を自任して論議し、また社会問題としても時間はしばしば話題に上る。しかし時間まして「法と時間」は、社会科学の真剣なテーマとして論ぜられることがなかった。

だが人間が生きる社会には、この常識の時間制とは違う時間が無数にある。まず個人時間は、大体はこの常識に準拠するが必ずしも厳密にではなくむしろ多くは変型ないし逸脱している。しかも変型・逸脱が可能な主な理由は、個人の権利としてか所属社会のルールに拠ってか、社会に通用するからである。つまり、社会時間は常識の時間制とは多少とも異なる時間秩序で成立することが、現代社会の各種社会集団の保持する固有のスケジュールを見ればすぐ分かる。そのことは、異文化社会、たとえば広野に家畜を放牧し、乾季と雨季との交替で移動し、季節の変化に応じた生産に従う等の民族社会に著しく、それぞれが上述の常識の時間制とは異なる個有の時間制を享受している。

そのことを人は事実として知っており科学でも人類学は当然のこととするが、正統の社会科学と法学はこれを平然と無視した。その前提は、社会科学では近代科学と西欧エスノセントリズム、法学では国家法一元論と西欧法普遍論にあった。私は、法学研究を志した当初は日本の村落慣行法から出発しやがてこれを非西欧の伝統法に拡げ最後に人類の固有法に達した研究過程で、非西欧の時間もまた法と同様に西欧法学の前提により無視されていたと知り、人間と社会が創りだした文化でありながら無視された時間制の復権を非西欧法と同様に志向し始めた。

そして最近十余年間に書いた連載論文五編が、本書の原型である。これを一冊に編集するのに、最初は体系的に書き直すことを考えたが、それよりも、当初は終着点も望めぬままに出発したのに十余年の暗中模索の間に展望が開け最後に結論に到達した過程を正直に残すことが、研究プロセスの一先例として後進に参考になるかもしれぬと考え直し、最小限必要な調整をするだけに止めて論文集の形を保つことにし（各章の初出は参照文献一覧中の千葉の箇所で太字に記してある）、また本書編集時に初出論文に加えた補正を補注で示すことにした。内容はもとよりこの点にも理解と批判を頂けることを願っている。

初出論文を書いているうちに、学問の手法につき大事なことを知らされた。当初は私の個人研究として出発したのだが、執筆の後半には応援する友人が現れ私の未知や疑問を教え文献探索をも援助してくれた。私がともかくもゴールに達したのもその協力があったからで、そのことを感謝の念で痛感すると、学問の手法には、大別して個人研究と共同研究とがあるとばかり思っていたのに、研究協力とも名づけていい型をも加えるべきだと覚った次第である（千葉二〇〇一d参照）。研究協力者には、学友だけでなく研究作業の関係者も編集者・出版社もある。本書の完成に協力してくださったすべての方に感謝する。

二〇〇三年一二月

千葉正士

目　次

目　次

法と時間

第一章　問題――時間の法文化的意義

第一節　問題の意義

一　時間とは何か。この問は古来西欧哲学の謎であった。これに一つの明快な解答を与えたのが、近代哲学の基を固めたカントであった。曰く、時間は直観の形式すなわち認識の一範疇である、と。近代法学は、これを空間と並べて実定法学の理論的基礎に据え、主権国家が制定して依拠する国家法の管轄範囲を限定するのに、一定の空間すなわち領域とともに一定の時間を二大範疇と前提して法理論を構築した。以後、領域は、国家間の接触・紛争と地球上および宇宙空間の空白領域への対処とが国際政治上の問題を惹起するに伴い、これを解決するために法理論上の議論が起こり、その結果、空間の法的範疇は領域理論として常に関心を受け理論の微調整もなされてきた。

これに対して時間の法的範疇は、法学も社会科学のどの分野も理論を再検討するほどの問題を実践上も理論上も提起したことがなかった。二〇世紀が始まる時期の数十年間に標準時を設定することが資本主義の先進国から始まりついで全世界にも実現して以来、時間の法的範疇はこれを基準にして固定され、近代法学ひいて現代法学は、その結果である実定法上の時間制度に言及する以外は、時間論の社会科学的論議を顧慮することもないままであった。もっとも時間論は歴史論を含むから、「法と歴史」の問題と言えば、法学者だけではなく歴史学者その他社会科学者の関心が大きく、関係文献の蓄積も少なくない。これに比べると、「法と時間」の問題は、それと不可分むしろその理論的前提であるはずだから相当の研究実績があるだろうと思われるにもかかわらず、ではこれを代表する学者と文献にどういうものがあるかと改めて問うてみると、学者に知られているものは一つを挙げるのにも窮するほど学界の関心は低い。と言うよりもむしろ皆無に近い(補１)。

これは何故であろうか。これほど関心がないということは、それが問題として意味がないことなのかもしれない。少なくとも法学界の常識がそう認めていることは確かである。ではその常識に間違いがないか。この問いに対して間違いないと認定することの可能性どころか意味もあることを、私は十分に認める。しかし法哲学であれ法社会学であれあるいは法人類学であれ理論法学が同じ認定ですませていいかと言うと、私には大きな異議がある。理論法学は、一方では常識の存在と実践的有用性を肯定しつつ、他方では常にこれを批判して疑いそして修正するよう努力する使命をかかえるからである。

では、「法と時間」とはどういう問題であるのか、その実態はどうで、どう説明され、どう理論化されるものか。これらの諸点を確めることを課題として、しばらく暗中模索の考察を試みてみたいと思う。ただしこの課題は今まで法学界が関心の外に放置しておいたこと、私一人の努力には限界があって十分の論究はできないであろうこと、その上考察の結果がどれほど有意義なものになるかは今はまだ未確定なことなどからして、事の成就には危険性がある。しかし、そこに山があれば登らなければすまないのと同様、問題と思われることがあればこれに対して蟷螂の斧を振いたくなるのは、それが理論法学の使命むしろ宿命だからで

ある。(1)

二　実定法には時間に関する規定が、暦日制度をはじめ法令の公布時期、期限・期間・時効・条件その他として、法律効果の発生・変動・消滅を確定するために設けられているから、それらが法学界で議論の的になることはあった。けれども私の知るところでは、その場合も法解釈学上の論議にとどまり、「法と時間」の問題を法理論として問うにまで立入ることはない。(2)

なかんずく民事時効については論議も多く議論も緻密だが、その趣旨は要するに時効制度の「存在意義や法律構成」如何にあって（星野一九七八、一六九頁）、実定法上の制度そのものと時間との基礎的関係を問題にする視点はないように見うけられる。

刑事時効についても同様で、ある刑法学者は、法律における時間の問題を解説する講演において、何の理由も説明せずにその内容を時効制度を中心にした話題に限定してしまっている（松尾一九八〇、二七三頁）。実はかれも理論的問題をまったく予感しないのではなく、「すべての人に対して平等かつ画一的に変化が生ずるというところに法律の時間とのかかわりかたの特徴がある」と一言することが、まさに「法と時間」一般理論の重要な一面にほかならないにもかかわらず、かれ自身はこれを既知の前提とうけとめるだけでその意味を問題にしようとはしていない。またその終わりの部分で、西ドイツではナチスのユダヤ人虐殺の刑事責任が時効で免責されるのを阻止するため激論の末特例でこの時効を廃止したことを紹介し、公訴の時効が「国際的な広がりと歴史的な重みを持った深刻なテーマとして討議された」ことを認めながら、「ドイツ人の真剣な胸の痛み」と述べるだけで（同、二九五―二九六頁）、その国際的・歴史的問題性の何たるかを追求しようとはまったく考えていない。

私は論者が関心の外に放置したものに関心をひかれる。まず第一に、「平等かつ画一的変化の発生」が法と時間との一般的なかかわりだとすれば、それはどういう意味でか、そのことが人間の生活と社会の盛衰にどうかかわるのかという文化と歴史の問題を思うこと、そして第二に、西ドイツにおける刑事時効の問題が日本と違う一つの特例として説明されているが、それらは明らかに両国民の法文化の差を示すものであるから、問題は両国だけにとどまらず全世界に類比される事態があるのではないかということである。そこで課題としては、まず、その二点をまとめて法文化にかかわる一般論として探索する方向を与えられる。

三　このような私の関心は成長期から醸成された。まず、幼少年時代を地方の村落で送った私には、時間としては、国と学校の行事を進行させる公的な基準があったほかに、家庭生活のルールにも祭りその他の村の行事にも別の基準があった。青年時代を送った郷里には、ほかの各地と同じように固有の「仙台時間」があった。その関心が、神社と祭りから始まった私の研究テーマを「日本村落の慣行法」に集中させ後には「非西欧の伝統法」さらに「人類の固有法」へと拡がり、それに専念して時間問題はいつか周辺に押しやられていた。それが、非西欧文化の中で中国の悠久の歴史観、インドの輪廻する劫、砂漠や草原に生きる民族生活などに触れているうちに、成長期に頭に沁みこんだ時間の不思議さが翕然とよみがえった。そして気が付けば、法学の近代的基礎を揺るがすほどの時間問題が起こっていた。

それが脳死問題である。法律上脳死の問題は、個体である人間の死を判定するのに、心臓死をもってするという従来疑われることのなかった基準を、脳死をもってすることに替えるという発想から出る。これを時間の問題として見れば、とりあえず考察するだけでも問題点がいくつか浮かびあがってくる。まず、脳死判定は個人の死の時刻を変更するものだが単なる取替えではなく、心臓死と脳死との間に介在する時間だけ死の時刻を繰り上げることである。これがもし繰り下げることであるならば、問題性はずっと小さいはずである。何となれば、現代認識論の大前提のもとでは、人間の生は、過去から未来への客観的・機械的な基準に従って一直線に経過してゆく無限の時間の中で始めと終りを限られた有限なものであるだけに、死の時刻の繰り上げは、時間のこの論理に逆行して人間の生命を短縮することになるからである。(3) そのことが人間とくに基本的人権の保有者である個人の生命を法が操作するものである点において、事が倫理論のみならず法理論の大問題になるのも当然である。

つぎに、死の時刻は、われわれの法と法学の常識では上述の意味で問題となるのだが、世界の多様な法文化の中には、そのようなことを特別な問題とはしていないように思われるものがあることを、ここでとくに注目しなければならない。その典型例がインド法文化である。インド法思想の基礎を成すマヌ法典（全文は、渡瀬訳一九九一。解説は、中野一九六九、渡瀬一九九〇等を参照）の定める人間の死は、一瞬に完了するものではなく長い時間の間に徐々に進行する過程である。それによれば、死は実は老後期にすでに始まる。一家の家長が家督を譲ったのちは、「俗世界との訣別をこめて耕作による食べ物といっさいの私物を放棄し」て森に隠遁し、いつか「肉体のやつれが極限に達し」て「死を迎える」か、あるいは、遍歴して乞食する間に「徐々に感官の完全な制御を目指して」「死の時を待つ」べきだからである（渡瀬一九九〇、一四三―一四八頁）。ここで人間の死は、いわば社会死から始まりいつか時期の定められぬ個人死に移行する。誕生も同様である。それは、誕生以前の受胎式から始まり、その後さまざまの儀礼をへて、生誕一二年目に学生・修行期の入門式により「真の誕生」となるからである（同書六二―六七頁）。(4)

これを古代インドの宗教的理想にすぎぬと片づけるわけにはゆかない。マヌ法典は上座部仏教諸国に基準法として移植され、この地域に仏教法文化を今日に伝えており（千葉一九八六、二〇六—二一五頁参照）、ゆえに上述法文化の影響の有無は確認に価する問題だからである。そればかりではない。わが日本においても、これに類する民俗慣行が過去にあり、現在にも形を変えて残っている。かつての命名前の間引きや現代も続く宮参りは、誕生が一瞬にではなく時間の経過の中で徐々に完成するものであることを意味し、死人を死後にも在ますがごとく扱いかつ祭る慣行は、死もまた同様であることを示している。

四　これを法律上の規定とは無関係とみなすことが、可能であるばかりでなく必要な場合もあることは言うまでもない。しかし現実の社会にそのような時間の慣行と観念が存在すること、ひいてその機能が法律上の時間の社会的機能ひいて解釈に何らかの影響をもたらす可能性のあることは、事実を尊重する科学ならば無視も否定もすることができないはずである。その可能性の如何を確める問題意識が、法文化のそれである（Macaulay 1989の趣旨はここにある）。そうだとすれば、「法と時間」の問題が、一般理論としてとくに法文化の理論として追究に値する課題であることを疑うことができない。

そうだとすると、ここで法文化の概念を明確に提示しておく必要がある。この語は、二〇世紀末以来有用度の高さにより理論法学界で最も愛用される用語の一つとなっているが、概念が明確に規定されて通用するものはなく使用者の各自独自な用法がまかり通っている状況である。私は、他の論者が法学のみの立場で概念規定することを批判し、文化を専門とする人類学との対話を可能とするものでなければならないとする観点から、当初は「法として現れた一社会に特有な文化統合」と規定した（千葉一九九一、二〇七頁）が、後にこれを補正した。詳しくはその場所（千葉一九九八、第三章）の参照を願うことにして、ここには結論だけを以下に記しておく。法文化には、さしあたり特定的概念が少なくとも三種可能である。一は法学のものであるが上述のように多くの論者の間に帰一するところがない。二は人類学で私の上記規定が該当するが、まだ不十分でとくにそのキーワードの「法」を操作化する課題が残されている。三は私案で法人類学として「一法主体の多元的法体制全体の比較的特徴」とされ、これを観察分析するための操作的概念枠組が「アイデンティティ法原理下の3ダイコトミー」である。この法文化概念をもってする「法と時間」問題考察の結論が、本書の第五章である。

　このような前提条件のもとに問題の考察を始めるならば、手がかりはやはりまず文献調査に求めなければならない。前述のようにただちに思い浮かぶ文献はなかったが、調べてみると、幸いなことに、法哲学・法社会学・法人類学のそれぞれから、最低の数ではあるが関係論稿が見いだされた。まずそれを順に検討してゆこう。

第二節　G・フッセルの法現象学論

一　本書の意義

「法と時間」の問題を法哲学の見地から一般的に検討した唯一の例が、ゲルハルト・フッセル(5)の『法と時間』である（Husserl 1955）。本書は、私が知る範囲で、日本の法学界では紹介も議論もされたことがない(補2)。本書が本稿のテーマに関する唯一の図書であるにもかかわらずわが国で知られていないことが、以下にこれをやや詳しく検討する第一の理由であるが、実はもう一つの理由もある。それは、この書と著者が法現象学(6)の哲学的性質ひいて現代におけるその運命を説明する一例と理解されることである。

　現象学的法哲学の名は、わが国では、故尾高朝雄の唱導によって、二〇世紀における法哲学の一主要傾向と認められていた（尾高一九五二、二六一―三二二頁が最も詳しいが、同一九三七、二〇四―二二九頁でも概説し、絶筆の同一九六〇、一九三―一九六頁もその予定であった）。その論述には、一九世紀の実証主義の牙城を築きあげた実定法理論を批判し、法の人間との関係における真実の姿を二〇世紀に復興させるべく、哲学としての法現象学に対して期待をよせる筆者の熱意があふれている。尾高は、たしかにわが国唯一の法現象学者であったと言ってまちがいない。かれの法哲学の重要な課題は法律と社会関係との相関関係の解明であり、当初はドイツ形式社会学の社会理論に依拠してこれをなしとげようとしていた（尾高一九五二、一―八三頁、初出は一九二六）が、のちには現象学における底礎（Fundierung）の概念にその根拠を委ねることとし、法規範という概念的対象の実在性は構造的に関連する現実の社会現象に底礎されてはじめて確証されると理論化して、「法律の社会的構造」を確認し（同、一三一―二一八頁）、これによって全体的な『実定法秩序論』を展開した（一九四二）からである。その点では、かれが法現象学の代表者として紹介するアドルフ・ライナッハ（Adolf Reinach）、言及するフリッツ・シュライヤー（Fritz Schreier）、フェリックス・カウフマン（Felix Kaufmann）、ゲルハルト・フッセル（尾高一九五二、二九〇―二九四頁、三〇六頁）と並び、かれ自身も一人の法現象学者であると評価すべきである。

ところがそのかれの絶筆となった論文の書出し部分は、「現象学という哲学の一派があることは、今日では、哲学の専門家以外にあまり知られていないと思う」であり、この論文の意図は、「今日ではほとんど忘れ去られた」ことを嘆きながらむしろその故に、この現象学をその始祖エドムント・フッセル（Edmund Husserl）に還って法への応用を試みることであった（尾高一九六〇、一九三―一九四頁）。かれが一九五六年に事故により急逝してからはその志を継ぐ者もなく、わが国では現象学的法哲学を推進する声も同時にきかれなくなった(7)。

その情況のもとに現れたのが、ゲルハルト・フッセルの『法と時間』である。法現象学に関心を持つ者にとっては、その運命がどうなっているのかをも知る、唯一とはまだ断定できないが不可欠の重要な手がかりになると期待されるものである。

二　その法理論の基礎

本書は、元は別個に書かれた五つの論文を集め巻頭論文の題名を書名とした論文集で、その上各論文とも節の区分が少ないか無いかであり他文献の引用と説明の注は一切無いから、かれの全著作とドイツ理論法学とによほど通暁していないと正確な理解も評価も困難である。その意味では読者に対して不親切なこの図書を全面的に理解・評価をする資格が、私には欠ける。しかしそれでも、著者の法現象学の片鱗について手がかりを求めること、および「法と時間」に関する一つの見解を知ることは可能なはずである(8)。まず、本書の第三論文「法の経験（Erfahrung des Rechts)」から、法に関する著者の基本的観点をうかがうことにする。すなわち、

一　法とよばれる実存には、二つの面がある。一は、法律関係の観念内容で、その本来の意味を認識するには、一般人の自然的経験をこえる特殊なすなわち法律家の学識を必要とするものであり、法律紛争を解決したり不法行為に対して国家権力機関の介入により損害を賠償させたりする場合に働く。このような知における法は、長い法学の専門的伝統によって人間の複雑な共同経験（Miterfahrung）からきり離され自然的経験（natürliche Erfahrung）内の事物関係を特有の形に構成したものである。(SS. 73, 76-77.)

他は一般の観念内容で、法律専門家でない一般人はそのような知は持たないとしても、日常生活の中で物

を売り、買値を承諾し、住居を賃借りし、雇用契約を結び、遺言を残し、養子を迎えなどして、複雑な社会的現実の要因をなす法律関係を実践しているのであり、その意味で法を理解し（verstehen）法の知を有する。勿論この法の経験と知は明確さを欠き、そこで知られている法律関係は部分的ないし周辺的にとどまるけれども、法の本質に根ざすもので、本物でない（inadäquat）などと言えるものではない。（SS. 73–75.）

そもそも人間は無数の事物が他者として多様な形で存在する世界の中に実存するので、それらに対する人間の経験には、直接的なものとともに、間接的のものすなわち本人自身は知らない特殊的な知を具えた人が提供してくれるものもある。後者は、その世界の間主観性によって可能となるものだが、近代においては専門家による専門的な知が発達しひいて人間の間接的経験がいちじるしく拡大され、その直接的な自然的経験の知を一層補充している。上述した一般人と法律家との二つの「法的事物の経験」とその知は、そのような人間の一般的経験の一特殊面にほかならないのである。（SS. 68–73.）

一般人つまり素人の持つ法の知は、法経験の第一段階のもので、実は法外の目的を達成する手段として利用されており、この点では機械的技術と同様である。法律家の法の知は、素人がこの手段の使用に困難を感じたときに専門的知識として参照される第二段階の法経験である。だがそれも結局は助言にとどまるので、法が法としての最終効果を発揮できるためには第三段階として裁判官の法経験がなければならない。裁判官は、純粋な法律知識の担い手だけなのではなく、一方では正義の理念から批判を受けつつ他方では法共同体の法観念・法意識を伝え、かくて法の最終知を以て最高の法経験に到達するのである。（SS. 78–86.）

二　ゲルハルト・フッセルは、上述のように、法を、実存して経験ないし認識する主体である人間とは別世界の客観的規範体系と見る法学的理解とは別に、人間が日常生活の世界で経験し理解する（verstehen）事物（Dinge）と解するから、これを可能とする人間の経験ないし知が法理論の主要課題になり、上の見解に至ったものである。人間的知の対象となる法とは、他章の叙述によれば、法規範（Rechtsnormen）、法規（Rechtsätze）、法律（Gesetze）、法体系（Rechtssystem）であるが、経験としては法秩序（Rechtsordnung）であり、この法秩序が歴史上一定期間存在する特定の法共同社会（Rechtsgemeinschaft）に特有なものであるから、歴史性すなわち時間性が法の本質に属することになる。（SS. 10–11参照）

上述に示された法認識の基礎的方法を、法は客観的規範であるという法学の常識を括弧に入れ（einklammern）、実存する主体の経験ないし理解の内容として社会で機能する法を再構成するものと解すれば、それは、たしかに現象学的方法によるものと言ってよいであろう。しかしながら、もしも現象学の方法を徹底させようとするならば、個々の経験主体の個々の行動の個々の過程がより精密に分析されるべきであり[9]、また、上記の議論において法律専門家と裁判官の役割や法の諸形態を認めることは、法学の常識を括弧に入れることなくそのまま受入れる方法矛盾を犯していないか、要するにかれの現象学的方法は不徹底なのではないかという疑問が生れる。だがこの点は、本書の主題をこの書の叙述全体の中から次項で検討したのちに判断することにしよう。

三　その「法と時間」論

一　ゲルハルト・フッセルにとって法とは、規範上の法学的法律関係ではなく、特定の法共同社会において主体の経験に実存する法的事物である。全体としての法秩序の諸イデーは、法共同社会の境界と生存時間をこえて移植されることも可能であるが、実存する法的事物は、さまざまの意味の時間構造を内蔵していて歴史的なのである。（SS. 10–12.）

そもそも、人間が経験する個々の事物はその事物のイデーの歴史的・時間内存在である。中でも人間が創造する事物は、人間自体が生れたのちに成長しては老化しそして死んでゆく点において、歴史的・時間的構造を持つ歴史内存在である。そのもとで、人間は、共同社会生活に総括的な基本路線（generelle Richtlinien）を定めて一つの複合秩序を形成し、その範囲内で部分秩序を存在させる。法秩序はそのような部分秩序の一つであり、その法規範は、共同社会秩序の基本路線を行動の基準原則として示すものである。法規範はかくて当然に歴史的である。すなわち、法規範は、その誕生が前史に基づき現在の歴史的全体関連の結果であり、法的事物が歴史的時間の中で成長・変化・消滅するのに対して、将来にも及ぶ妥当性を主張しつつ、それ自体は時が来れば死滅する。（SS. 19–27.）

法的事物の歴史的な時間構造にいくつかの型が認められる。まずはその存在が一定期間に限られているもので、これにも、所有権や人格のように法律上時間が限定されていないものと、債権的請求権のように権利の発生と消滅とについて時間の終始が法律で定められているものとがある。後者の時間は具体的な実践的目的を達するための手段であるから目的達成により手段としては消滅する。しかしつぎに一歩進んで、目的が時間の中における一定の手続をふむことにあるという理由で、手段がその目的の意味を成就するという性質のものもある。[10] そしてさらに、時間的限定があるとはいえ実は法外の事実関係を継続させるという性質のものもある。雇用関係もその例だが代表的なものは婚姻で、その法律関係は過去の結果でありかつ将来を展望する法外の婚姻共同体の意味を成就するものである。（SS. 30–40.）

二　問題はつぎに、そのような法的事物を経験する人間が内蔵する時間構造にある。時間は、客観的には過去・現在・未来と数量的に測定されるが、人間の経験においては、過去は特定された現在であり未来は現在の可能性であるから、この三時は現在の主導によりすべてが一つの大経験枠組みに統合されている。ゆえに意味の世界においては、過去人は進歩を妨害し現在人は目前の時間に追われ未来人は現実を忘れるなどの危険性をともなうけれども、いずれも不可分の関連のもとに相互に補充しあっている。換言すれば、「人間生命の焔が……その意思に従って法規範を実行し……現在において過去を特定し未来を可能にする。」(SS. 41–52.)

現代の政治的共同社会である国家で分立する三権も、理念型においては実は時間構造を内蔵している。行政府の官僚は、常に新しい今日を出発点とするから現在人である。立法者は、人間理性の力を信じて一定範囲の未来を規制するから未来人である。そして裁判官は、その行動が過去に動機づけられているから過去人である。三機関はこうして時間の架橋をなしつつ個別共同社会の歴史的公共生活を実現させているが、その相対的比重には現実の共同社会ごとの相違が現れる。伝統的価値の大きい社会では、裁判官がこれを代表する（たとえばコモンローの支配するイギリス）。進歩志向の強い社会では、立法者が共同生活の指導的役割を果たす（たとえば一八世紀のヨーロッパ諸国）。そして既存の価値が動揺しながら新しい価値が確立していない社会では、行政官僚が当面の公共生活を処理する。(SS. 52–65.)

かくて結論すれば、法において、「われわれがその中に生活している時間は、この歴史的情況の本質的特質を証示していると考えてよい。」(S. 65)

四　その意義

一　以上の考察と見解には興味をそそる着眼が確かにある。その言う法的事物の時間構造とは、諸権利を権利たらしめる法律上の時間を意味すると解せられるから、法哲学界では例の少なかった経験的観察であり、それだけにその十分な考察を実定法に関する知識で補完することが今後の課題として有意義であろう。また人間は過去・現在・未来を一つに関連させつつこの諸権利を享有しているとすれば、そして国家の三権もその点で同様であるならば、そのことの歴史的な諸変型がそれぞれ法秩序に具体的にどう現れるかも、やはり有意義な問題と言ってよいであろう。そして、実存する人間の経験を分析し仮説するという手法には現象学的還元を連想させるものがある。

しかしフッセル自身の本書論述の内容には、その仮説自体の理論化も体系化も十分でない上に例示が思いつき的な少数にとどまるから、ほかにも言及すべきことがまだ多く残っているのではないかという疑問だけでなく、さらにそこに言及されていないことにその言う解釈がはたして通用するかという疑念も生じ、論証不十分で説得力に欠けると言わざるをえない。その方法についても、たとえば具体的状況のもとで実践する行動者の機能を主体的に分析する手法と言ってもさしつかえなく、現象学と言わなければならない理由ないし効果が不明である。

現象学における時間論には、幸いにしてゲルハルトの父であり現象学の創始者であるエドムント・フッセルの、哲学界でも珍しい著書がある（一九二八）[11]。この書は、専門家も難書と言うほどのもので私がこれを全面的に理解することは困難であろうが、現象学の方法と時間論とにつきモデルを知らせるには十分だと信ぜられるので、ここに参照しておきたい。それによれば、問題は時間意識、すなわちどのようにして客観的時間が主観的時間意識の内部で構成されるかである（九頁）。著者は、主として音の記憶が成立する過程を精細に分析する作業を通じて、意識に顕現する時間は常に「今」でそのそれぞれが新しい時点の「今」を創造するから相対的に過去が現存することになる、つまり時間は不動であるのに流れると確信し（八五—八六頁)、「絶対的主観性」が「今」という「根源的な源泉点と一連の残響の諸契機を顕在性の体験のうちに所有している」と定式化する(九九頁)。

二　これが現象学的方法であるならば、これによって「法と時間」の問題を考察するには、法的経験の主体である人間がその意識においていかに顕在的「今」を創造しつつあるか、そしてその経験の流れが過去のものと相対化されたときに法の歴史がいかに形成されるかが、主題になるであろう。これに比べるとゲルハルトの議論は、法秩序・法的事物・法律家・国家権力機関の時間的意味を解釈しているには違いないが、経験する人間的主体の意識の「今」創造作用の分析ではなく、法学界の常識を解釈しなおしたもの、しかも常識を受取るだけでこれを修正するほどのものがない上に、論旨不十分と言わなければならない。よって私も、その方法矛盾を肯定し尾高朝雄に賛成して、[12] かれは実質的には現象学者ではないと結論せざるをえない。ゆえに、これをなお現象学的法哲学の一翼を担うものとみなす者があるとすれば、それはむしろ現象学理解の貧困さを露呈するものであろう。法現象学が真理を語るものとすればその本領を発揮する新しい担い手を求めるべきである。

しかしながら、かれの議論がいかなる意味においても無用だと言ってしまうのは早計で、その言うところをすなおに受取れば、反対に問題考察の重要な示唆がそれから引出せると、私は考える。すなわちかれが、法を客観的規範体系だけでなく、人間が日常生活で経験する特殊な規範と理解している点である。かれはこの経験の解釈にあたって、時間に関する法律上の観念と制度を尊重してそれが経験の中でどのような意味を持つかを考察したが、それにとどまった。だが人間の日常行動における主体的意識においては、法は法律上の概念・制度とは異なる意味に、そして時にむしろ積極的にそれを否定する意味においてさえ理解・経験されることが少なくない。それらが客観的に過去の事実と観察されると法の無視・不順守・違反等と評価されるが、それが蓄積されるとやがては法の実質的変容そして法の制度的改正さらに歴史的変動に至る。その意味において、かれの言を好意的に解すると、「現在において過去を肯定し未来を可能にする」経験をする主体の意識は、法を現実に意味づけしそして変容させる、私の言葉では起爆装置とも言えることになる。

これを私の問題意識で敷衍すると、国家と伝統的法学は法を客観的な規範体系とみなして、そのような起爆装置の存在をよく知りながらこれを無視すべき立場をとってきたのに対し、現象学的方法は、反対にこの起爆装置を通じて法規範を観察することが可能むしろ必要なことを教える。法の経験主体の意識がその生きる社会と必然的に相互影響することは法社会学の問題であり、またそれが文化の中で展開されることは法人類学の問題となる。かくてわれわれは、法を経験する主体の意識における時間観念の社会文化的基礎を検討する課題を与えられる。(13)

第三節　ルーマンとエンゲルの法社会学論

一　ルーマンのシステム理論

法社会学は、本質上、長期的であれ短期的であれ歴史性を前提として法を研究せざるを得ないから、広い意味で法の歴史に言及しない法社会学者はいないと言ってもよいほどである。しかし、これを時間の問題として再構成する、とくにその一般理論として理論構成をはかる者はまことに寥々で、私はわずかにニクラス・ルーマンを見いだすだけである。ルーマン（Luhmann）は、すでにその主著『法社会学』（一九七二）において、法の歴史的発展を性格づけそれを可能にする法の構造の動的性質を分析したが、その諸所で法と時間との関連に言及し、さらにその理論を「法、時間、計画」の節で改めて述べているのである（三七二―三八三頁）。

一　それによれば、法とは、原始的なものも前近代的高文化のものも、過去を処理し引継ぐとともに不確定な未来を吸収する人間生活の規範として、現在における予期構造なのである。ただし時間は、それら近代以前の時代においては内容的・社会的関連性と結びついていたが(14)、近代では後者から解放されて実定法によって抽象化され、その結果「未来は、……つねに現在的な体験の継続のなかで維持されてゆく予期によって、確定可能なものとして構造化される」（三七五頁）。よって「今や法の妥当はその機能に依拠するものとなる。法の機能は未来との関連において解釈される」（三七六頁）。別に言えば、法は、時間の中に存在しているにもかかわらず、「時間に対する無関心が前提され」（二三〇頁）、それによって法は、その「妥当期間を自由に決定しうる」ことになる（二三三頁）。こうして、法は時間から解放されたかに見えることになる。

だが同時に、その法が、いよいよ複雑化する社会の内容と時間の経過に伴うその変化を自己の予期構造の内に構造化するために、法規範は高度に細密化され、その効果によって「細部に亙る無数の点で現実を計画的に変更するための道具となる」（二三三頁）。言ってみれば、法は「計画の必要という圧力の下で……その時々になされる選択作用を……可能にする選択的構造として解釈される」（三七七頁）。ここに、法と計画との本質的関係が見いだされる。ただし、社会には非計画的に発生する結果も計画どおりの結果と同様に増加するから、「この事態にむけて、社会はその法を調整しなければならない」（三七九頁）。

二　以上が、社会における法と時間との関係わけても近代社会における法と時間と計画の関係に関する、ルーマンの基本的な見解と理解される。これは、法の歴史という時間における先後関係と超時間的な法のシステムとを一つに統合するための理論、すなわち「法と時間」のシステム理論である。その趣旨は了解されるが、理論としての弁証はかならずしも緻密ではない。この点を補うように、すぐのちの一論文（一九七三年初出で Luhmann 1982：103–169に所収）がつぎのような説明をしている。

論述の出発点は、社会学の対象とその理論との基礎前提にある。もともと、「対象は有意味な自己選択的な人間の体験と行為から成り立っており、その体験と行為にはそれ自身の選択性を反省する可能性が内在している」から、理論はその対象の構成次元を明らかにすべきものとなり、時間制もその構成次元の一として問題となる（一〇五頁）。すなわち、いかに「社会システムが時間、時間地平および時間重要性の一定の解釈を構成する」かである（一〇六頁）。

本来、「時間はつねにその選択性と共に出来事を通じて構成される」から（一一七頁）、近代以前では神話的ないし宗教的に構成された（一一九頁）。しかし近代には、社会システムの分化にともない、たとえば法が「時折り失望した規範的期待に関する法概念と妥当する規範」（一六〇頁）との選択を通じて文化的抽象を進めるように、各システムの抽象化が進み、同時にすべてのシステムにつき「媒介の抽象的形式」が求められ、「世界時間の……線型的系列の表象」がうまれた（一二一頁）。ゆえに世界時間は、社会システムとは別システムであるが「同時に世界社会のシステム時間である」（一二三頁）。そうなると、「時間はもはや運動としてではなく運動の尺度として定められ」、法については「法規範が正義の基準に」となり（一六〇頁）、学者が一々時間を問題にする必要がなくなる（一一七頁）。

故にシステム理論において、時間の歴史性とは、歴史主義の言うような非可逆的の出来事ということではなく、時間地平の変異を歴史的現在における「交替する未来と過去をもつ選択の鎖として理解すること」なのであり（一二六頁）、現在は、過去からのあるいは未来への進化の一過程なのではなく、未来を選択する創造の時間地平である（一五〇頁）。ここに、法の妥当性の意味がある。すなわち、それは「もはや歴史の回顧に依拠するのではなく……現在と未来の変化可能性に基礎を置いていることが基準となる」（一四五頁）。

二　エンゲルのモデル時間論

以上に要約したように、ルーマンが、法システムを包みこんで歴史的変化をとげる社会一般のシステムと時間との関係を統合的に理論化したのに対して、時間観念に二種があることを知ってこれを一社会の経験的調査により論証しようとしたのが、アメリカの中堅的法社会学者デイヴィッド・エンゲルである。(15) その論文（Engel 1987）の趣旨は以下のとおりである。

一　時間は、人間の行動を測る直線的・定量的の不変的定数であることがほとんど疑われることがないので、法と社会変化との関係が問題とされるときにも、具体的な社会情況の外にある不動の基線として前提され、そのことが改めて問題になることがない。しかし、ベルグソン、W・ジェームズ、デュルケームなどの含意によれば、経験における時間は過去と現在の同時の流れであって文化的構成物でもある。その文化として、欧米ではかの抽象的外在的そして一直線の時間を採用しているが、エヴァンズ-プリチャード、ギアーツ、レヴィ-ストロースなどの人類学者やその他の社会学者によれば、時間は特定の社会においてその特有文化の根拠により社会ごとに異なって構成されている。その変数は多様だが、リーチの言う二つの典型、つまり、日・月・季節などのように反覆する時間（反覆モデル、iterative model・一般の言う循環時間――補注）と、人の非可逆的な一生のように反覆しない時間（直線時間、linear time）とを、エンゲルはアメリカで検証しようとするのである。（pp. 605–610.）

その調査は、かりにサンダー郡と名づけられたイリノイ州の人口二、三万の社会の住民について行われた。農民社会であったこの地は、一九五〇年代の末期にハイウェイが通じ六〇年に多国籍企業であるコスモ・コーポレーションが大工業プラントを開設してから、急激な変化に見舞われた。その後の工業プラントの増加とともに、相互援助でなりたっていた小規模の対面社会に伝統としてあった文化と価値観が崩れて、商工業人と政治的リベラリストの未来志向が支配するようになった。時間感覚も、季節の循環に基づく反覆モデルから、変化と発展を基準とする直線時間へと移った。商業人の一部にはコミューニティの伝統文化を支持する者もあるが、東南アジアからの難民がアメリカ文化になじめず黒人やラテン人に近づくなど、没個性(impersonality)と疎隔(alienation)の意識が圧倒的となり、地方文化は衰微した。(pp. 610–625.)

二　これは、コミューニティの法をみずから守るという前の世代の価値観とライフ・スタイルが、もはや次ぎの世代に反覆されないことを意味しているが、ここで大事なことは、法と裁判所がその変化を支持する点である。かつて、人間関係は個人同士の約束と握手で形成されていた。しかし今は、警察と裁判所がこれにかわり、公式法が契約と新しい価値とを権力で守っている。たとえば、ハイスクールが非行生徒を退校させることも、処罰された生徒の親が裁判所に訴え出ることも、以前には無かったのに、今は、タバコを吸った生徒が退校となり、その親が裁判所にこれを訴えて拒否されかえって社会的非難をうけた例がある。同様に、かつては被害者が自分の過誤として諦めていた負傷事件についても、損害賠償を求め裁判所に訴える傾向が出てきた。(16)かくて「法と時間の伝統的な反覆観」(p. 631)は、思い出には生きることがあっても、現実には公式法と裁判所によって過去のものとされつつある。(pp. 625–634.)

結論として、このサンダー郡でも、他の人間社会と同様に、直線的と反覆的の二つの時間観念がともに働らきあい補ってさまざまの事件を解釈する基準となり地方文化を形成させていることが認められる。法は、いつの時代にも目にみえる地方文化のシンボルであるが、この時間の観念が意識下の過程に働き、コミューニティの〔過去—現在—未来〕観につき人々に相違をもたらし、その相違の綜合としてコミューニティひいて法の変化を結果している。(pp. 634–636.)

三　それらの意義の検討

一　ルーマンの「法と時間」論は、その社会システム理論にすっぽりとはめこまれていてまさに体系的である点、そして、システム理論は非歴史的であるという根強い批判に反駁して歴史をも内包させる論理を具えると主張する点において、構想は雄大、論旨は明快である。すなわち、近代の社会システムにおいては、のちにアウトポイエシスの理論として発展された(この点は、土方一九八五、Teubner 1988 を参照)ように、システムに本質的な予期構造がその機能において一瞬々々の現在に事の選択をしては未来を創造するから、歴史はこのシステムの構造に内在化されてしまい、そして時間は世界のいかなる社会にも通用する、極度に抽象的な線型的時点系列の尺度であればすむ。この議論は、変動する社会を人間行動の主体的内省において論理的に再構成するもので、その点では、他からも認められているとおり現象学的手法の適用にほかならず(土方一九八四参照)、本人自身が述べるようにエドムント・フッセルを評価したことの結果でもある(ルーマン一九八六、一四一—一四二頁)。

このシステム理論がそのまま法にも適用され、法もまた一つの予期構造システムとして理論化される。すなわち、法規範は計画的に細密化された抽象的システムであり、これを主体的に言いなおせば、人間は現在的な選択を通じて未来を創造することにより法秩序を形成するものとなり、したがって、時間の経過に伴う社会の変化が法システムの予期構造の内に構造化されるから、法における歴史システムの機能にほかならなくなる。その結果、法はシステムの中で諸権利の「妥当期間を自由に決定」できるとともに、法自体の性質と変化を時間によって拘束されることがなくなり「時間に対する無関心が前提」（傍点引用者）となる。

「法と時間」のこの説明は、時間に関する現代法の諸規定を正確に認識するものであり、そして現代法解釈学が時間の一般論に立ち入る必要のないことを弁証するものでもある。それらの点は、法自体が矛盾・逸脱を吸収して機能するアウトポイエシスのシステムであるというかれの基本観点（千葉一九八八、一一二頁—一一三頁）とともに、現代法社会学者として抜群の見識を示すものである。その意味では、かれは「現象学の本領を発揮する」べくさきに待望されている「新しい担い手」の候補者にあたるとも言えよう。

しかしながら、かれの法システム理論は近代社会の近代法には妥当するとしても、それだけに、かれの言う近代以前の神話的ないし宗教的な社会と法には妥当するはずがない。そして非西欧の諸国が、西欧近代法を国家法として移植したとはいえ、実はかれの言う近代以前の法に類すると一般に受取られている伝統的な固有法を保持していて多元的法体制にあること（千葉一九九〇参照）は、かれ自身もよく知っているに違いない事実である。その事実こそ、冒頭で述べたように、私が「法と時間」の問題を提起せざるをえなかった理由であったのに、ルーマンは理論上はこれに無関心なのである。とすれば、かれには時間に対する近代法の無関心さの理由を説明してくれたことを感謝しつつ、かれが無関心ですませている現代の経験的世界をわれわれは探索しなければならない。

二　その世界が現に存在することを報告するものが、エンゲルの論文である。と言う理由は、非西欧社会ではなく現代のアメリカ社会の真只中で、西欧文化が前提とする没個性の直線時間と公式法とが規制するはずの一地方社会に、それとは異なる対面社会的な循環時間と信頼関係とに基づく法運用とが、工業開発が始まる以前に支配的であっただけでなく、それが急激に退化した最近でも伝統として現実に働くこともあると報告するからである。言いかえれば、西欧的な時間観念・法観念とこれに異なる時間観念・法観念とが、相互の強さは時代によって変わりつつもアメリカ社会の中で並存していることを指摘する。そして牧歌的な農民社会から没個性的な工業社会へという変化の過程を、時間観念に対応する法観念の変化という意味においてとらえた。

これらの点は、エンゲルの法社会学者としては初めての示唆であって、問題の検討を一歩進めることを要請するものである。しかし同時に、かれの社会学や人類学の文献の理解が表面的でその文化的意味を消化する努力が見られず、またせっかく着眼した問題の解析と理論的分析も不徹底であるから[17]、問題をこの先どの方向に検討したらよいかについては示唆がなく、その示唆は別に求めるほかない。

第四節　メイザーとグリーンハウスの法人類学論

一　メイザーの文化論的着想

ルーマンとエンゲルの与えた示唆むしろ課題は、通常は特別な疑問を呼びおこさないほど近代法のシステムに内在化された時間が実は歴史的機能を演じていること、および、近代法の依拠する直線時間が社会学的にはなお循環時間と併存していることであった。別の目的から書かれたものだが実はこの点に深くかかわると解せられる論文が、幸いに二つ見いだされた[18]。

一つがレスリー・J・メイザーのものである（Mazor 1986）。これは、その言及する個々の論点について一応の傍証を示してはいるが十分の論証のない小論だから、論文というよりむしろ着想を述べたエッセイと言う方がふさわしい。しかしその言うところは、まさに前記の課題にふれるもの、しかもエンゲルの論文にさきだってその趣旨を指摘するものにあたる。かれ自身は自己の問題を解決する方向を社会学・法民族学ないし存在論に求めているが、その趣旨において文化論的な法人類学に属すると言ってさしつかえない。

その基本的着想は、法学が法の直線的かつ普遍的進化をモデルとしていることに疑問を呈することである。法社会学の立場で、「法とは、ある社会が権利（right）と認める行動様式、および、権利行動の様式を判定するその社会公認の手続」（E. V. Rostow）だとすると、法は、個々人とその社会に行われている「相互関係の反覆モデル（any recurring model of interaction）」（R. Unger）にほかならず、したがって、時代と文化ごとのその特徴と相違を柔軟に把握できる法学が必要である。

またしたがって、時間の観念も一律であるはずがなく多様であるから、これらを柔軟に観察できる観点を開かなければならない。法における時間もまた、ユークリッド的過去から未来へ直線的に展開するのではなく、非ユークリッド的すなわちリーマン[19]的に現在の矛盾と両義性に揺られつつ未来を選択してゆく複雑な過程を汲みとるものでなければならない。

この趣旨は着想にとどまっていてあるべき時間観念について本人の主張は述べられていないけれども、発見したその問題点においてルーマンとエンゲルと重なり、しかもその先を示唆することを評価すべきである。ただし、残念だがそれ以上のものではない。

二　グリーンハウスの「西欧法と時間」

メイザーの着想を一歩も二歩も進めて、西欧文化の前提をなす時間観念と法の関係について文化史上および現代の法制度において分析を試み、理論的考察の手がかりをはじめて提供してくれたと評価してよいものが、アメリカの人類学者キャロル・グリーンハウスの一論文である（Greenhouse 1989）[20]。先輩の人類学者や社会学者の成果の上に立ち西欧文化の時間観念も文化的に特有であること、そしてそれが法と不可分に関連するものであることを論証しようとするものである。

一　そもそも直線時間（linear time）の観念は、キリスト教の創造と終末との間を結ぶ直線的進行を前提とし、この神の永遠の業のほんの一部が人間の生きる時間として与えられたという思想から形成されたが、それがヨーロッパに移植されると、教会ヒエラルキーに本質的な、したがって国家・契約・裁判所等の公的生活を規律する唯一の選択原理（a single principle of selection, or a single hierarchy of principles）となった。ところが民衆生活の時間慣行（temporal idiom）はそれと異なり、昼夜や季節の循環あるいは個人の生死や世代の交替等に内在する循環時間（cyclical time）であった。かくて二種の時間基準が競合しつつ前者主導の形で統合されることになる。すなわち、後者による諸事象が不確定要因（indeterminancy）となって優先権や忠誠を争う社会的緊張（tension）を生ぜざるをえないのに対して、前者はこれを実効的に解決する基準として働かなければならない。（pp. 1634-1638.）

その意味に三がある。一は、直線時間が一二世紀以降に教会の慣行から世俗化した結果、「所（place）」の観念と結合して、直線的に進歩するはずというヨーロッパに特有の「社会」観念をうんだことである。二は、国王個人の死による交替があっても王位の継承は可能というように二つの時間観念が統合されて、法の発達に革命をもたらしたことである。三は、契約証書・陪審・法学そして刑事訴訟と民事訴訟などについてヨーロッパに共通の法が成立し、かくて法が最有力な紛争処理手段として国王と臣民とを結ぶものとなった。この共通の法は、将来への効力を前提として過去の先例を生かしたり殺したりすることにより、現在において直線時間の理論を貫徹する。かくて法は、不確定要因の作用を変化として吸収蓄積する完全な全体である。それは、インド的な神による宇宙創造思想との接点を象徴するものであり、そしてその自己完結性（self-totalization）は直線時間の神話と言うべきである。（pp. 1638–1640.）

二　現代西欧法も、そのとおり、有限の個人の活動を無限の直線時間における公共性に転換する神話的機能を営むので、つぎにその一例として、アメリカで最高の国家権威を象徴する最高裁判所判事の継続性が分析される。要するに、最高裁判事も、西欧文化特有の直線時間制のもとに、個々人の有限な生命と多様な個性が、無時間的に完結した法的役割りに転換され神・理性・自然と共通の秩序を分かち持つものとなる。これを人類学が提供する資料の中から東ザイール・バシュー族（the Bashu）の首長と比較すると、後者では、循環時間制のもとに首長が祖先につながる生命の再生と考えられその継承には発達した儀礼が伴うのに対して、アメリカ最高裁判事はそれとは異なり、直線時間のあらゆる時点において妥当する全時間（all-times）的役割であるから儀礼は最小限にとどまる。（pp. 1645–1650.）

よって、西欧的時間観念と法的秩序規制との神話的関連が結論される。「直線時間は、日常生活を主導していて紛争をも起こしかねない時間慣行をすべて吸収させる先験的現実性（a transcendent reality）を属性とし」、現代西欧法は、この進行によって立つ諸制度の一にほかならず、「一つの理念（an idea）として、それらの多様な時間制とそれがうみだす不確定要因を一つに統合することにおいて、文化的な力なのである」（p. 1650）。

三　その意義

この論文には異論・反論も少なくないことであろう。論者は一つ一つの論点に人類学や歴史学その他社会学の文献を参照しつつ論証しているが、それらとは違う考えもその証拠文献もあるにちがいないし、また論者の記述は人類学の現地調査報告ではなく文化論的解釈論だからである。

しかしこれを文化論的仮説として受取ると、示唆するものが多くかつ大きい。第一に、現代西欧文化に正面から取組む、人類学としては比較的に数の少ない論考の一つである。第二に人類学的な時間論としては、いわゆる未開社会についてはすでに本書の諸所で言及したように議論が多いが、西欧社会を扱う本格的な論稿としては初めてのものである。(21) 第三に、その時間も現代だけでなく法との関係における西欧文化の歴史的変容過程において理論化を試みている。そして最後に、内容的にその解釈に傾聴すべき見解がいくつも含まれている。たとえば、具体的な生命体に固有したがって私的な循環時間を直線時間が公的に統合したこと、その全時間的完結性は神・理性・自然の秩序とも共通すること、そのような時間と法との関連が現代に不可欠な一つの神話となっていること、等である。

この内容において、グリーンハウスの考えは、一方では、特別な時間観念を必要としないほど線型的（＝直線的）時間を法システムの中に内在化させてしまっているルーマンの議論を、また他方では、直線時間と反覆モデル時間との双方を認めてもその並列に終ったエンゲルの着想を、ともにうけつぐかのようにしかも包括的な相関関係として理論化したものにあたる。そして、存在する主体の意識内容として分析するという現象学の方法、および、刻々の現在の行動が法システムの自己修正・自己発展を実現するというルーマンのシステム観は、直接の表現においてはかの女の議論に現れていないけれども、かの女が法の神話が多様な時間の不確定要因を統合すると言う趣旨には、そのことが示唆されていると言えるように思われる。

法が神話だと言えば、法学界からの反発が強いかもしれない。然しそのことは、戦前のサーマン・アーノルドの著書（Arnold 1935）以来法の一つの社会的機能としてすでに知られており、戦後には法の象徴的機能研究において（千葉一九八九参照）立証もされている。その意味では、グリーンハウスのこの見解は、本稿の提起する問題に新しい意義を加えたもの、すくなくともその問題性を新たに考えなおす論拠を提供したものと理解すべきである。

第五節　問題探索の方向

一　以上において、「法と時間」の問題に関係する文献の、さしあたり見いだされたものを検討した(22)。はじめに恐れられたように、それが絶無ではなくこれだけでもあったことを喜ぶべきであろう。しかし私が問題解決を求めて探索するための方向がそれらによって明確に示されたかと問うてみると、これを簡単に肯定するわけにはゆかない。

零から出発しようという私がそう言う理由は、ここに検討した五人の論者がいわばそれぞれ自分流の勝手なことを論じていて、その議論の内容の中に相互に直接に噛みあうところがないからである。せめてその一、二の者でも他の誰かの議論を知ってこれに同調あるいは反論してくれていたら、つまり学問的協力の実績がいくらかでも積み重ねられていたならば、われわれも教えられることが生まれていたであろう。なぜそうならないでしまったかの理由をさらに考えると、これを問題とする者があまりにも少なかったからと言えるだろうし、そしてその根本には、この問題意識が法学界においてもまた他の社会科学界においてもなかった、要するに問題自体がなかったと言うべき実状がある。それでは上述の結果もやむをえない。

そのようなわけで、検討した諸文献の総合的成果としてわれわれがただちに向かうべき方向は得られなかった。けれども、これらを検討したあとの今では、当初の暗中模索状態にすでにある種の光がさしはじめていることを、私は認めなければならない。

二　何よりも、法と時間とが、現代西欧法において、一システムの中に内在化されているという理論をルーマンから、そして文化史的には神話によって統合されているという示唆をグリーンハウスから、それぞれ学んだ。同時に、そのシステムと統合は、線型的ないし直線的な時間を基礎原理としながら、他方で逸脱行動ないし循環的な時間の機能を、許すどころではなくむしろ不可欠のダイナミックな作用の要因として含んでいることを、また知ることができた。これらの点は、一部をメイザーとエンゲルに支持されるとはいえ、まだ前記両学者の理論的仮説にとどまると言わねばならぬかもしれない。しかし、少なくとも仮説が在ることだけでも、われわれにとっては力強い援軍である。なんとなれば、それは「法と時間」の問題を考察することの意義を支持してくれるものだからである。その上、これらの理論は単なる作業仮説の域をこえてすでに学界でも多数の学者から承認支持を受けている[23]。われわれはこの問題の有意義なことを信ずればよく、これに不安を持つ必要はもはやない。

そうであるならば、問題探索の方向として両学者の理論の中から示唆を受けられるであろう。それにも多数あるであろうが、私はさしあたり、ルーマンからは法システムの予期構造における現在の未来創造作用に、そしてグリーンハウスからは私的な不確定要因を公的な権威に転換する法の神話的職能に、それぞれとくに注目したい。その理由は、それぞれの点が、両学者の中心的な論点であることもあるが、ゲルハルト・フッセルの示唆すなわち経験する主体が法の現在における意味づけおよび未来にむけての変容の起爆装置であることとも、内容的にかかわりあうからである。そして、はじめに知らされた問題点、法文化としての実態と意味をこれらに加えるならば、問題探索の基礎的な作業仮説が定められるのではないであろうか。

それを大胆に要約すれば、「時間制の、社会に生きる人間にとっての主体的意義および法との客観的関係」と言うことができようか。しかし、そう言うだけでは私の予感にすぎず、当然これを論証することが要求される。それが本書の提出する問題の本論をなす難問であるので、今回は問題の提示にとどめ、稿を改めてこれに向かって蟷螂の斧を振ってみることにしたい。

注

(1) 本章の初稿は、その十余年前に思いついた問題にようやくとりかかったものである。はじめは関係文献も少ないから比較的簡単なものと考えていたが、調べ始めると、関係する文献は当初の予想以上に発見され、それにともなって問題は広がるばかりで、とくに時間論は哲学や科学論・技術論はもとより人類学・社会学などで相当の展開があって途方にくれる感もあったが、とにかくこれを探索しようとするものである。

(2) もっともそれらの議論を網羅的に検討する能力は、私にはない。私の思考に不足するところは専門家の教示を得たい。

(3) ただし、物理学における時間論ではこの大前提が再考されている。この点はのちに検討することになる。

(4) これはカーストの四姓中、バラモン・クシャトリア・ヴァイシャの三再生族にかかわることで、非再生族のシュードラは除かれる。また言うまでもないが、この観念の前提には、いわゆる永劫の時間の中における輪廻転生というインド特有の世界観がある。

（5）　フッサールと表示されることが多いが、少しでも原発音に近づけるためにフッセルとすることにした。この点とともに私の現象学理解につき教示をくださった黒田正典東北大学名誉教授に感謝する。
（6）　一般には現象学的法哲学とよばれているが、本稿ではこのように言っておく。
（7）　その単なる紹介でなく主張をしようとする一連載論文がある（佐伯一九八九―）が、既発表の分は内的視点を弁証する哲学論にとどまっていて法を論ずるには至っていない。
（8）　ただし、Würtenberger 1969に掲載されたゲルハルトの著作目録と業績紹介によれば、かれには諸論文を一貫する理論体系の著書がないから、かれの時間論はこのタイトルを持つ本書一冊で十分に知られると、私は信じている。
（9）　後述する父エドムント・フッセルの分析は、まさしく正統の現象学的哲学できわめて精密である。これに比べるとゲルハルトにはこのような哲学的思考力がない。
（10）　その実例が示されていないから、意味がよくわからない。
（11）　哲学界でも時間論は大きなテーマとはされていないが、代表的作品として、ベルグソン（Bergson）の『時間と自由』（1989，一九九〇）、およびハイデッガー（Heidegger）の『存在と時間』（1927，一九六〇―六三）とがある。エドムントの前記の書はこれに並ぶと言うべきものである。
（12）　尾高は、ゲルハルトの初期の三業績によって、「蓋し哲学者たるよりも法律学者として大成すべき資であろう」と評価している（尾高一九五七、二九一頁）。
（13）　現象学の概念はその創始者の規定から離れて広く多様な意味で用いられる例があるから、このような課題は私自身が提起するものだが、それも現象学そのものではなく現象学的であるにすぎないと言われるかもしれない。しかし私はそのようなレッテルの問題には関心がない。
（14）　この点に関しルーマンが検討した歴史学・社会学・人類学等の文献は広汎であり、その理解も正確だと思われる。問題は、のちに指摘するように、それらの提示する諸事実が近代社会のシステムからは無関心に放置されていることである。私は、それが近代の社会原理の意図であると見たい。

(15) エンゲルは、最初期の著書（1978）においてタイの一地方で固有法上の紛争処理手段が生きていることを報告して注目された。その後も東南アジアに関心を持っているようだが主にはアメリカの問題を追っている。ここでとりあげる論文もそのような背景があって生まれたものと考えられる。また、本章初出論文発表後には、アメリカは公式時間制の下に非公式の逸脱時間を共有することを論じている。第四章参照。

(16) エンゲルは別の論文（1984）でこのことを詳しく報告している。その趣旨は、農民生活では怪我がつきものであったから人身傷害事件がおこっても、自分で諦めるか保険で補填するか相手とのインフォーマルな交渉で話をつけるかであったが、社会的距離の大きいよそ者が多くなると裁判に訴えて損害賠償を求める傾向が出てきたというのである。その中で旧価値は新価値と対決して自覚されこれを保存する運動を展開させること（pp. 579–580）、および、この対決を架橋する役を裁判所が演じていること（p. 572）という重要な指摘をしているのに、その論文でもまたのちの論文でもそれらを発展させていないことは惜しい。

(17) 本文中で記したように、エンゲルが参照した文献は多くはないが重要なものを揃えているから、これを読みこんで各著者の示唆の理解と自分の問題の展開とをもっと努めたならば、反覆モデルと直線時間という既成概念に依存するだけで思索力に乏しい結論に終わることはなかったろうと、残念に思われる。

(18) メイザーは、掲載誌の著者紹介ではアメリカ・アマーストにあるHampshire Collegeの法学教授となっているが、それ以上のことは知られない。

(19) Bernhard Riemann（1826–66）. ドイツのゲッチンゲン大学で教え、幾何学において非ユークリッド的理論を提出しただけでなく数学の他の諸分野さらに物理学理論にも新段階を画した数学者。それがここで引用されることの意味を、筆者は何も説明していない。

(20) 人類学では一般的にそうだが、とくにアメリカではマーガレット・ミードやルース・ベネディクトなどを始めとして女性学者が多い。法人類学も同様で、戦後開拓者の世代にはローラ・ネイダーやサリー・F・

ムーアがあり、現在ではジューン・スターやバーバラ・イングヴェッソンらがすでに中堅として不動の地位を占めているほかに、さらに新人も現れていて、その中の三人に私は注目している。一人のアリソン・D・レンテルンは、一元論的な倫理的文化相対主義と理想論的人権思想をともに批判し各民族文化に実在する世界観を尊重した上での普遍的人権を求め（Renteln 1988）、他のサリー・E・メリーは、多元的法体制につき最近の文献を精密に検討している（Merry　1988）からであり、そしてもう一人のグリーンハウスは本文で述べる理由によってである。

(21)　この論文は、イェール・ロー・ジャーナルが特集したシンポジウム「民衆の法文化（popular legal culture)」に寄稿されたものである。その組織者のマコーレーも本論文の特異性を認めている（Macaulay 1989: 1546, n. 7）が、かれの理解はグリーンハウス自身の提出する時間問題についての意義には及んでいないから、その点について私はこれをかれよりも高く評価する。

(22)　私が見逃したものもあるであろう。志ある方から教えていただければ幸いである。

(23)　ルーマンの理論が広く支持されていることは改めて言う必要がない。グリーンハウスが論拠とした多くは学界のどこかでは認められていたことである。たとえば、中世における法の普遍化や公職担当者の交替などのことは、むしろ既知の前提である。これを時間の問題として解釈しなおしただけでなく総合的理論のもとに包容したことが新鮮なのである。

(補1)　本章初出の一九九二年当時、法学界には知られてはいなかったが、その後探してみると、欧米には以下の本書が検討する業績が若干はあったけれども、日本には皆無であった。しかし約一〇年経った現在では、小林直樹（一九九五―、一九九八―二〇〇二）と徳永賢治（二〇〇一）と二友人の論稿が現れた。後に第五章で言及する。

(補2)　ただし本章初出論文発表後最近になって、小林一九九八―二〇〇二、Ⅵ（二〇〇一）、六五〇―六五一頁がこれを紹介している。評価は、「示唆的」だが「実証性も有効性も乏しい」である。

第二章　明治改暦の法制と法文化

第一節　本章の課題

一　わが国時間制度の根拠法規

時間は、カントにさかのぼる近代思想においては、空間とともにあらゆる認識の前提となる形式であり、したがって、法が法として存在することを認識するための前提でもある。よって、ある法の法としての効力の有無、および、ある権利の権利としての効力すなわちその発生・変動・消滅は、いずれもその画期が時間上の時期・時点ないし条件により決定される。そのこと自体は単に法の効力の前提であるだけでなくおよそ認識論一般の前提であるから、そのような時間との関係について、人間の有する無数の認識対象の中で、法だけについて何か特別の定めをする必要はないし、また学者がこれを論ずる意義もない、と言うことにも一理がある。(1)

おそらくそのような考えを理由として、法と時間との関係について世界の基礎法学界も関心を示さず、またわが国で時間制度について論ずる学者もいない。(2)『現行法規総覧』によれば、憲法編第二章法令通則の最後の第七節が「祝日・暦時・元号」にあてられていて、このタイトルに該当する法令として、祝日と休日に関するもの、明治五年の改暦に関するもの、標準時に関するもの、元号に関するもの、および〔参考〕として「国旗の寸法」（明治三年一月二七日太政官布告）が掲載されている。それら諸事項のうち建国記念日と元号については、学界の論議が大きいとしてもその意味は時間制度そのものを問うものではない。憲法学界では「公式制度」という概念があり元号制を含んでいるが、それを述べるものも時間制度には及んでいない。(3)

すなわち、現行法規中には時間制度を一般的に規定する根拠が不明確である。だが実は、明治五年の改暦の詔書とそれを補正するためにその前後に制定発布された諸法規に、その規準が定められている。私は、「法と時間」の問題に着手した以上、これを確認しないわけにはゆかない。憲法をも日本法制史をも専攻していない私では誤りなしとは保障しがたいけれども、むしろ、犯すかも知れないその誤りを専門家に訂正していただくために、以下にそれを再構成してみよう。(補1)

二　主要な用語

その考察に入る前に、時間に関する主要な用語の概念を、一般的慣用を参照しつつ定義しておきたい。法学界は時間の問題に無関心でそれに関する用語が定まっていないからである。(補2)

まず時間を計測・表示する基本的な単位は、「日」を基準とし、それより短い時間については「時《ジ》」と「分」と「秒」が、そしてそれより長い時間には「週」と「月」と「年」とがある。極微および極大の世界の時間には、科学でも日常でも特殊な単位が用いられることがあるが、法の世界には関係ないからここでは省略してよいであろう。それら以外の用語を以下のように定義しておく。

「時《トキ》」　時間、時刻、時点の総称。

「時間」　広義では前の「時」と同義。狭義では、時の流れのうち二つの時刻間あるいは時点間の特定された部分。時間の概念規定は専門家が苦心してきてそれぞれに有意義だとは思われるが、私にはこれをどう整理したらよいか確たる方途がない。いな、それらはいずれも西欧文化の知の所産でその精錬ぶりに賛嘆はするが正直に言ってそれだけでは満足できない。私の時間問題は、第一章の冒頭（六―七頁）で述べたように、日本の田舎の体験から生まれ非西欧の諸社会の実態を知るにつれて発展したものなので、学界で見いだされる時間概念がそのままには妥当せず、私の課題は西欧文化と非西欧文化とにわたり人間生活に働く生きた時間を確認することだからである。ゆえに時間の最終的な定義は、あるとすれば私の探索行が終着点に達した時に初めて得られるもので、ここではそのための作業仮説として提示するほかない。それも言葉で表現するとそれによって意味が限定されるのであらゆる可能性を視野に入れるために、むしろ一般の常識における時間観念が人間の世界認識の前提だという理由で、定義しないままにしておく(補3)。ただし、過去から現在さらに未来へ流れるという性質は、右の観念でも認められていて、時間の本質を成す。

「時刻」　一日の時の流れのうち精確に特定された一刻。

「時点」　長い時の流れのうちある事態が発生した特定の時。

「時法」、「時刻法」　一日の時間ないしその計測・表示の体系。計測・表示の手段が「時計」。

「暦法」、「暦制」　年を単位とする時間ないしその計測・表示の体系。その一覧表が「暦」。

「暦日」　暦の上の一日。

「暦年」　暦の上の一年。

「紀元」　歴史上の年を数える出発点。

「紀年法」　一定の紀元から年数を数える数え方の体系。

第二節　改暦によるわが国公式時間制の確立

一　改暦の内容

改暦は、周知のとおり一八七二年、詔書（明治五年一一月九日太政官達三三七号）によって実施された。その改革の要点は達の中でつぎの五点に示された。

1　暦法を太陰暦から太陽暦に改め、旧暦の明治五年一二月三日を新暦の明治六年一月一日とする。

2　一年三六五日を一二ヵ月に分け、四年ごとに一日の閏をおく。（旧暦の閏月を廃す。）

3　時法を改め、一日の時刻を昼夜等分の二四時とし、一二時づつを午前と午後に分ける。（昼夜の長短にしたがってそれぞれを六等分した旧時法を廃止。）

4　時鐘を右の時《ジ》に鳴らす。これまでの辰儀時刻（子丑寅卯辰巳午未申酉戌亥）を廃止。

5　諸祭典日の旧暦月日を新暦月日に換算して実施する。

以上五項目のうち時間制度の改革として本質的なものは三である。まず第一項と第二項が暦法の原則を変革して新しい年・月・日の制度を定めている。ついで一般に注目されることがないが、第三項と第四項が時法［後に時制と改称――補注］すなわち一日二四時間の数え方を変更したことが実は大きな意味を持つ。そして第五項の諸祭典日にはこの新暦法の日本的特徴が顕著に現れている。

この詔書の達は、その趣旨を具体的に説明するために、新暦の一二ヵ月と新時刻との一覧表、およびその年の旧暦の年末年始までにあたる新暦の明治六年一月一日から二月一三日までの暦をそえた。このいわば仮りの暦の中に注目すべき事項が記載されている。一は、明治六年が神武紀元二五三三年と明記されたことで、これはすでに定められていた神武紀元を元号とともに公式の暦の紀年法として採用したことを意味する。二は、祝日暦のうちに歴代の全天皇中二〇天皇の名と大祓が諸祭典日として各相当日に記されていたこと。三は旧暦の継続として、その暦日をはじめとし、月の朔望、二四節気および雑節を含めて、太陰暦が併記されたこと。四は新らしい事項として、週の各曜日、および太陽と赤道の距離を言う赤道緯度が付記されたことである。以上の諸事項は、まもなく文部省天文局から発行された（月日欠）一年間の「神武天皇即位紀元二五三三年　明治六年太陽暦」にも、そのまま採用された。

この詔書と達およびそれらを具体的に表示する暦とによって、太陽暦を移植するとともに元号と神武紀元との紀年法をあわせた暦法、および一日の時法が変革され、わが国現行時間制度の法律的基礎が確立したことになる。これは西欧法を移植した近代化であることに違いはない。しかしその点で、今指摘したように旧太陰暦と諸祭典日が新しい時間制度に組みこまれたことのほかに、注目すべき事実がなお二つある。一は、週日が記載されたがその意味については何も語られていないこと、他は、しかし対照的に、時間の法律的制度としては不可欠な年度と休日および西暦が無視されていたことである。以下の本節ではそれら時間制度の諸要素を簡単に確認しておくが、その前に、この改暦の意義とくに目的に関する事実を指摘しておきたい。

二　改暦の意義

改暦以前に行われていた旧暦は、もとは中国から渡来した太陰太陽暦であったが、わが国の官暦としてはその後頻繁に改正が試みられた日本固有と言うべき太陰暦であった（その事情については能田一九六六参照）。その改正意見は暦学者からしばしば提出されていたが、すでに一七二六年に西川如見が西洋の太陽暦を紹介しており、一八〇一年には中井履軒が太陽暦の採用を主張したという（同書一四八、一三七頁）。そして明治五年の一八七二年、改暦が急遽実施されたのである。

その趣旨として詔書が言うところは、太陽暦は四年ごとに一日の閏日をおくだけで暦の上に「季候早晩ノ変ナク」、「之ヲ太陰暦ニ比スレハ最モ精密ニシテ其便不便モ固リ論ヲ俟タサルナリ」であるから、利便ないし合理性が目的とされている。この理由は、福沢諭吉も「千万歳の後に至るまで世の便利を増したるなり」（「改暦弁」、内田一九八六、三一二頁より引用）と支持するところである。しかし詔書の草稿となったと言われる（能田一九六六、一五五頁）権大外史塚本明毅の建議（一八七二年一一月、日欠）では、旧暦はその不便により「民知ノ開達ヲ防グル」上に、太陽暦は「各国普通ニ之ヲ用イテ我独リ太陰暦ヲ用ユ豈ニ不便ニアラスヤ」と、文明開化の必要を主張している。政治の表面ではこの理由が最大の動機であったと言えよう。

右の二理由は当時の日本の国際環境からくる必然的な状況によるのだが、この時期に急遽実施されたことには、切実な財政的理由もあったと言われる。当時参議で大蔵業務に深くかかわり一八七三年一〇月から大蔵卿になった大隈重信はこの年を回顧して、旧暦では二、三年ごとに閏月をおくつまり俸給を年に一三ヵ月分支払わねばならぬが、国庫は窮乏してその余地がないのに明年は正にその年を迎えるから、「此の閏月を除き、以て財政の困難を救はんには、断然、暦制を変更するの外なし」と述べているからである（「大隈重信回顧談」、内田一九八六、三〇九頁より引用）。この点は、陸軍省から上申された京都兵学所御用掛市川斎宮の建白（一八七二年一一月五日）でも言及されているが、市川は、これは計算の仕方の問題にすぎずとし、「最要基本」は「至便至明万代不易ノ暦」を定めるためだと言うとともに、紀年法としては津田真道の建議にしたがい年号にかえて紀元を立てることを主張した。これが採用されて神武紀元の紀年法が制度化されたことになる。

三　新時間制度の調整過程

わが国現行時間制度の起源は以上のとおりに定められたが、それが体系として安定するまでにはなお多くの補修・調整を必要としたし、またその過程を正確に理解するにはそれ以前の経過で注目すべきこともある。それらの事情を、時間制度の諸単位につき個々に確認しておく。単位とは、一日をこえる長い時間については年、一日の中の短い時間については日を、それぞれ基礎とし、これに付随的ないくつかを加えたものである。

㈠　年・月・日

第一に、政府作成の公式の新暦に（暦の管理制度については後述）、旧暦の暦日が併記された。当初の明治六年暦には塚本明毅の建議にしたがい、二、三年間だけの予定で旧暦を併記した。翌七年暦からはこれを省きたいという伺いが所轄庁から出されたが、政府はこれを拒否した（明治六年一〇月五日文部省へ達）。同様の経過が以後毎年続き併記も続いた(4)。これが併記されなくなった年は不明だが、『法規分類大全』に記載されている明治二〇年暦には載せられていない。なお関連して、毎日の「太陽太陰両暦対照表」が、神武紀元の二一六一年から二五五二年まで（同七年一月一七日文部省上申）、一六六一年から二一六〇年まで（同九年七月一五日内務省達）、および一一六一年から一六六〇年まで（同一一年七月一四日内務省達）と、三回にわけて綿密に作成されている。

第二に、旧暦は右の暦日だけでなく、これに不可分であった他の四基準も同様に新暦に記載されていた。すなわち、月の朔望、節分・彼岸・社日・土用・八十八夜・入梅・半夏生・二百十日の雑節、小寒・啓蟄・

立夏・霜降・立冬その他の二四節気（気節とも言う）、および、十干と十二支とを組みあわせた干支である。干支は、明治六年暦では記載されなかったが、翌年の暦から採用されることになった（明治六年五月三〇日文部省へ達）。これは、年の干支が元号の改変にかかわらず、また日の干支も年月の交替にかかわらない便利さがあるからである。注目すべきは、以上四基準は旧暦の暦日併記廃止の後もなお暦に記載され続けたことである（右記の明治二〇年暦参照）。

第三に、前述のように、週の制度を採用すると公式には一言もなかったのにもかかわらず、週日が最初の官暦以来ひき続き記載された。これと似て、西暦を、改暦の詔書と達と官暦とを通じて無視していたにもかかわらず、前記の「太陰太陽両暦対照表」においては、計三回の各表に、該当する西暦年次を小さくかつ欄外にだが記している。この二事は日本的な対応として注目される（詳細は後述）。

㈡　元号・神武紀元・祝祭日

この三事はわが国の政治と法の体制上の特徴を示すものだが、前の二事はよく知られていることだから基礎的な根拠法規を指摘するにとどめる。すなわち、元号は、明治元年九月八日太政官布告により一世一元と定められ、神武紀元は、明治五年一一月一五日太政官布告三四二号で採用された。

祝祭日については、当初は諸祭典日と言われていたように名称も内容も変遷があった。まず祝日は、改暦早々に神武天皇即位日（明治五年三月七日太政官布告九一号により紀元節と改称）と現天皇の天長節の二が特定され（同六年一月四日同一号）、ついで同年の内に「祭日祝日等ノ休暇日」として元始祭・孝明天皇祭・紀元節・神武天皇祭・神嘗祭・天長節・新嘗祭の八となり（同年一〇月一四日同三四四号）、さらに六年後に、春季皇霊祭と秋季皇靈祭とが追加されるとともに、神武・孝明天皇の祭日を除き他のすべての天皇祭が削除された（同一二年七月一三日同一三号）。天皇が奉幣する官幣社の例祭日は暦に表記され続け、明治二〇年暦では大社・中社・小社と別格の各社をあわせて七九社に達している（国が奉幣する国幣社を除いているから、明かに天皇制を象徴する）。

㈢　年　度

年度は暦年とは別の画期による一年をさすが、事の性質によって異なる。たとえば麦と酒造は七月から六月まで、米穀は一一月から一〇月まで、などなどのようにである。法が定めるとすれば何よりもまず行財政の年度であるが、これが会計年度と呼ばれている。これについては、改暦にともない、金穀出納は、それ以前「一〇月から九月まで」を一年としたのを、以後は「一月から一二月まで」とすることにした（明治五年一一月二七日太政官布告三七四号）。これを、翌々年には「七月より六月まで」に改め（同七年一〇月一三日太政官達番外輪郭付）、一八八一年に会計法（同一四年四月二八日太政官達三三号）もこれを引き継いだ。これを、明治一九年度より「四月から三月まで」と改定したのであった（同一七年一〇月二八日同八九五号）。(5)

法律上の年度としては、もう一つ学年と言われる学校教育の年度がある。学校教育最初の基準法であった学制（明治五年八月二日太政官布告二一四号）は学齢を六歳とし、また中学と小学の教則を示した文部省布達（同年九月八日番外）は六ヶ月を学習期間の単位としたが、学年制については、何も語っていない。翌年の文部省入費表（同六年一月一五日文部省布達五号）では、同五年以降五年間の毎年経費見込みを表示するさいに暦年にしたがっているが、これは当時の会計年度の意味であって、ここで言う学年でなかった。当時は前記の学習期間が「学級」と言われ半年単位で進級したのが、一八八一年より一年単位と変えられた（倉沢一九八九、二九九—三〇〇頁）が、学年は観念も制度もまだ未確立であった。(6)四月始期の学年制が実施されたのは、高等師範学校に一八八六年、そして小学校には一八九二年からであると言われる（浪本一九八四、三九七頁）。

㈣　勤務日と休日

官吏の勤務日と休日・休暇は、維新早々に、勤務日の出勤時間が巳の刻（午前一〇時前後）、退出時間が申の刻（午後四時前後）と、また休日が一の日および六の日と指定され（明治元年一月二一日太政官四四号）、別に休暇が「来る二六日より一月三日まで」と定められた（同年一二月一二日同一〇二二号）。その後、参退刻限の表示が、一〇「字」より四「字」までと（同年一二月一七日太政官一〇九三号）、そしてまもなく「字」が「時」に変えられたが、以後数年間は、この原則が実施された(7)。

それ以後のおもな変更が三ある。一は、毎月の休日のほかに休暇が、いったんは一月一―三日、六月二八―三〇日、一二月二九―三一日と定められたが（明治六年一月七日太政官布告二号）、まもなく六月がとり消されて（同年六月二三日同二二一号）、今日の年末年始休暇が確定したこと。二は、八月二日から三一日までは八時から一二時まで勤務と、戦前に行われた半ドン制が認められたこと（同年七月二三日太政官達無号）。そして三に、三年おくれて日曜休日制が土曜半休制とともに実施されて、今日の制度になったこと（同九年三月一二日同二七号）。

小学校の休日は当初日曜であった。文部省布達（明治六年三月二日二一号）によれば、小学校教則では休業を日曜としていたものを、学制発足直後に官吏の勤務にあわせて一の日と六の日に変更したから、その事実が明らかである。ところが三年後には、官吏勤務日に右の変更があったのにともない、この布達が廃止された（明治九年五月二〇日同三号）から、もとの日曜にかえったことになる。

(五) 時（刻）法

時法の改革については、その後は法令も資料もない。しかし、旧太陰暦では、一日をまず昼夜に区別しついで両者をそれぞれ一二等分する、つまり時間が昼夜と季節で不均等な不定時法であって、一日二四時間を昼夜にかかわらず等分してからこれを午前と午後にわける太陽暦の定時法とは、理論的にはあい対立し実際生活でも大きな相違を来す。ヨーロッパで言えば、中世を支配していた修道院も教会も、時間制度は勤行ないし労働の前提条件だとしてその規制を全面的に掌握し、不定時法によって聖界と俗界をそれぞれ統制していた。これに対して都市の新興市民層は、貨幣価値によってはかることのできる新たな時間制度を要求し、自動的な時打機構を持つ機械時計による定時法を基準とした。すなわち、不定時法から定時法への交替は、単なる時法の変化にとどまらず社会構造の中世から近世への変革を意味した。だからこそ、そこに新旧両支配者の世紀をこえる闘争が展開されたのである（この点、山口一九五六、六三頁以下、アタリ一九八六、一三三頁以下、参照）。日本ではそのような歴史がない。

日本政府が太陽暦を採用して時法について当面した問題は、各地の時差だけのようである。最初の明治六年暦では、これを正直に認めて、東京の時刻からの時差について示した。箱館（三分四秒の進み）、西京・兵庫・長崎・琉球（四九分三五秒の遅れ）である。それが、明治二〇年暦では、道府県庁の所在地全部に及んだ。これが、単に暦の上の煩雑さだけでなく、実生活上も大きな不便不都合を来すことは言うまでもない。これを解決したのが標準時の制であった。

時差の問題は、資本主義体制の発達にともない国際関係でも重大であったので、一八八四年ワシントンで国際会議が開かれて、世界の標準時となる本初子午線にイギリス・グリニヂ天文台を通過する経度が選ばれ、同時にわが国も標準時を定めることになり、明石を通る東経一三五度の子午線が一八八八年より中央標準時の規準とされて（明治一九年七月一二日勅令五一号）、問題は解決された（時間に関する国際協定については、青木一九八二、二三三―二五五頁参照）。

㈥　暦の管理

最後に暦を作成する編暦（作暦とも言う）と、これを頒布する頒暦とについて、略記しておく。

現代社会では、時間も暦も公式には権力の手段とはなっていない。しかし歴史においては、洋の東西を問わず世の皇帝はじめ権力者たちはみな権力保持の条件として暦の管理に腐心していた。何となれば、社会に通用する「多種多様な時間」に「ただ一つの時間」を定めて、これに「意味と名前を与えその移ろいと回帰に応じて集団生活を組織」することが、「権力の最大の機能」であったからである（アタリ一九八六、三一二頁）。わが国でも、朝廷は七世紀初頭に中国暦を移植してから陰陽寮を設けて暦を管理しはじめ、江戸時代に入ると徳川幕府がこれを実質的に管理し、その天文方が編暦に当たるとともに特定の諸藩と暦師に頒暦を特許し、かくて官暦が固有の暦法を発達させた（くわしくは能田一九六六、七二頁以下参照）。その体制が明治維新と改暦を迎えたのである。

編暦については、維新の時に天文暦道を職掌していたのは京都の土御門家であったが、その権限は一八七〇年二月一〇日に局の名で大学の管下に移され、その大学が同年七月一三日に廃止された後も暦道掛の名で残った。だが同年八月七日には管理権が東京の星学局に移され[8]、それが翌々年四月一八日には前年設置された文部省に移されて天文局の名で南校に属し、しかし同年八月には文部省直轄に変り、その後一八七六年二月二四日に内務省に移管された。編暦業務は、内務省内でも担当部局の変遷があったが、一八八八年一二月東京天文台が文部省管下に設置されたさいこれに移管され、政府の直接的な権力的管理は終わった。

頒暦についても、それと似た変遷が見られる。当初の方針は明治三年四月二二日の太政官布告が「弘暦者ノ外私ニ暦本を販売スルヲ禁」ずと定めたことで、その前後には暦師はもとより諸藩の特許も制限される傾向となった。翌年からその法規化が進められ、それが明治六年二月一〇日と三月一二日との文部省伺定「頒暦規則」として実現した。その趣旨は、弘暦者を四三名に限定、内三名はその年限り、他は三年間認めるが、それ以後は願出に対する許可制としたことであった。明治一〇年暦からは本暦（明治七年暦より昭和二〇年暦まで発行）・略暦（または略本暦、小型で現在も伊勢神宮から発行）とも印紙添付が義務づけられた。しかしその五年後に本暦・略暦とも伊勢神宮から頒布されることに変り、一枚刷りの略暦は民間の出版が許されて（明治一五年四月二六日太政官達）、今日の体制に移った。

第三節　改暦に現れた法文化の特徴

一　改暦の混乱と調整

当時の日本国民にとっては、その大部分が農民か漁民であったから、朝に太陽が昇るのが一日の始まり、夕にその沈むのが日の終わりであり、そして天上の月の最も欠けた日がその月の一日、満ちた日が月の一五日であった。商人も政府官僚も大勢はこれに従った。すなわち、不定時法である日本的太陰暦の時間制度にしたがって、一人々々の個人時間が日々の生活と人生設計を規定し、ひいて社会の運営と機構が精密に構造化されて社会時間を形成していた。そこに突如として、時法が定時法に、暦法が太陽暦に変えられた。その結果国民生活に大混乱が生じたのはむしろ当然である。国民と政府はとまどいながらもこれに対応してその調整をはかり、試行錯誤の末に結局新制を移植するのに成功した[9]。

政府が法律的に直面した戸惑と試行錯誤は、前節各項の記述のいたるところに見られる。その法文化的意義を検討するためにここにまとめておくと、まず時法については、国内各地の時差の問題に一八八八年まで戸惑ったに違いないが、大きな混乱は記録には残されていない。記録に残されたことは、官吏の勤務日と休日・休暇をどうするか改暦前は方針が定まらなかったのが、改暦後はこの時法を応用して調整された。暦法については、旧暦の暦日を新暦に換算するのに追われたこと、および、年度制が安定するのに会計年度は一〇年以上かかり、学年はさらに六年を要した事実がある。

政府が改暦の成功にいかに腐心したかは、三面の企図から観察される。一は編暦と頒暦の双方を含む暦の管理で、当初こそ幕府の権限をひき継いでいたが、数年ならずしてこれを転換し、やがて一八八九年から権限を東京天文台に譲り暦の管理を政治から天文学に変質させた。これは西欧からの移植法の定着である。二は太陽暦による政府の官暦が旧太陰暦と妥協したことで、旧暦をはじめ雑節・二四節気・干支等を併記しており、その主要なものは現在でも民間に行われているほどだから、これは反対に固有法の維持である。三はその官暦中に神武紀元・元号・諸祭典日（祝祭日）を組みこんで、天皇国家の特質を鮮明に示したことである。これは、暦管理権を公式には放棄してもそれを償うにたりる天皇制的前提を確立した、その意味ではむしろ移植法と固有法の同化であった[10]。

そうしてみると、改暦は、外国の制度すなわち西欧法の移植に違いないが、言われる太陽暦をただコピーしただけではなく、これを固有の制度で取捨選択して同化した、むしろ日本的太陽暦の創出であった。この点をさらに確かめるために、わが国社会の時間慣行と外国の改暦事情とを瞥見しておこう。

二　改暦の社会的影響と外国との対照

以上は政府の公式の対応だが、民間の対応はこれとは異なるものがあった。編暦の担当官庁が旧暦併記廃止を毎年申し出たにもかかわらず政府がこれを拒否し続けたほど、旧暦の規制は民間に根強かった。その正確な実情は社会史か風俗史によらなければ確言できないが（原田二〇〇〇はその一例――補注）、疑いない事実として、今日でも、一部の漁村や神社などの特殊な世界は旧暦を使用しており、地方によっては正月や盆などの行事を旧暦によることがあるほどだから、戦前期とくに明治期前半には、社会における旧暦の規制には根強いものがあったに違いない。確かなことは、多くの神社例祭日や盆行事に見られるように、旧暦の暦日を新暦に換算するかあるいは新暦の一月遅れの日とするかして、形式的には旧暦を放棄しながら実質的には旧暦を維持するように調整したこと、これに対して、雑節中の節分・彼岸・入梅・土用・二百十日など、および二四節気中の立春・春分・夏至・大暑・秋分・冬至・大寒などを、旧暦とは無縁であるかのように新暦の季節行事として維持することである。要するに、民間暦では新暦と旧暦が同化している。

そこで、民間の時間慣行は政府が公定した時間制度とは異なることを確認しなければならない。右に記したものに付けたすならば、まず休日にある。改暦以前の慣行的な休日は、毎月の一日と一五日および正月・彼岸・盆・村祭り等、生産作業中にハレの機会として置いた年中行事の日であり、改暦後に政府と学校の新たな休日が始まっても、慣行はしばらくの間そのまま行われた。現在でもこの慣行の一部は、公務員の公休の理由として公認され、最近は労働時間短縮の実質的理由として復活されてもいる。また地方によっては、自然現象と生産行事を織りこんだ自然暦も行われている。多くの地方には「〇〇時間」と呼ばれる慣行の時間規準があることも、よく知られている。これらは、時には、これに依拠する人達にとり集団生活上不可避の固有法を形成する。日本社会に通用してきた時間制度は、公式のものを規準としながらも、一元的ではなく多元的なのである。

多元的時間制は、実は日本だけのことではない。欧米諸国では、わが国がモデルとした時間制度が一元的に行われていると思われていることに、間違いはない。しかし私の個人的経験によれば、アメリカでも招待されて個人の家を訪ねるときはやや遅れて行くことが社会人としてのエチケットであり、ヨーロッパの国々でも原稿の〆切日には融通性のある場合がある。非西欧の国々では、西欧人から rubber time と言われるほど伸びる時間感覚を一般的に持っており、ムスリムやヒンドゥーにとっては約束された時刻時間もほんの目安にすぎずむしろその通り実行できないことの表示とさえ言ってよいかもしれない。それでも、かれらは飛行機や会議日の時刻は守る。これらの点を実証するにはなお作業が必要だが、確かなことは、時間制度が世界のどこでも、公式的には一元的だが社会で非公式的には多元的なことである。

社会の多元的時間制は人類社会の必然的現象ではあるが、多元のままでは多くの社会にまたがる大きな世界は形成されない。多元を認めつつなお普遍的に通用する一元的時間制を確立することが、広域の市場圏および政治圏の成立する前提であり、正統的政治権力形成が要請するところである。シーザーがローマのためにユリウス暦（紀元前四五年より）を制定したのも、後に教皇グレゴリウス一三世が教会暦を守るためにこれをグレゴリオ暦（一五八二年より）に修正して今日世界に普遍的に行われている暦法としたのも、まさにそのような要請によっていた。教皇は当然のこととしてこの新しいグレゴリオ暦の採用を全管下に命令した。これは本来あきらかにカトリシズム固有の暦であるから、カトリック国であったイタリー・フランス・スペイン・ポルトガルとポーランドはただちに応じたが、折しもカトリック教会に反発して宗教改革が進行していた国々では、当然それが遅れた。フランダース・ハンガリー・スイスなどの旧教地域はその数年後であったが、プロテスタント国ではその採用は一八世紀にずれこんだ。すなわち、ドイツ・オランダ・デンマークが一七〇〇年、イギリスが一七五二年、スウェーデンがその翌年で、他の異教国はさらに遅れ中国・ブルガリア・トルコ・ソ連・ユーゴスラヴィア・ルーマニア・ギリシア等は二〇世紀の一〇年代から二〇年代にかけてであった。(以上、年代は能田一九六六、三四―三五頁による。ただし、より詳しくは本書第五章第二節を参照)。

それらに比べると、日本の採用は一八七三年だから、異教の非西欧国としてはいかに早期かつ敏速であったかが知られる。ここで、日本の時間制度の法文化的特徴を考察する段階に達した。

三　改暦における日本法文化の特徴

改暦という時間制度の確立過程に現われたわが国法文化の特徴は、まず第一に、時間制度改革に臨んだ政府の態度に見いだされる。改暦とは上述の社会史的意義を有し実は社会構造の変革に及ぶ大改革であった。それほどの大変革をするにしては、当時の世界情勢のもとでいかに切迫していたとはいえ、経験のないことであった上に準備を整える間もなく、計画も制度も不十分なままに、急遽実施された。当然、実施直後から不備・混乱が露呈し、政府はその対応に追われた。対応するには、新制度を廃止か停止する方法も論理的にはあったはずだが、政府はそのような代案には一顧もせず、ひたすら不備の補修をくり返して混乱に対応、二〇年もたって結局はそれなりの調整を成しとげた。

この対応の仕方は、事前に十分な研究も準備も不十分なままに土壇場になってから必要に迫られてあわてて実行するという、その後の日本の政治にも頻繁にくり返された方式で、無計画ないし非体系的と否定的に批判される面である。しかし他方では、不可避と知ればともかくも着手し、露呈する不備にも辛抱強く補修を重ね曲がりなりにも事の目的を達してしまう、これまた日本の政治に見られる一種の粘り強さでそしてそれをやりとげる意思もあると見える。これは、目前の必要事を後の補修を覚悟した上でとりあえず試行する文化的態度であるから、補修を予定する試行の方式と言っておきたい(11)。

第二は、時間制度の原理の問題にかかわる。新暦は、グレゴリオ暦という新規の太陽暦で、かつまた宗教的にはキリスト教的であったから、理論的に潔癖であるならば、自己の伝統とは異質の諸要素をみずからの体系の中に採用することはありえない。しかるに現実には、それは、一方では旧暦の太陰暦から暦日をはじめ雑節・二四節気・干支までを採用し、他方では神道的天皇制の象徴である神武紀元・元号・祝祭日を組みこんだ。そのように原理的には矛盾するはずの諸要素が、当初は官僚の太陰暦併記反対意見に明らかなように意識されていたが、その後は、時の経過とともにいつか削除されあるいは問題視されなくなり、民間暦では取捨選択の末に結局は同化されてしまった。

これを否定的に批判すれば、異質なものの雑居に平然としている無原理・無論理ということになろう（丸山一九六一の言う「決断主体が不明確な」「思想雑居性」である）。そしてそれは、近代化を至上命題とする場合には大きな障害となるから、日本社会はこの批判をなお真剣に聴く必要がある。しかし他方、日本文化に現存する異質的な諸要素は、たとえばユダヤ教とイスラームとは対立したまま、また同一物に対する二人の所有権の主張は矛盾したままであるのとは異なり、時には積極的な共同を、そしてわるくとも消極的ながら共存をとげている。そしてこのような共存を可能にする論理も、たとえばグレゴリオ暦の宗教性を捨象してしまう論理、天皇制を基礎づけた神道の宗教性を言葉では拒否する論理(12)などのように、実は日本文化に具えられていた。これらの論理は、強弁かご都合主義と非難されてもやむをえない。私は、それを弁護する意思はないが、他方ではそれが異質なものをも吸収してそれなりに消化してしまう文化の論理であることを認めざるをえないから、これを異質物吸収消化の能力と名づけておきたい[13]。

　第三は、週と西暦の両制度に対処する手法に現れているものである。この両制度は事実国民にとっても政府にとっても日常生活にきわめて重要な意味を持つから、もし採用するならば年・月・日と同様に時間制度の中でその法律的根拠を明確に規定すべきである。しかるに、当初の新時間制度は、公式にはこの両者を無視して公式暦の一部に記載しておきながら何の法的効果をも与えなかったが、事実において暦に記載されてあることが、のちにその法化のための十分な要件を満たしているかのように扱われ、日曜休日制が、はじめは学校でそしてまもなく官庁でも公式に実施されることになり、結局週の制度は公認されたことになる。西暦は、現在でもまだ正式に公認されるに至っていないが、実際の使用は受け入れられつつある。これらは、明確な法的手続をとらないまま法的効果を認める、いわば、なし崩しの法化であり、しばしば事実と規範との無区別ないし混同とも言われる（川島一九六七が強調するところ）一つの文化的特徴である。

　ただしその反面には、固有法の事実があるにもかかわらず法律的根拠なしとしてこれを否定する、高飛車な非法化と言ってよい傾向性もある。高飛車であることは、むしろ公式法が事実や非公式法に対して持つ特権と言えるのだが、それが過度になると法秩序を混乱させる[14]。わが国ではアイヌ固有法を無視した北海道旧土人保護法はその典型例だが、改暦事情から例をあげると、欧米諸国で実施されていた太陽暦に内在する宗教性をあっさりと無視してしまった事実がある。右記の法化とこの非法化とは、決定の内容としてはあい反するにもかかわらず、いやむしろそうであるが故に、実際には場合に応じて使い分けられているのである。

使い分けと言えば、なし崩し的法化と高飛車な非法化との間、あるいは事実と規範との間にあるだけではない。補修を予定する第一の態度にも、試行されたことが補修によって調整された結果当初の不十分な計画とは多かれ少なかれ喰い違うことを当然前提にしているはずだから、目標のそれとしては当初から予定されていたとも言えることになる。異質物吸収消化の第二の能力にも、都合によって矛盾する原理を重視したりまたは比重を変えて見たり、要するに取り扱い方のそれとしてあるわけである。したがって、前三者にも通ずる特徴として言うと、原理の相違よりも状況に応じた便宜を重視して実は矛盾するものを使い分ける手法が、第四にあげられる。

四　むすび――日本法文化のアメーバ性

以上の四特徴は、改暦という大事業の過程に目立つと私が理解した、日本法文化の特徴である。ここに指摘した四点は、単に改暦だけでなく日本法の広い諸分野にもわたる広範囲のものと、私は確信する。それだけに、一方で考えれば、それを実証するにはなお綿密な分析と精密な概念化とを必要とするし[15]、また日本文化一般と言えばそのほかにも挙げるものがあるはずであるのにここにはそのすべてを論ずる余裕がない。だが他方から見れば、以上諸点をその一般論につなげるためにできる示唆を残しておきたい。このことを顧慮し、二点だけを記して本章を閉じることにしたい。

一は、わが国の外国法移植の仕方にかかわる。改暦は、法解釈学上の常識としては、異質な外国法を移植して行われた。しかし新暦の内容は、移植された太陽暦を基準とする形をとりながら、固有法であった旧太陰暦の主要な諸要素を継続して採用した上に、また固有法であった天皇制を神道的に再編成して暦法の一環とした。その反面で、西欧の太陽暦が要因として内包する教会的性格と西暦および週の制度つまりキリスト教的要素を、拒否か変質して取捨選択した。この事実を法社会学的ないし法人類学的に見るならば、改暦は、単なる外国法移植ではなく、外国からの移植法と日本の固有法との統合であり、むしろ固有法の基礎の上に移植法を同化したものと見ることさえ可能である。その意義は、模範的な西欧法継受と常識的に言われるわが国明治の立法が、実は固有法を再編成した神道的天皇制と家父長的家制度とを基礎としたことと、共通している。その後現在に至るまでの間とくに第二次大戦後の時間制度は、固有法的要素を、旧暦の諸事項についてはほとんど喪失したかにみえるが、他面で年号・祝日など天皇関係の事項についてはなお維持している事実があり、天皇制と家制度の場合とも似ている。とすれば、日本という一つの法文化における固有法と移植法との関係とくに比重をどう理解すべきか、常識を再考すべき課題が与えられていると言うべきである。(16)

他は、日本法文化の基礎的性格をアメーバ性と理解することである。私は、これを、「両極端を可能にさせる原理」ないし「雑居を許す原理」と集約して、アメーバが、一個の個体でありながら外部の刺激に対応あるいは食物を摂取するために形を変えつつ移動して生存をとげることに比喩した（千葉一九九一、第五章）。この性質は、上述の四特徴を包含し、そして西欧キリスト教ないし一神教的法文化とも明確に対照されるから、まちがいないと私は確信する。けれども、それだけでは比喩的表現にとどまっていて、概念は内包が明晰でなく外延も判明でなく、したがってアフリカ・インド・中国・韓国その他の多神教的な非西欧諸法文化との区別が不明確である。その検証と明確化も課題であると、私は同時に認識している。

注

（1）法の認識については、空間もまた時間と対照される関係にあるはずである。だが「法と空間」の問題と言えば、管轄権とか属地主義とかの概念に明らかなように、実定法上の原則も規定もそして問題も知られているのに対して、「法と時間」はそうでない。なぜそうなのか、これも問題であるが、時間が近代の社会システムに構造化されていると見るルーマンの見解は一つの示唆であろう（千葉一九九二、一五―二〇頁参照）。

（2）手許の憲法と日本法制史の文献を探してみたが、見いだせなかった。識者の教示を願う次第である（ただし、第一章補注1を参照）。

（3）太田一九六一による。それ以外にもあると思われるが、私には発見できなかった。

（4）内務省（当時の編暦管理庁）の明治九年一〇月二〇日の、結果的に拒否された伺いによれば、「現今民間ノ情勢未タ陰暦ニ固著シ都テ旧慣ニ従ヒ太陽暦ヲ用フル者僅々ニ過ス……各地方旧七節其他陰陽両暦ニ当テ祭祝日ヲ再三回スルニ至リ又ハ陰陽掲載有之ニ付太陰暦御廃止ノ儀ニハ無之ト偏固ニ陰暦ヲ頑守スル者モ有之……右ハ全ク陰暦掲載ノ為メニ生シ候ニ付」と、太陰暦併記の廃止を主張している。ただし、同時に「農事ノ目的タル二四節並四季土用春秋ノ社日彼岸八八夜入梅半夏二一〇日」は掲げるとしている。

（5）ただし、明治一九年度だけは七月から翌年三月までと、経過措置がとられた。

（6）学制（明治五年八月二日太政官布告二一四号）中の留学生に関する規定では費用支払いの基準月が九月とされているし、また東京大学の前身の開成学校等では九月を一年の始期としている。つまり、高等教育は欧米で通用していた九月始期の学年制に従っていて、これがその後半世紀も続いたわけである。小学校については、学制のあとの教育令（明治一二年九月二九日太政官布告四〇号）を継いだ小学校令（同一九年四月二五日勅令一四号）のもとに、文部省令が学科およびその程度を定めるとした（同年五月二五日八号）のち、文部省訓令がこれを各府県知事に委託した（同年六月九日）。これに基づき、東京府は、小学校の学年は「九月一日より七月三一日まで」と定めている（同年一〇月八日東京府令三〇号）。

（7）当初は、一の日と六の日以外の休日は、祭典日や朝廷・政府の特別な行事の日に個別的に指示されていた。

(8) それまで天文暦道掛であった土御門家は、京都にとどまってその名儀と京都星学局出張所の地位を認められたが、同年の閏一〇月二七日には出張所が廃止されて管理権は東京の政府に統合されてしまった。

(9) 明治五年は大改革が一挙に開始された画期的な年であったことは、言うまでもない。その象徴的な例として通常あげられるのは、壬申戸籍から始めた戸籍法、義務教育を実施した学制、国民皆兵制度をしいた徴兵令、近代的土地制度にむけた地租改正の準備であるが、私は、以上の事情を知った今は、それらに改暦をも加えて並べるべきだと思っている。

(10) ここで、法を観察・分析するために用いる私の道具概念を一覧しておく。国家その他一つの法主体の法は、まず公式法か非公式法かに分けられ、ついでその両者が法規則か法前提か、および固有法か移植法かに分類される。そのように性質の異なる諸種の法があわせて働いてともかくも一つの法秩序を形成するためには、その法主体に特有の文化的原理であるアイデンティティ法原理があってこれらを統合している。（それらの用語の概念規定については、本書第五章二で説明してある。）日本のアイデンティティ法原理はアメーバ性法文化ないし法意識である（本文後述参照）。

(11) ただしそれとあい反する傾向性、つまり会議や儀式などを綿密に準備計画し整然と実施する面も、またある政策が不備だとわかるとあっさり放棄する淡泊さも、他方で認められるから、総合的考察が必要である。

(12) 神道は宗教にあらず国民的信念なりという、戦前公定の論理である。神道は戦後公式に否定されたが、この論理は、一つの法前提として非公式にはなお広く通用しており、たとえば最高裁の津地鎮祭事件判決に見られるように公式的にも採用されることがある。改暦がグレゴリオ暦の教会性を捨象した論理にも通ずる、後に言うアメーバ性日本的法文化の一表現である。

(13) ただし異質物を吸収消化する能力が日本文化に限られるわけではない。プロテスタント諸国もカトリック的なグレゴリオ暦を結局は採用したのだからやはりこの能力を持ちあわせていたに違いない。どの国でも民間暦は各国特有の固有文化上あるいは宗教上の行事に満ちている。またムスリムはイスラームのヒジュラ暦を、ユダヤ教徒はユダヤ暦を、タイでは仏暦を、それぞれ世界暦となったグレゴリオ暦と併用しており、韓国では紀年法として檀（帝）紀をも採用していた（ただし一九六一年に廃止）。だがそれらと日本のとの間には文化的な相違があるから、これを解明することが課題である。

(14)　それが適度か過度かを判断する基準は、法学的にはルールオブローの原則が守られているか否かであろう。だが法社会学的ないし法人類学的には、固有法を尊重するか否かも、これに加えられるべきである。

(15)　たとえば、内務省は太陰暦併記廃止と並べて農事のために雑節と二四節気の維持を建言している（注（4）参照）が、これは、文部省への干支復活の達（本文四四頁参照）とともに、旧暦の要素中にも合理性を認めていたことの証であり、ゆえに、事が異質か否かを実は判別した上での使い分けであったことがわかる。さらに立ちいった分析を必要とするゆえんである。

(16)　言うまでもなく、西暦はキリスト紀元であり、週の制度は旧約の伝える天地創造の故事に由来する。

（補1）　本章初出稿の執筆時には、明治の改暦を法の観点から考察したものはなかったが、暦の問題として述べたものは暦や時間制の専門家に少なからずあった。能田一九六六と後の岡田一九九四はこれを主題とし、長谷部一九四三、橋本一九六六、広瀬一九七八、青木一九八二等も言及している。その後には、渡邊一九九四、Shimada 1995, Nishimoto 1997が発表された。

（補2）　用語の概念を定義することは、以下の各章でもなされている（第三章六五―六六頁、第四章一〇〇―一〇二頁、第五章一六五―一七〇頁）から一カ所に纏めておけばいいにという批判がありうる。しかし本書の時間関係用語の定義は、本章における日本の改暦問題の考察・叙述に必要な範囲にとどまらず、次章以下で時間制一般を観察・分析にも共通して通用すべきものであるから、各章の問題が異なるごとに操作的に規定し直される必要もある。その上私自身の観点と問題が拡がるたびに新たに総合する必要もある。研究作業のそのような発展に応じて、道具概念の操作的発展となったのである。

わが国では法学はじめ社会科学一般でも術語の操作性に関心が少ないことは、科学方法論の一欠落だと私は解するので、操作のプロセスをあえて残すことも意義があると観ることにした次第である。

（補3）　専門家の中にも学界で常識とされる時間問題の扱い方に疑問を呈する者がいる。私の知るところでは村上陽一郎もその一人である。かれの言によれば、「ある文化圏の持っている「時間」意識といったものがそれぞれの文化圏でどう違うかどうかという問いを立ててみることができる」（一九八一、一、六頁）。何となれば、いわゆる「科学的世界像」は、「この世界を私どもが認識する認識のしかたと、それから私ども自身の人間が人間として存在する存在の様態との双方からくる一つの限界」内に止まるから、「ある種のカリカチュアの中で生まれてきた世界像だといわざるを得」ず、「われわれのいきている世界との間には大きな懸隔が存在する」、時間問題の「截り口はいくらでもあるだろうし、一つに限定する必要はない」（同、二一―二二頁）。私は、この言は、時間問題の内容には学界に未知の世界があることを指摘し、科学的な時間概念は「いくらでもある截り口」の試論が相当数現れないと仮説もできないことを示唆すると解し、ここは時間の定義を停止して未知の世界の探索にかかる途を採ることにする。

第三章　時間論における法の認識

第一節　本章の課題

一　問題の動機と課題

「法と時間」は、常識における法学が問題とするところではなかったが私は法文化の問題に違いないと考え、暗中模索にかかって第一章と第二章との初出論文を先ず二年にわたって書いたところ、問題探究の方向に光が見いだされ、現行時間制が日本の法と法文化にとり有する重要な意義も知られた。けれどもその検証はまだまだ不十分でこれを成しとげる必要を感じながらその方途を当時は見出しかねて、時間問題の探究を一時中断した。しかし非西欧法研究を一段落させた（千葉一九九八、Capeller & Kitamura 1998. のちに Chiba 2002 が追加された——補注）数年後に、これを果たす方途を問題自体とこれを探る方法と両面において発見したように感じた。

私は、本来のテーマとした非西欧法については、法学の拠る国家法一元論の前提は一面的観点に過ぎず、世界の現実認識としては多元的法体制（legal pluralism）こそが正確であること、そして一個の法秩序は「アイデンティティ法原理下の三ダイコトミー（公式法・非公式法、固有法・移植法、法規則・法前提）」の概念枠組とその道具概念をもって観察・分析がなされる、という結論に達していた(千葉一九九八、七四―八三頁)。そこで、この概念枠組の基本は時間制にも準用できるというのが、その発見であった。三ダイコトミー中少なくとも公式・非公式と固有・移植の二ダイコトミーを応用すれば、多様な時間慣行にも一層正確な観察・分析が可能となる。ならば、もう一つの規則・前提のダイコトミーもまた三ダイコトミーの全体を統合するアイデンティティ法原理も、再検討すれば時間制の考察に準用できるのではないか、それが検証されれば、法文化としての時間制の全貌がさながらに姿を現わすのではないか。言ってみれば多元的時間制(temporal plurality)の作業仮説とこれを観察・分析するための道具的概念枠組とである。これを試みようというのが今回論述の再開を思いたった動機である。(1)

ただしこれを実行するには二つの前提作業が要る。一は前述したことだが、私は法と時間との法文化の意味における関連を確信するとしても、それが一人よがりでないことを証明する必要、具体的には賛成論を確認し反対論に反論しておくために、現代の学界に行われている時間論を鳥瞰して検討することである。それを評価する基準は、時間制の、社会に生きる人間にとっての主体的意義および法との客観的関係と設定された作業仮説である(第一章三二頁)。そのつもりで見ると時間論は隣接する多くの学界において予想以上に大きな話題になっていることが知られるので、今回は、それを総観し主なものを例示しつつその中で法がどのように認識され理論化されているかを確かめることにする。多元的時間制自体の論議はそれ以後に回さざるをえない。だがその前にまた別の準備が要る。用語を規定することで、それが前提作業の二である。

二　用語の定義

時間の概念と問題については、物理学・天文学や科学史などの自然科学は専門領域だと自負して議論が多く、歴史学・心理学・文化人類学などの社会科学も時間の意味についてそれぞれ固有の観察と仮説構成をしており、近来は生物学・環境科学などもそれぞれの時間論を主張している。他方で実際には、時間の体験と思索はどの個人にも社会にも切実であるから、さまざまの時間感覚・時間思潮が事実として世に行われていてその記述も発表されており、さらに世紀の替わり目というよりは近代からポストモダンへの歴史的転換期にあたる現代では、それらの議論が一層多面多様であり、時間に関する用語もそれらに応じて多様多種である。

それだけに、時間の考察には理解の行き違いを起こさぬように用語の概念を厳密に規定して使用することが要請される。しかし学際的に通用する用語は必ずしも体系的に整備されていないので、私は前章で必要な範囲の主要用語を定義しておいた（三八―四〇頁）。本稿でもそれを大体は踏襲するが改訂と追加をしたいものもあるので、それらをここに記し探索の進展による今後一層の整備を期待することにする。

時間の基礎単位を表わす「秒・分・時（ジ、狭義の時間）」および「週・月・年」については、科学的定義が定着しているのでそれに従う。「時間」は、それらによって表示される現象の総称である。

「時制」　日の時間を計測・表示する方式。先に時法、時刻法と言ったものをこの語に統一する。その手段が「時計」。

「暦法」　年の時間を計測・表示する方式であるが、紀年法を含まない。

「暦制」　暦法と紀年法の総称。その表示手段が「暦」。

「時間制」　時制と暦制の総称。

「時間感覚」　時間につき個人が持つ観念・概念・意識・知覚・理解・解釈・感受性等の総称。

「時間思潮」　時間につき一定時代の社会に行われる観念・意識・思潮・哲学・イデオロギー等の総称。

「時間思想」　時間感覚と時間思潮の総称。
「時間論」　時間ないし時間制・時間思想に関する学問的論議、狭義ではその理論。

第二節　多様な時間論の鳥瞰(2)

一　時間論の大勢と法の認識・位置づけ(3)

一　生きる人間にとって、時間は、まず、昼夜の交代、月の満ち欠け、季節の回転と可逆的に展開するから円環時間（または循環時間）であったが、他方で、生死の不可逆的な進行からすれば直線時間であった。人類の時間思想は、この二種の時間の関係をどう調整するかに始まりかつ追われた。歴史の初期に世界の諸文化で太陽暦と太陰暦が創りだされたが、しかし閏日と閏月の問題に象徴される両暦間の矛盾がいつの時代にも悩みの種であったところ、一六世紀末のグレゴリオ暦でようやく一応の調整がなされ、そのグレゴリオ暦も本来のカトリック性が無色化されてプロテスタント国さらに他の異教国にも普及して、現行の世界時間が成立するにいたったのである（青木一九八二、二三二―二五四頁参照）。その理論化には、ギリシャ哲学も甲論乙駁のままで帰するところがなかった。（Whitrow 1989が基準、チャペック一九九〇、二四二―二四五頁、ホイットロウ一九九〇、二五三―二五五頁等は概説。）

これを直線時間論に固定したのが西欧の時間論であった。理論としては、西欧世界を支配したキリスト教会が人間と宇宙の過去・現在・未来の運命を終末論で基礎づけ、近世期以降にニュートンに代表される自然科学が絶対時間の客観的進行を確立したからである。実践の世界では、原子的個人を主権国家で擁護する近代的な法＝政治体制と、直線時間が生む確実な利潤を計算する資本主義的な経済体制とが、これに依拠して誇らかに成立した。

しかしこれに対し、早くも一九世紀末に疑問が兆し二〇世紀初頭にそれが公然と批判を始めた。新たな時間論は、人間を原子ではなく、多様な社会とくに異文化の中でも生きて意識する生命体と把握し直すもので、周知のように大別三方向から現われた。一はフランスの科学論で、ベルグソン（Bergson 1889）の哲学からデュルケーム（Durkeim 1912）、レヴィ-ストロース（Lévi-Strauss 1955, 1962）、ギュルヴィッチ（Gurvitch 1958, 1963）等の社会学＝人類学が、時間の主観面と客観面双方で示唆に富む考察を展開した。二はドイツの哲学論で、フッセル（E. Husserl 1928）とハイデッガー（Heidegger 1927）に代表され［私はこれにクラーゲス（Klages 1944）を加えたい］、時間を人間の意識の持続現象だと内面化した。三はイギリスで、マクタガート（McTaggart 1927）の哲学的時間分類とエヴァンズ-プリチャード（Evans-Pritchard 1940）とリーチ（Leach 1961）の人類学的部族時間論が出た。アメリカからも、ミード（Mead 1932, 1934）のほかソローキンとマートン（Sorokin 1943; Sorokin & Merton 1937）も社会学理論としての時間論を提出した。

以上が第二次大戦前後までの時間論の大勢であった。業績は学者個々の関心で産み出されていたが、その成果が戦後社会科学の復興とともに反響を呼び、六〇年ころよりは欧米の社会科学界に共通するテーマに発展し始め、とくに八〇年代より論議は格段に賑やかとなった。

二　そのような時間問題の着眼と発展は、実は法理論における近代法学批判とほぼ平行していた。戦前の既成法学批判は、また周知のとうり、理論としてはエールリヒの唱えた法社会学とマリノウスキーに発する法人類学が代表し、実際には社会主義法学が資本主義国家群と別の世界を造りだした。第二次大戦後には、いわゆる第三世界国家群も成立して国家の一元的権威は揺らぎ、七〇年ころより批判法学が現われそれがここ十年来はポストモダン法学の具体的な展開となった。法理論はこの間に新しい問題を数多く発見しそれにともなって新しい理論の試みも生んだ。

しかし、時間論は依然法学界の表には出て来ていない。私が問題探索の試論（第一章）でとりあえず気づいた五学者の聲（G. Husserl 1955; Luhmann 1972, 1982; Engel 1984, 1987; Mazor 1986; Greenhouse 1989）も、引き続き学界に何の反響をも起こしていなかったし、今回の再調査で続々発見されると期待した新文献も期待に反して寥々であった。日本人学者の中には、日本の太陽暦採用（第二章参照）を特別に論ずるものもあった（岡田一九九四、Shimada 1995; Nishimoto 1997）が、いずれもその法的意義には黙したままである。また暦の統一が当該社会の権力形成と関係することを指摘するものも欧米に若干あったが、その際権力に不可欠の手段である法がどういう役割を演じたかに言及するものはなかった。またイギリスで時間論を指導した社会学者ギデンズが、社会構造はルールと資源との結合で成立するとして社会にとってルールの本質性を指摘し(4)、法はとくにフォーマルに規定され権利と義務のシンメトリーをサンクションで保障すると法の機構と役割にも言及し、しかし社会の実際では権利義務は必ずしも順守されるわけではなくサンクションもインフォーマルなものがむしろ働くとも言って実は非公式法を認める点（Giddens 1984: 16–30）は、珍重すべきだが、法の概念そのものは既成法学に任せて社会現象の埒外に置き非公式法と時間との関係を論ずる発想には至らなかった。

それでも、注意して探すと「法と時間」を主題とする文献は、戦前から世紀末までの間に散在して見いだされ、そのうちで図書三冊と論文五編がとくに注目された。論文の内の二（Peters 1966 とAultman 1996）は実定法上の問題を断片的に扱うだけであるのに対し、一編（Kirste 1999）は、このテーマを正面に掲げ実定法上の時間は人工的でその時間は人間にハンディキャップを課すとする出発点はよしとしても、その主旨はドイツ・イデアリスムスがカントの目的論、フィヒテの自己意識論、ヘーゲルの生成論とにおいてニュートン的絶対時間を批判するものだと言うだけであるから、他学界の先進状況を学ぶにとどまり時すでに遅くミネルヴァの梟の感なきをえない。これに対し法理論家フランソワ・オストは、フランス語の関係文献若干が実定法上の時間のみを扱うことを批判し法的な多元的時間を六種に分かつ（Ost 1985, 1988b）。すなわち、1神話における原型の時間、2法律ドグマ上の実は無時間の時間、3法律ドグマが法律効果を発生させる持続のない瞬間、4慣習で長時間持続する緩やかな時間、5プロメテウス的な未来思考の時間、6前進と後退とで変化する時間と、性質の異なる時間が法と複合していると言うのである。これはかれの独創というよりはギュルヴィッチの祖述に近い[5]上に、われわれがただちに応用できるほど理論として整備されてもいないけれども、法学からする時間論が国際学界における他の諸社会科学の歩みに参加できる希望を与える。[補1]

この希望を具体的に展開するのが、他の計四編である。そのうちの会議記録（Bjarup & Blegvad 1995）は、本書と同テーマをかかげていて本書が結論を導くためには慎重に論評しなければならないのでその場所（第五章）に譲り、他の三編すなわち Bergmann 1992; Winkler 1995; Wendorff 1980 をその重要性にかんがみ本章の以下で紹介しておく。

二　戦後の学界における時間論

一　では時間論は、前述した第二次大戦前に続き戦後の国際学界でどう進行してきたか。それを探るために全体を鳥瞰しなければならないところ、幸いに二〇世紀を八二年まで概観してくれた長論文がある。時間論を専門とするドイツの社会学者ヴェルナー・ベルクマンの作である（Bergmann 1992）。その内容は、当然ドイツの社会学に最も詳しいが、一方では人類学・心理学・経済学・歴史学等他分野の、他方では英語・フランス語等外国語の諸文献にも目を通していて、大勢を把握しており論述も信頼できる。まずはその言う所を聴いてみよう。

　ドイツの社会学界で時間が問題として登場したのは一九七〇年代の中期である。イルヤ・スルバー（Srubar 1975）、マルティナ・シェプス（Schöps 1980）、ベルクマン（Bergmann 1981）等が、私も先に挙げた二〇世紀前半の先駆者たちを引用しつつ［ベルクマンはほかにアルフレッド・シュッツ（Schütz 1960, 1980）を挙げている］自論を活発に展開し、約十年後には学界の議論がブームの観を呈した（pp. 82–85）。その諸問題が六主題に分けられる。豊富に引用される文献はとくに注目されるもののほかを省略して要点だけを列挙すると、以下のようになる。[6]

　一は「時間観―時間志向」で、本来は心理学や民族学の問題なのだが、社会学でも個人の社会条件による時間思想の問題として多様に取りあげられた。その1の時間観と社会構造は、階級や年齢による相違を論ずるものだが、広い社会と歴史を見失う傾向にあった。2の将来時間と社会計画は、ユートピア、テクノロジーと計画、社会政策、革命等を扱ったが、個人と社会との中間システムをとかく看過した。3の時間的志向の文化間比較は、リーチ、ギアツ（Geertz 1973）その他多数の人類学者が材料を豊富に提供して過去―現在―未来の単純な直線時間系列を適用できないことを実証したが、比較考察は不十分でそのために適切な道具概念ないし概念枠組を創案する必要がある。4の過去観―歴史意識は、歴史観でなく社会観としての研究のことだが、過去の時間地平が社会システムの保存と創造に現在働くというルーマン（Luhmann 1972ほか）が際立っている。（以上、pp. 85–98.）

二は「時間秩序と社会構造」で、「社会生活における時間秩序の性格は、（単なる）時間の経過や社会システムの継続ではなく、（社会）構造と（個人）行動の相互調整とに対する時間の規範的効果によって成立する」（p. 99）からこそ問題とされる。その1の時間計測は、「社会の規範とニーズの中で機能するシンボル・システム」（p. 100）として重要で、人間にはライフサイクルの問題でもある。2の時間表の社会的成立は、個人には時間を過ごし・待ち・使い・作りだし・充たし・無駄にする等の行動スタイルに現れるが、ライフサイクルと日・週・季節・年となると文化の時間も生物の時間と宇宙とも直接に関わる。3の時間表相互間の調整は、具体的な時間不足・待ち時間・時間切れ等に関する社会的問題である。4の社会統制手段としての時間は、「時間の秩序づけメカニズムと結合している規範とサンクション」（p. 112）が重要だから、シェプスが強調する（Schöps 1980）ように時間に関する規範の概念を理論的に定式化することが要請される。（以上、pp. 99–112.）

三は「特殊社会システムの時間構造」で、政治・教育・宗教・芸術等には研究が見あたらないのに対して、あるものの1として挙げられるのが職業別の時間構造、それよりも多いのが2のサブシステム別である。後者では経済システムの時間リズムが中心問題だとベルクマンは関係諸論を紹介するが、法には関心を払う者がいないことを嘆じつつ［刑法上の時間の意義を論ずるPeters 1966はあるが］、自分自身の考えを要約する。すなわち、法は現在ある期待と将来に向けての期待とをともに保障するものであるから、他の諸サブシステムに生ずる過去を条件として現在の手続を進行させるのが法システムの時間制であるとし（p. 116）、その結果、異人種民や路上生活者などには特殊なサブシステムとして逸脱時間（deviant time）があることに注目し（p. 117）、さらに停止時間（time out）のあることをも指摘する（p. 111）［これらの観察はルーマンを発展させるもので、法が事実の継起する時間を超越する意味では無時間でありながら継起する時間を内蔵すると見る意味で、いわば超時間の時間を含むと言うものである」。3に組織体についてそれがメンバーに強制する時間の融通性と他の組織体の時間との競合が問題となる。（以上、pp. 113–118.）

四は、「社会的時間知覚の進化」で、社会学が一旦は拒否した進化観を構造変化の歴史的継起（ルーマン）あるいは社会システムの発展（エリアス、Elias 1982）の考えで再考慮している。五は「社会変化と時間」で、問題は両者の不可分性ではなく後者が年代記とは違って果たす前者への影響である。六が「社会学の理論と方法論」で、時間理論がスルバー、ルーマン、シェプス、ベルクマン等の推進で最近ようやくシステム理論において注視されるようになったが理論化は始まったばかりである。（以上、pp. 118–125.）

以上、私のベルクマン要約には誤解や脱落はもとより乱暴の観も免れず、とくにかれがルーマンの祖述ではないかと疑われるほどそれに依拠することを含めて批判する者があるかもしれないけれども、ルーマンの法社会学は私も支持するところであり、ベルクマン自身の行論も教えるものが大きく、しかも本書の目的を支持することも明白である。すなわち、時間は宇宙の中で生物の生に対してしかし個別の社会と文化を背負って生きて働くので、時間制はその全面の反映にほかならず、その規範力をもって人間の行動と社会のメカニズムを規制する制度かつシンボルである。時間の社会科学はこれにさまざまの面からアプローチしてその事実を明らかにした。ベルクマンは、そのことをこの論文で明示した上、「法と時間」について注目すべき見解を述べた。それは、時間制は規範として当の社会に通用するが例外的には逸脱時間も停止時間もあると指摘すること、ひいて私が敷衍すると、時間には厳密な時間制のほかにこれを超えるいわば超時間もあることである。これは、法の問題だと明確には言わないが、国家の公式時間制からは逸脱ないし違法な時間制およびそれには囚われない時間制が人間社会にあることを、示唆するものである。

二　その功は十分に認められねばならないけれども、ある程度の遺漏のあることは不可避でありこの論文が取り扱った一九八二年以降については当然言及が不可能であるから、続いては、それらを補って現状を正確に認識する必要がある。それは私自身が集めた社会科学の資料に拠って再現を試みるほかない。これには遺漏がさらに多いであろうが、後続の有志によって補充してもらうことを前提かつ期待して、とりあえず以下のとうり概観しておく。勿論、自然科学・心理学・言語学等の専門書は私の理解能力を超えるので省く。

ドイツの学界に問題が登場した一九七〇年代中期には、問題の国際的かつ学際的研究が欧米で広く始まっていた。哲学者の論集もあった（Freeman & Sellers 1969）が、火をつけたのはユネスコの企画で、みずから組織した研究で三冊の成果を産み（UNESCO 1976–79）、また別に機関誌で「時間と社会」の特集を組んだ（*International Social Science Journal* 107, 1986）。その後に問題を整理・概観する編書あるいは会議議事録が続き（Flood & Lockwood 1986; Hassard 1990; Bender & Wellbery 1991; Rutz 1992; etc.）、問題点と文献の総観も試みられた（Macey 1991, 1994）。

その間に特殊問題の個人的研究も進んだ。人間と社会のリズムが注目され（Franz 1978; Trivers 1985もあるがZerbavel 1981とYoung 1988; Young & Schuller 1988がこれを正面から問い、Elias 1982; Fraser 1987; O'-Mally 1990も広い意味でこれを論ずる）、ライフサイクルも社会との関係でクローズアップされた（基本的には心理学のErickson 1950と社会学のCoser 1969のほか人類学のMayer 1970; Middleton 1970; Kertzer & Keith 1984; Ohnuki-Tierney 1990）。当然、時計を主とし暦も加えた時間計測の手段も人間の歴史過程で話題となった（ハウトスミット＝クレイホーン一九七五とLandes 1983もあるがアタリ一九八六とAveni 1989が基準）。時間の中に生きる人間の生物時間も多様に論議され（Luce 1972; Wilson 1980; Pöppel 1985; Clark 1992）、地理学からの言及もあった（Kellerman 1989）。また概説の試みも、初期のもの（Moore 1963）、哲学論（Hinckfuss 1975）、歴史論（Kern 1983）、社会心理論（McGrath & Eelly 1986）、回顧と問題提起（Grossin 1993a, 1993b）等々とある。現在は、それらによって提起された諸問題を整理して新理論を求める段階にある。

以上の諸業績はベルクマンの遺漏ではあろうが、私はそれを批判まして非難はしない。しかし私がかれを批判してもよいと思うのが、国際時間研究学会International Society for the Study of Timeとその関係する活動を無視したことである。これは、アメリカで活動を始めたJ・T・フレイザーが学際かつ国際の協力研究推進を訴えたのに対し、各国から賛成者が集まって一九六六年の早い時期に設立され、以後確実に三年ごとの会議を催してその議事録*The Study of Time*を刊行、一九九八年までの九巻に約二百の論文を世に送った。同様に三年ごとに替わる会長は、初代がアメリカの数学者G・J・ホイットロウ（一九九〇、Whirtrow 1961, 1972, 1989）、二代が日本の物理学者渡辺慧（渡辺一九四七）であった。フレイザー（Fraser 1975, 1981, 1987, 1999; 主編集者となった*The Study of Time*のほか多数）は、以後「学会の創設者」と呼ばれて今日も活動を続けている。(7)

この学会の二五年間の経験をさらに展開するため「個々の事実を尊重し地球規模で考える」ことを合言葉に一九九二年一月に創刊された雑誌が、*Time & Society*である。Sage Publicationより毎年三回発行され、関係する論文と情報・書評を読者に提供している。その創刊号から八巻まで編集主任を務めたのがイギリスの社会理論研究者バーバラ・アダムで、人間とは「振動する分子、アイデンティティをリズムで組織する存在で、時間を組み立て・認知し・測定し・創造する存在」でもあるという基本観点に立ち（Adam 1990: 161）、主著に見られるような澄んで要領よい理解力で雑誌を国際的基準誌に育てあげた。かくて九〇年以降は、以上二つの国際学会と国際雑誌とに拠る学者たちに、イスラエル出身のエビエタ・ゼルバベル（Zerbavel 1981, 1982, 1991）とチェッコ出身のミリチェ・チャペック（一九九〇、Čapek 1991）など多様な志向を持つ多数が加わって、研究が進んでいる。

三　以上海外の動向を回顧総括すれば今後の方向を展望できるわけだが、その前に日本ではどうであったかを一覧しよう。ただし、遺漏がないようになるべく広く見渡すが本シリーズの目的に役立つと私が受け取るものを選び、また翻訳書は除くことにする。

比較的目立っていたのは、暦と時刻の問題である。たとえば、古典的な研究書が、前記渡辺慧の時間理論（一九四七）をはじめ、暦（能田一九四三、一九六六、長谷部一九四三）、暦学史（佐藤一九六八）、時刻制度（橋本一九六六と斎藤國治一九九五）、両者を合わせた天文学理論からの説明（青木一九八二）、等々とある。そのほか解説書も多く出版されており（岡田一九七二、広瀬一九七八、渡邊敏夫一九七六、一九九四、等）、小さいながら事典もある（内田一九八六と岡田＝阿久根一九九三）。

それらの出版および再出版の年から観ると、八〇年前後から関心が大きくなったことが判明する。事実、この時期に学際的協力により研究と解説を兼ねて時間問題を探る図書が間欠的ながら続いている（伏見＝柳瀬一九七四、向坊一九八〇、村上一九八一、『トポス・空間・時間』一九八五、川田＝坂部一九八七、服部セイコー一九八八、『時間と空間の社会学』一九九六、等）。それらに提示された時間問題への関心は多面多様で、その全体を総合すれば問題を体系化することができるかと思われるほどであり、個人的に問題を整理しようとする概説書も現われた（滝浦一九七六、村上一九八六、藤井一九八九、等）。

その諸問題中の特殊テーマを展開したもので私が注目するものがある。時計を単なる計測手段としてだけでなく社会史の展開として述べるもの（山口一九五六と武笠一九九〇）、時間計測も記録・保存に機械時計だけではなく人間生活の多様な文化形態を利用すると見れば、民族社会の神話・伝承や儀礼・祭事も（須藤他一九八八や落合一九八八）、また日常生活のさまざまな行動様式と文化的諸条件も（加藤一九八二、谷川一九八六、川北一九八八、等）、したがって習俗一般も経験自体も（佐藤一九六六、福井一九八六、内山一九九三、等）、いずれも時間制の一端にほかならないので、古今を問わず人間社会の作り出す時間とリズムの実例を追及し理論を探索すべき世界は広大なことが知られる。生物時間（井深一九九〇、本川一九九二、一九九六、千葉善彦一九九六、田村一九九八、広井一九九九、等）も、環境問題をともなって広く知られてきた環境時間も、それらに加えられるべきであろうし、探究すべきフロンティアはその先にも拡大されるであろう。

しかしわれわれは目的を実現するために視点を集中しなければならない。私はそれらの諸論議を通観して、本シリーズ目的のために四つの方向が示唆されたと受け取る。人間の存在を前提にした時間の意味の正確な科学的認識（渡辺一九四七参照）を始めとして、人間社会と時間制の歴史＝文化的形態（真木一九八一参照）、主体である人間にとっての時間の意味（木村一九八二、大森一九九二、等参照）、そしてわれわれにとっては日本文化としての時間の特色（田中一九七五、相良他一九八四、角山一九九八、等に示唆あり）、である。(8)

三　時間論における問題解決の方向

右に発見された四方向は、実は海外の時間論を検討した結果と符合するところが多い。何となれば、私は、その多様な研究成果を通じて今後の方向を示唆するとして海外からは次ぎの諸文献を特別に留意したいと思っていたが、その方向が日本から得られたものとほぼ共通底するからである。すなわち、時期としては古いが広くまた深い思索をもって問題の初心をみごとに留めたサムエル・アレグザンダー（Alexander 1920）、童話的物語ながら時間の人間にとっての意味を豊かに描ききったミヒャエル・エンデ（Ende 1973）、目に見えるものも見えないものも含めて諸形態のシンボル論を時間について展開したエドワード・ホール（Hall 1966, 1976, 1983）、そして時間は人間関係のシンボルだと小冊ながらその知的環境を探索したノルベルト・エリアス（Elias 1982）、である。(9) 私がそれらを評価するのは、それらが時間の人間と社会にとっての意味の基本を提供していると解するからである。

以上に得られた諸方向を探訪すれば時間論の方向が定められるであろう。ただしそれは一般論であるから、本稿はその中から「法と時間」の特殊テーマの方向を突き止めておかなければならない。それとしては、直接に法を論じた数少ない例を先に拾いだしておいたが、内外の他の諸分野で行われた無数の時間論は、示唆はありながらごく少数の例外を除いてその点ではなお足りないことに気付く。それは、議論が現代の西欧社会が当面の舞台とされることは当然ではあるとしても、それだけで終わっているのでそこに軽視されているものを改めて注視せねばならぬことである。軽視されているものとは、時間制の、一方では現代国家法における制度上の実態、他方では近代西欧文化と明確に対照される異文化における問題性、端的に言えば近代以前の人類史の問題、および現代非西欧社会の問題、あわせて三問題である。

しかし幸いにも、この三問題につき重要なものが一編づつあった。国家実定法上の時間制度についてはギュンター・ウィンクラーの大作（Winkler 1995）があり、時間制の歴史については上述の諸文献中でしばしば言及されているが、中でも抜群なのがルドルフ・ウェンドルフの時間文化史（Wendorff 1980）であった。この二書は本節に続く第三節と第四節でそれぞれ精細に検討する。もう一つの非西欧社会については、実は人類学ないし民俗学の調査結果が多く報告されていたが、これは私に探索行の希望を新たに与えてくれた問題意識「多元的時間制」（六四頁）の実態論に該当するので、唯一の理論書アルフレッド・ゲルの時間人類学（Gell 1992）を含め次章でまとめて扱うことにする。

第三節　ウィンクラーの哲学論

一　視点と視野

Winkler 1995の著者ギュンター・ウィンクラーは、一九六〇年ころから学界に登場しウィーン大学法学部に在職して活動を続け後には学部長も勤める一方で、すでに百数十冊に達する叢書Forschungen aus Staat und Recht（Springer 社出版）の現在の編集主任であるから、オーストリア法学界の活動する長老である。その著作は、この大作が列記する文献表四〇頁の中に自作を三〇編近く載せ、また前記叢書中にも一〇冊あるから、多作の学者である。テーマは、国家・憲法・行政法・立法・大学等の公法を中心とするが、法理論と法学方法論に関する法哲学にもわたり、学風は重厚と察せられる。

その関心からは一見異質と見えるのが、ドイツ語の本書『時間と法――法と法学的思惟の時間的属性に関する批判的考察』（Winkler 1995）である。これは、時間論としてはかれのただ一つの著述だが、六一〇頁に及ぶ大冊でしかも哲学論であるから読了して真意を理解するのは容易ではないが、幸いにこれを助ける日本語の好文献がある。かれが一九九五年比較法史学会の年次会議で日本に招かれて行なった講演「法と時間」の記録（ウィンクラー一九九六）で、時間論に関わるかれの動機と意図をはじめ発行直前の大作によせたかれの問題意識を端的に要約するものである。

まず便宜としてこれによれば、かれの時間への関心が発展したのは学生時代からで、そのころは信奉していたケルゼンの理論が実は存在を無視する当為一元論ではないかとやがて疑い出し、当為は空間と時間、数、構造と機能、静態と動態、現実性と可能性、等々の諸範疇と並ぶ一つでしかないから、規範である法を「時間と空間、形式と内容、可能性と現実性、抽象と具体といった諸範疇なしに理解することは不可能」という見解に達し、「法と時間の関係が見えるように」なった（一九九六、二六八―二七一頁）。私は、この当為の概念と用法がかれの言うとうりでいいかに疑問を持ち、次章で扱うゲルがデュルケームを形而上学的偏向と批判するように、かれには形而上学的混乱のあるように感ずる。しかしそうであっても、またゲルがデュルケームの業績を批判にもかかわらず時間論の出発点と評価したように、ウィンクラーの語る法と時間の関係は、他には例のない詳細なものと評価できる。その関係は、一は「(実定) 法における時間」で、条文上の期間と期日が特定の時間を、また条件が不特定の時間を規定している（二七二―二七四頁）。二は「法の時間性」で、法の妥当性は形式的には無時間だが実際には公布と廃止の間に限られている（二七四―二七五頁）。三は「時間の法的性格」で、時計によるミクロ的時間と暦によるマクロ的時間とがあり、両時間の統一が国際的に図られ最終的には一九五六年の条約で天文学の原理に拠って完成された（二七六―二八〇頁）。この観点は、国内法だけでなく国際法をも視野に入れていて、時間論を看過してきた既成法学には痛い批判であろう。

しかし、その法概念は実定国家法に限られていて、それが人間と社会に果たす実際の役割と意義については無関心のままである。論文のそれらの諸点に関してドイツ語の大作ではどう詳論しているか、その内容が本節の主問題となる。

二　「法と時間」のカント的哲学論

まず序言が、「法は時間の中で文化的＝社会的に現在する目的的存在である」にもかかわらず、法のこの多重の意義を既成法学のドグマの法理論は形式論理による規範主義をもって無視していると批判して、本書の意図を宣言し（VIII–X）、序説で方法論上の立場を述べた後、前記講演で挙げた法と時間との関係の三項目を主要サブテーマとして本文の叙述を進める。

序説（SS. 1–33）では、アリストテレスとカントを主として多数の哲学者をも引用しつつ（cf. S. 22）既成法学が拠って立つ方法を批判する。法はザインから峻別されたゾレンに限られるのではなく、「法は時間に規定されてさまざまの態様を呈しつつその全面にザインとゾレンを時間的・空間的に必然的に結合している」「文化的＝社会的存在である」（SS. 10, 19, 33）という趣旨を説く。

第一サブテーマの「法における時間」（SS. 37–183）については、オーストリアの諸法律すなわち公式時間制が自然日に基づいて制定した法定日として、期日・期限、労働日・休日・祝日、夏時間等に関する規定とEU法の関係法令とを精細に列挙する。ただし他の諸国についてはまったく言及していない。

第二サブテーマ「法の時間性」（SS. 188–297）は、それに続いて法律と憲法の成立と効力、妥当性と拘束性、先後関係等に働く時間の作用と意義を一般的に確かめる。

第三サブテーマ「時間の法的性質」（SS. 301–384）は、明定された前記諸規定の法体系全体における意味を求める。まず明定されていない潜在的時間制があるとして条件と賦課金をその例に挙げ、自然日と法定日との関係に一致面と不一致面のあることを指摘した後、時制と暦制との国家法と国際法とを調べあげ、ヨーロッパ時間制の略史を添えた上、ここにミクロ時間とマクロ時間との関係＝統一があり、また一方で人間の現実的な時間上の経験と他方で純粋な思惟様式としての抽象的な時間概念とのダイナミズムがあると、結ぶ。

第四サブテーマの「思惟における時間と法」(SS. 385–567) は、著者の沸騰する思いを結論的に縷々と述べる。「法は人間の、意味と目的をもって実存する、ザインとゾレンが時間において結合した、意欲のこめられた作品である」(S. 513) にもかかわらず、法学理論はゾレンだけの形式論理に走り純粋法学のように法を無歴史・無時間にしてしまい (S. 532)、時間のアプリオリな範疇が人間の思惟様式として認識を産み出すことを看過した (SS. 542–543)。法学は、時制・暦制が国内法と国際法にわたることと、法における時間の歴史および文化史を学ぶべきである。(SS. 545–567)

三　本書への示唆

以上ウィンクラーの時間論に第一の特徴と認めるべきは、時間制が国家法体系および国際法において公式制度として規定されていることを精細に調べあげていることである。時間制がどの国家においても公式法として制定されていることは紛れもない事実であるにもかかわらず、実定法学ひいて日本の現行法学はこの事実をまったく看過している［最近、小林一九九八—二〇〇二、Ⅵ（二〇〇一）六六四—六六七頁が言及している—補注］。ウィンクラーが引用する文献によれば、オーストリアとドイツの期日と期限、日曜・祝日・労働日、週などにつき断片的な研究はあるが、かれがこの書でしたような一国時間制の総体的観察はほかには例がないことからすれば、これは功に違いない。もっとも、そうであるからこそ、これを何故他国に及ぼしさらに進んで比較研究をしなかったかという憾みは残る。

ただしウィンクラー自身は、そういう実定法学的関心よりも既成法学をカント哲学の認識論をもって批判することを目的としている。この主張がこの書の第二の特徴である。その意図はよく分かるけれども、私は二点に根本的な疑問を持つ。一は内在的疑念で、範疇の概念が、時間と空間はもとより、数、形式と内容、可能性と必然性その他多くを含み「思考の形式」であるとも表現される（一九九六、二六九―二七〇頁）点に、これでよいか疑いが残る。しかしこの点は哲学とくにカント哲学固有の問題に属し私の及ぶところではないから、私は沈黙し識者の教えを請うことにしたい。

他の疑点はこの書の外在的批判で、ウィンクラーは最後に時間制が文化史上は多様な形態で展開していると、古代のエジプト・ギリシャ・ローマ・ペルシャ・イスラエル等のほかにエチオピア・インド・中国・日本・韓国・マヤ・インカの名まで挙げて指摘するが、それらがどういう実体と意義を持つかについては一言も触れないことである。これを私が批判するのは、ウィンクラーの方法が、一方で時間制について現代法学も認める公式制度を比較的に検討するためにはそれらが法哲学上の宝と言うべき不可欠な材料だと認める点はよしとしても、ここにその根本的限界が露呈しているからである。すなわち、それは法を国家実定法の公式法に限定して非公式法を一切無視する視点であって、かれ自身が批判してやまない既成法学の形式的規範一辺倒の虜に、別の意味ながらかれも成り下がっていることの証なのである。

したがってこの書は、時間制の国内法および国際法上の公式制度をオーストリアにつき一応体系化した貢献は認められても、実定法学だけの関心を批判する人間の社会科学のためには、示唆するものがほとんどない。この欠落に対しヨーロッパの文化史に関して最も広くかつ深く叙述し時間制の多様なモデルを提供するのが、次ぎのウェンドルフである。

第四節　ウェンドルフの精神＝文化史論

一　視点と視野

ルドルフ・ウェンドルフは、一人名事典によると出版社に勤めつつ研究を継続していた実務家だが、その時間研究には他に抜ん出た成果がある。ここで取り上げるその主著『時間と文化』(Wendorff 1980)はいかにもドイツ人らしく論点は周到で分量は七百頁を超える部厚なものであるほかに、前に紹介したウィンクラーがその主著(Winkler 1995)の文献目録の中にウェンドルフの著作二点をあげている。すなわち『時間と人間――エッセイ』(Wendorff 1988)と『日・週・月・年――暦の文化史』(Wendorff 1993)とであるが、いずれも、分類上は法学ではなく時間文化と時間測定の中に置かれているから、かれの専攻は法学でなく歴史ないし文化史であろうと推察される。

私が読むことができたのは主著だけだったので、かれの学問の全貌はもとより時間論の全体についても知るとは言えない。しかし主著以外の二書は、それぞれのタイトルから察すると、主著の趣旨を周辺部分で修正補充あるいは細説するものと察せられ、主著の中核部分は維持されていると見てよいであろう。主著も大部とはいえ歴史の叙述が詳しく引用文も多く所論は総合的で分析的・理論的でなく独創性も乏しいという批判があるかもしれない。しかしその膨大な叙述は、私が求める時間論としては他には類のない観点と資料を豊富に提供しており、日本の時間研究にはまったく欠如していたものを数多く提示する貴重な参考であることには間違いない。

私がそう信ずる第一の理由は、かれの時間論発想の根拠である。かれは、現代ヨーロッパ社会はその特有の西欧的かつキリスト教的性格を反省すべきことを要請し、これを時間意識の精神＝文化史的考察というドイツでは先例のほとんどない研究として展開した点、[10] 現代性と独自性が歴然だからである。第二は、時間を単なる制度だけの面でなくその根底を成す時間意識の文化から、しかもその様式を観念・感情・感性・理解・解釈・感情・感受性から哲学まで多様な時代思潮の歴史的動態として観察する点、時間制のもとに生きる人間の主体性と文化性を確実に捉えているからである。（以上、序言、SS. 10–11.）そして第三は、その内容がヨーロッパにおける時間制の歴史をバビロニアとエジプトの淵源から現代に至るまでの展開として、一方では空間意識の問題と、他方では哲学・思想は勿論文芸・音楽その他の諸文化様式とも関連させる叙述に、信頼がおけるからである。

その特色は、以下の述べる概要によって知られるであろう。要約にあたっては、邦語文献にはない二つの点、すなわち、一貫する時間制史の一範例となること、および、各時代の時間制度そのものだけでなく著者特有の文化史的考察を尊重することに、とくに留意した。他面では、読者の便宜を思って、言及した諸点に手近かな邦語文献があるものはこれを添えることにした。

二　ヨーロッパ時間制の展開

一　ヨーロッパ時間制の淵源は、人類最初の高文明であるバビロニア暦にあった。まず第一の特徴は、一日は日没に始まり六または一二に分けられたこと、ひと月は古くは月の運行だけを基準とする太陰暦により、毎月は新月に始まり、六カ月を一年としたこと、後には太陽の運行をも基準とする太陰太陽暦となり、月と春分を年始とする年とを調整するために閏年を設けたことである。[11] 王朝により暦も統一されたが地方には独自の暦が長く残った。（岡田＝阿久根一九九三、三〇〇—三〇一頁、五味一九八五、一三〇四頁をも参照。）ウェンドルフは、さらに別の特徴を指摘ないし強調する。制度としては一日を昼夜一二時間に分けたことと七日を一週としたこととだが、社会的意義としては、理念において祭司にその行事の暦を定めさせその実行によって王権を正統化するため、そして現実には大社会の統一を図るためのものであった。（SS. 16–21.）［時間

制の制度としてのメカニズムと宗教的かつ政治的機能という本質が、ここに明確に指摘されている。］

次ぎはイラン暦だが、その時間制は多元的である。古代にはアケメネス朝の宮廷暦とゾロアスター教の宗教暦との二種があったが、セルジューク朝が王命により制定したジャラール暦が一〇七九年以後の公式暦となった。これは春分を年始とし、閏年を採用してイスラーム暦と同様にムハンマド聖遷の西暦六二二年を元年とする太陽暦だが、この地帯の自然条件に即応するのでイランのほかアフガニスタンとイラクにも行われている。[12]（岡田＝阿久根一九九三、三一七―三一八頁、上岡一九八五、六一三頁をも参照。）これについてウェンドルフがとくに着目するのは、その起源がツァラトゥストラの教えにあり明暗・善悪等の対立する二元が限定された時間の中で闘争しつつ無限に展開するというダイナミックな歴史観、すなわち循環的でも直線的でもある時間概念である。（SS. 22–25.）［ここには、時間制は人間が自然条件に調和した創造物でもあることが示されている。］

これに真向から対照されるのが、ユダヤ暦の典型的な直線時間概念である。制度としては、古くはゲゼル暦と呼ばれる太陽暦を使用していたが、西暦紀元前六世紀にバビロニアのネブカドネザル王による征服が月名等に大きな影響を及ぼした。しかし独自性も顕著で、たとえば、太陰太陽暦として閏年の挿入法が特殊、暦制を度々改訂して現在にまで至る、新年は西暦年の九月にあたる、創世紀元は西暦では前三七六一年だから一九九三年は五七五三―四年となる、一日は日没から日没まで、現在でも公式のグレゴリオ暦とともに宗教＝社会的制度を成す、等々である。（岡田＝阿久根一九九三、三〇一―三〇二頁、森安一九八四、一一三三頁をも参照。）ウェンドルフはその意義をとくに重視している。最大の理由は、ユダヤ暦はバビロニアとイランの宗教文化を引継いで、未完成な現在の魂が未来における完成を目ざすという独自の直線時間制を創造し、後続のギリシャ精神とキリスト教とを融合して以後のヨーロッパに善及した時間制の基礎を成したことである。具体的には、バビロニアの週制に倣いつつ第七日の安息日を重要視し、この週の祭りから始まり年内はもとより何世紀にもわたる終末論的かつ啓示的未来観を時間の指定する人間の運命としてキリスト教に伝えた事実がある。(SS. 26–38.)［それに加えて、私は、時間制は民族の実際生活と精神生活と両面にわたる規範的アイデンティティの所産であることを認める。］

二　そのように民族思想を直接に反映するよりも天文にともなう自然の運行にまず順応して時間を測ったのが、エジプト暦であった。生活がナイル河の与える災害と恩恵に決定的に支配されるこの民族は、シリウスの星（日本名は大星または青星、中国名は天狼）が現れるとナイルの洪水が始まると見てその時期の夏至を新年とし、年を洪水季・播種季・減水収穫季の三季節に分けたシリウス暦を造った。月は太陰月であったが年は恒星のシリウスの運行により、両者の矛盾を置閏法をもって調整する結果的に太陽暦であって、前三世紀にはプトレマイオス二世が平年を三六五日、閏年を三六六日とする暦制を制定した。(岡田＝阿久根一九九三、三〇九―三一一頁、中山一九八四、五三一―五三二頁をも参照。) しかしウェンドルフはそこにも哲学思想を見る。すなわち、ナイルの果てしなく繰り返される一定のリズムが、直線時間の観念とその中で現在を永遠に保存するために石造の大建造物とミイラを発明したと言うのである。(SS. 39–52.)［これもやはり民族の規範的アイデンティティの所産である。］

そのような統一的時間制が必ずしも確立せず変異に富んでいたのが、古代のギリシャ暦であった。変異は、各月の名、閏月・閏日・祝祭日の挿入法、新年の始まりなどに顕著だったが、これは各ポリスに特有の祭事と政治の反映であった。しかしその間にも共通する特徴が時代が下ると成立し、日は日没から、月は新月から始まり、一週七日制も行なわれ、新年は後のグレゴリオ暦と同様七月ころとなった。紀年法については、トロイア陥没の西暦前一一八三年に始まるものなどの試みもあったが、前七七六年を開始の年として四年を一期とするオリンピック紀元が用いられた。(森安一九八四、一一三一頁、岡田＝阿久根一九九三、三〇二―三〇三頁をも参照。) ウェンドルフはここに深い哲学原理が働くと看て取る。その理由は、ここにイランとユダヤの宗教性もバビロニアとエジプトの日常性もないので時間は人間にとり切実とは見えないけれども、この一見の無時間性における日夜と毎年の歴史の循環リズムが、遠心活動と求心活動および空間と時間の対立すなわちあらゆる小価値の一社会への統合とその根底の時間制とを観ることである。ゼウス神の下にギリシア人が創造した真善美のロゴスと自然の法則性の哲学が、その象徴にほかならない。(SS. 54-65.) [私が付け加えるならば、社会にも法にも不可分に伴う時間制が考慮の外に放置される思想的根拠がここに兆した。]

この傾向をさらに進めたのがローマ暦であった。ローマ暦は、時間制を制度の骨格だけで見るとその発達史上に輝かしい地位を占める。すなわち、古代ローマでは、狼に育てられたと伝えられる皇帝が制定したのでその名を取ったロムルス暦がまず行われたというが、これは農作業のない冬期二カ月を数えない十ヵ月一年制だったので、次ぎの皇帝ヌマがこれを算える十二ヵ月の太陰暦を造り、以後共和政の時代を通じて太陽暦と調整するために閏月を置く工夫が色々と試みられ、しかし他面ではこの置閏法が高僧団や政治家の私益に利用され暦制自体はもとより政治にも混乱をも招くようになった。初代皇帝カエサルは、エジプト暦が天文学に従うので恒常的であることを知ってこれを採用ししかもローマの習慣に従って閏日と月名を定め、そして、次ぎのアウグストゥスが閏日を四年ごとに挿入することとして帝国内に施行し、それがユリウス暦の名をもってヨーロッパの全土に行われることとなった。(岡田＝阿久根一九九三、三〇五―三〇六頁、森安一九

八四、一一三一―一一三二頁をも参照。）ウェンドルフの思想史的評価は明快である。そこには宗教も哲学もなく、あるものは過去を背負った現在を未来のためにいかに利用するかの実用的な関心だけであり、エジプトから日時計を学んだ上に水時計を発達させたのも、毎日の時間を有効に使うためであったからである。(SS. 69–76.)［私はさらに、人間が時刻と時間を利用するつもりでありながら何時しかその奴隷となった素地がここに築かれたと言いたい。］

三　しかしそれが現実となったのは、周知のように資本主義が展開する近代以降とくにテクノロジーの高度化した二〇世紀後期であり、古代から中世にわたるヨーロッパ社会の成立期にはキリスト教がこれを喰い止め、と言うよりはこれを呑み込んでしまい、公式には教会暦が時間制を制御して人間と社会を支配した。したがって、ローマ帝国とキリスト教の和解が成立した以後のヨーロッパ時間制については、この書は大部分をその精神＝文化史の八章にわたって詳述する。［私に言わせれば、古代社会の生活と宗教の現実に基礎づけられた時間制をギリシャ＝ローマの時間制が観念化＝抽象化したのを、替わったキリスト教が実体化かつ普遍化し、それが長く続いた後二〇世紀の現代に至って動揺を見せ始めた歴史である。］これを語るウェンドルフの詳細な叙述は以下のように要約される。

教会暦は制度としては週と年との循環を骨格とし、これに行事として、復活祭と聖霊降臨祭の二大祭を中心にクリスマスほか多数の祭日・祝日に一年の典礼を配置し、その単位の週では六日働いて七日目の日曜日をすべて主日として小さな復活祭を行うこととする。周知の所である。ただし典型として知られるのはカトリック教会暦である（ここではカノン法が主日・祝日等の典礼を規定する）から、他の東方正教会、アングリカンチャーチ（聖公会）、ルター派教会その他プロテスタント諸教会では祝祭日に相違がある。（土屋一九八

四、二五九―二六〇頁、森安一九八五、一六九―一七〇頁をも参照。）この時間制について、ウェンドルフは当然キリスト教の特徴と決定的役割を強調する。一に（週制を利用したり旧約によるユダヤ暦に淵源したりなどは旧制の総合だが）それ以前の諸伝統の寄せ集めだけではなく新しい歴史観を造りあげたこと、二にキリスト教理が異なる諸時間制の矛盾を統合したこと、そして三に、長期的には終末論の大前提のもと永遠の神の祝福による未来への進歩の希望を西欧思想として定着させたことである。（SS. 77–91. とくに78–79.）

中世初期の哲学としてこれを完成させたのがアウグスティヌスであった。時間上の現在は、不完全ではあるがそこから逃避できるものではなく反対に教会を通じて神の国に入るための人間的時間の中心だとしたのである。この時間哲学が、その後五百年の間に教会と修道院の空間社会において制度として実施された。教会は礼拝のために、また修道院は勤行の厳格な実行のために厳密な時制を必要として、日時計・水時計などによって時間を測り[13]、教会と修道院がその時間に従って祈りと儀式のために一日に七回鳴らした時鐘が外の「全市民生活をこれによって統制し、組織し始めた」のである（山口一九五六、六四―七二頁）。教会は他方で農民が自然の運行による時間に従う生活を宗教上の祭に再編成し、かくて世俗の時間は神の時間の下に秩序づけられたと、ウェンドルフは断ずる。（SS. 92–110.）

そして一三世紀には重錘による機械時計が修道院で発明されて、その刻明な時間制が都市の市民に貨幣の活用を保証し、かくて「貨幣と時間」とがかれらの「新しい権力手段となり」、「時間は……利用しうる財貨としての時間」であるという（山口同書、七四頁）資本主義的時間が発端した。その背景として時間思潮の推移を、ウェンドルフは克明に説明する。時間思潮は、当初は魂の中心である教会と空間の中心であるエルサレムないしローマと関連しつつ別に働いていたが、十字軍戦争期には未来に希望を失って人の心が不安となったのを、スコラ哲学が無時間の思想と神話で救済していた。それを建築と絵画と音楽を尖兵とするゴシック精神が修正して人間の時間と未来を準備した。現実には一四、五世紀の交に一五分ごとの時鐘が一般化し(14)、機械時計の進歩とくに小型化が教会と修道院のほか貴族と富農の日用とステイタスシンボルに用いられ、その最後の時期にゼンマイ時計が発明されて事態は大きく変わり、かくて時間は均質に進行する量的性質をもって未来に向かい合理的な計算を可能にするものになった。(以上、SS. 112–150とくに148–150.)

四　その産物が、ルネッサンスに始まる近代ヨーロッパである。現実の社会は、教会、貴族、都市市民と農民、都市コミューニティとラント等がそれぞれに個性を争い、キリスト教もカトリシズムとプロテスタンティズムとに、また後者はルター派とカルヴァン派とに分かれて対立と闘争を繰り返した。だがその反面で、抽象的な時間は時計時間に具体化され、これに拠ったルネッサンスの人間は、内面の非合理的衝動を合理的時間で制御して自己意識による人文主義を高らかに謳った。すなわち、時間は個人が欲求を充足する契機であり、プロテスタンティズムは神の与える時間を近未来への希望とした。歴史は神の手を離れ、マキアベリは人間の所造と言い、トーマス・モアはユートピアへの変身願望を託し、さらにコペルニクス、ケプラー、ガリレイらはユートピアを空間に展開した。この間に、暦も、神の生活を規制する教会のものであったのが週・月・年の市民生活を規制する世俗のものともなり、この区別がやがて一五八二年教皇グレゴリウス一三世による暦制改革により公認された。今日世界で誰も知るこのグレゴリオ暦は、本来はユリウス暦では復活祭の日が年によって前後する矛盾を解決するための宗教的目的のものだったが、太陽の運行という天文学に準拠し一月一日を年始と定めたことが世俗化を可能にしたのである(15)。それに呼応して、時計の製作技術が一層進歩し経済は発展して生活を豊かにし、自然科学上の発見が相次いだ。そのライトモチーフを成した進歩観はベーコンの哲学に代表され、また主観的時間と客観的時間との緊張と統合は音楽の拍子とリズムとテンポに象徴された。（以上、SS. 151–211.）

ウェンドルフは、以後の四世紀間に起こったヨーロッパ時間制の展開を、ここまでの頁数の倍を超える四五〇頁にわたって詳細に叙述する。それは興味深い内容であるが、ヨーロッパ人には切実でも広く人間にとっての時間制を探究する本書の意図からすれば、資本主義下近代時間制の内部変化にとどまるから、私の目的に参考となる諸点を拾いあげつつ以下に要約して済ませることにする。

この間、時間は一貫して物心両面を規定する直線時間として展開した。一七世紀には、現実世界では、時間は空間をともなって、人には日々の喜怒哀楽と営為を、権力者には小宇宙に拠るダイナミックな争いを、そして音楽には秩序と前進のリズムを可能にし［そのほかスポーツもすべての芸能もそうだと、私は言いたい］、思想界では、自然科学に無限の時空観とその中の因果則を、そして社会思潮に未来の理想への進歩を保障した。（SS. 212–252.）一八世紀の大勢は、時計の改良と経済の発展が進んで人の意欲はチャンスを利用して未来と歴史を作るという進歩思想が「時は金なり」に代表されて定着したが、その直線時間のもとでも生の躍動を求める心が音楽のフーガとテンポあるいは流水の滝と噴水に象徴された。（SS. 253–337.）一九世紀には、経済の発展は加速し科学はダーウィニズムなど継続性の原理を強調、文芸はゲーテやベートーベンその他の担い手を産んでロマンティシズムを讃え、進歩思想は最高潮に達したが、後には多様化する現実生活が直線的時空観に対しマルクスやニーチェのような批判思想をまた生み出した。（SS. 339–454.）

そして二〇世紀には、時間の問題が多様化した。これを促進した代表的契機が、時間思想の西欧世界と発展途上国との差、西欧社会の時間文化イデオロギーに対する批判、生理学と人類学に基づく時空感覚の再認識の三である。学問界でも、前期にアインシュタインに象徴される自然科学、ベルグソン、フッセル、ハイデッガーの時間哲学が、また後期には国際時間研究学会その他の学際研究が顕著になった。一口に言えば、西欧文化における直線時間下の進歩思想は批判から反逆に直面している。その決算の方向は、人間は時計と暦による時間に支配されるのでなく魂から出る意志をもって時間を手段として使用することである。（以上、SS.454–479, 617–663.）

三　本書への示唆

以上ウェンドルフの論述は浩翰な量に該博な知見を盛り込んでいて、標榜する精神＝文化史の著述とすれば間然する所がほとんど見出されないほどである。では、本書の目的である「法と時間」についてはどうかと問うてみると、これにも法にも直接言及することは、期待に反して関心外におかれた。片鱗でもと探してみると、一九世紀の法実証主義が歴史的変化に対して無時間的に妥当する規範を解釈適用したという一文が見出されるだけである。

しかしながら、この本が本書に無用だと言ってすませるならば早計である。実はそうではなく反対に、法と時間制との不可分の関係を説いていると、私は理解する。その説明するバビロニア・イラン・ユダヤ・エジプトの古代時間制は、宗教の権威と皇帝の権力との合作によって公式に制度化され、さまざまの形で実在した他の多くの慣行を統一してしまうか非公式に黙認するにとどめるか、いずれにせよ圏内一円に普遍的権威をもって適用されるものであった。ギリシャでは宗教色は哲学色に変えられ諸ポリスを横断する時間が成立し、ローマでは皇帝カエサルの権力によって以後のヨーロッパの規準となったユリウス暦が制定された。その後千六百年も経ってから教皇グレゴリウス一三世が教権によってこれを合理的に改革したのが、今日世界の規準暦制となっているグレゴリオ暦であった。それは本来はカトリック教会暦であったから、カトリック諸国はただちにこれに応じたのではあるが、プロテスタント諸国はこれを改造する必要があってその受容には二、三世紀の年月を要し、また非西欧の異教国はこれを無色化して移植するのにはさし迫った近代化に対応する二〇世紀の前後まで待たなければならなかった。それでも結局、形式には変差があったが各国家が法律上公式制度として採用した。これらの事実は法と時間制との不可分の関係を示すものであった。それにもかかわらずそのことが看過されたのは、法を近代実証主義のものに限った、一つの常識としては当然であろうが科学としては軽率な即断によると言ってよい。時間制を定める法には、国家法のほかにもそれが公認する宗教法その他の公式法も、公認はしないが独自の社会的権威に拠って通用する非公式法もあること（古代国家については引用した各和文献を、中世ヨーロッパについては三好一九八四、一一三一—一一三二頁を、それぞれ参照）を知れば、そのことは明白となる。

それればかりではない。著者は精神＝文化の発現形態として哲学・絵画・建築［イギリス建築の時間思潮についてPowell　1993がある］その他多様な文芸作品を各時代ごとに検討して時間思想を探り出しているが、そのうちの二つに私はとくに注目する。一は音楽である。ヨーロッパ音楽は、その拍子とリズムとテンポによって主観的時間と客観的時間との緊張と統合を象徴し、またフーガによって多数の異種の共存を直線時間のもとに完成させ、かくて人間の秩序と前進意欲を時間的に表現すると、かれは強調するからである。（SS. 210, 285–260,　249–252.）二はスポーツで、それが記録の向上あるいは心身の鍛練を目ざすテンポとリズムの時間的営為であることに、かれは着目するからである（SS.　555,　573）。音楽もスポーツも、公式法なかんずく国家法は関係しないどころかむしろ立ち入ることを自制する人間活動であるが、それぞれの世界にはそれぞれ

の固有法があって非公式ながら第一次の法として有効に働いているのである。(16)

それらの意味において、ウェンドルフがこの書を通じて本書の目的のために提供する示唆は貴重で大きい。ただしそれはヨーロッパの精神＝思想史の範囲内であるから、当然のこととして、その視野から外されているが現代人類社会の時間論を求める目的からすれば欠落というべき事項が、二点ある。一はヨーロッパ以外の人類社会のすべての歴史に現われた時間制を関心の外においたままにしておくこと、二は公式の時間制以外の時間制が非公式のまままたは公式的に認知されて、非西欧社会はもとよりヨーロッパ社会でも多様に実在するのに放置されていることである。これを探るのが次章の課題となる。

第五節　む す び

かくて本章は目的を達した。まず、二〇世紀の間に内外に現われた無数の時間論を鳥瞰した結果、現代は西欧的＝近代的時間制の神話が崩れ、替わって新たな人間的時間制の確立を課題とすることが判明した。

それらの趣旨は、前二章が見出した時間の法的意義を実証するものにあたる。法的意義とは、突き詰めれば三点に帰する。一は、中世ヨーロッパ法がキリスト教の終末論に基づき直線時間が時間慣行を吸収したのを継いで、現代西欧法は有限の個人活動を無限の直線時間における公共性に転換する神話的機能を持つこと（グリーンハウス、本書第一章二八―三〇頁）、二は、法システムは無時間と見えてもその予期構造の中に時間にともなう社会の変化を構造化しているから、そこでは現在は未来を選択する創造の時間地平を成すこと（ルーマン、同二〇―二一頁）。三は、法を経験する主体の意識は法を現実に即して意味づけし時に変容することも可能な、いわば起爆装置でありうること（ゲルハルト・フッセル、同一七―一八頁）、であった。

本章で検討したものの中には、これを一挙に理論化するほどのものはなかったが、時間の多様性につき方向を示す示唆はあった。たとえば、オストは法的時間を六種に分け、ベルクマンは法的時間に逸脱時間・停止時間ひいて超時間とを含めて規範性とシンボル性とを示唆しこれを考察する道具概念の創案を訴え、ウィンクラーは既成法学を前提としたままではあるが法の世界における時間の範疇性を主張した。ウェンドルフはヨーロッパ史についてだけだが、大社会の統一権力が社会の多元的な時間制の集権化をも実行した諸事実を、そうとは明言しないでも精細に叙述し人間の魂の復権を結語とした。

かくて、次ぎのステップとして多元的時間制の実態を正確に確認すれば、その理論化を図る可能性が見えて来たと言えないであろうか。

注

（1）以下の叙述において、他学者の学説を紹介する際に私がコメントしたいことがある場合は、短いものは本文中に［　］内で、長いものはこの別注に記すことにする。

（2）本節で引用する洋文献で邦訳のあるものは末尾の文献表中に加えておいた。ただし邦訳が複数あるものも一種のみに限ったほか私の気づかぬものもあると思う。

（3）時間論一般と言えば文献も多く内容も豊富だが、ここの目的はその中で時間の法との関連に言及するものを発見することだから、それに必要な範囲で検討するにとどめる。

（4）ルールについて、日本の法学界ではハートの一次的と二次的との分類論が著名だが、ルールを人間社会の実際の機能に見て分析するものとしては、アメリカの法理論家フレデリック・シャウアーの社会学的分析（Schauer 1991）に傾聴すべきことが多い（千葉二〇〇一、一六二—一六四頁参照。シャウアーについては那須二〇〇一を参照。）

（5）　このことと『法社会学』の著書（Gurvitch 1940）があることとを合わせ考えると、先に言及したギュルヴィッチを精密に検討する必要があった。本章初出論文執筆時には私は彼のその後の時間関係論述を実際に読む余裕がなかったのでこれを宿題としておいたのだが、これを後に第四章で果たした。

（6）　外国の状況についてかれは言及していないが、フランスについては、Michon 1993によると、「時間の父」とよばれるPaul Fraisseの著書（1957）によって心理学の枠を越える業績が生まれて先進的であったし（なお第五章注（7）を参照）、イタリーでは、Ferrarotti 1990の注釈つき文献集によると、かなりの量の研究がドイツとほぼ同時期に発表されている。

（7）　本学会に関する資料はフレーザーから直接に提供を受け、また会議議事録数部の閲覧については加藤哲実教授の手配で可能になったことに感謝している。なお渡辺慧は学会員の信頼を集めていたらしく、創立時に事務局長を務め一九七三年の第二回会議を日本の山中湖に招き二代の会長になっている。以降の会長は、三代がアメリカの物理学者デイヴィッド・パーク、四代がドイツの数学者ゲールト・ミューラー、五代がイギリスの英語学者ジョージ・H・フォード、六代がオランダの倫理学者ジョン・A・ミション、七代がアメリカの音楽学者ルーイス・ロウエル、八代がサムエル・L・レイシー、九代がオーストリアの科学社会学者ヘルガ・ノウォトニイ、十代がアメリカの心理学者アルバート・I・レイビン、現在の十一代がフランス国立科学院のレミ・レスティエンヌである。学際・国際の目標はみごとに実現されていると言えよう。

（8）　そのほかに、小林直樹は人間論（一九九八―二〇〇二）の最後に、空間とともに時間と法の問題に言及する計画を持っている。日本からは唯一の関心なので期待している［第五章で紹介する――補注］。

（9）　とかく国際学界から孤立する感を免れない日本の時間研究が結果的に国際学界の動向と合い通ずる方向性を見い出していたことは、私は不思議ではなく理由のあることと理解する。すなわち、基本的には日本文化に伝統的な時間感覚の鋭敏性があり（角山一九九九は古代より盛んな日記と近世以降の時鐘制度と開国後の懐中時計愛用を挙げる）、渡辺慧のような先覚者もあり、海外における時間論に敏感で戦後には関係図書の翻訳の多いこともそれを反映しているのではなかろうか。日本文化に関する興味ある話題である。

(10) かれがここで挙げる先例は、オズワルト・シュペングラー（『西洋の没落』（一九一八―二二、邦訳は村松正俊訳一九二六）と、Jean Gebser（*Ursprung und Gegenwart*, 2 Bde., 1978）とだけあるが、別の場所では関係する文献若干と会議を記している（SS. 458–459）。

(11) ここに、一日二四時間制と置閏法の発端と、聖書の人物が二倍の長寿となること、との根拠がある。

(12) イスラームの宗教行事は太陰暦のヒジュラ暦によるが、紀元はジャラール暦と同じく西暦六二二年に始まる。ただし西暦一九九三年は、ほぼジャラール暦の一三七二年、ヒジュラ暦の一四一四年にあたる。

(13) そのほか砂時計・油時計・蝋燭時計・鶏時計もあったと、ウェンドルフは記している（SS. 106–107）。

(14) イギリスのウェルズ、フランスのルーアン、ベルギーのメヘレン等の大聖堂、ドイツはニュールンベルクのゼバルドゥスとローレンツの両教会、アウクスブルクのPerlachadom（小林孝輔教授の教示によれば市の代表的古建築）と市庁舎の鐘楼を、ウェンドルフは例に挙げる（S. 149）。これらは他の多くとともに中世の時鐘による時間制を今に伝えるシンボルである。

(15) 第二章で略述しまた後に第五章でも詳述するように、しばらくの間はそのカトリック色が他の宗教による諸国への移植を妨げた。しかし二、三世紀の後には無色化され結局は全世界に移植されたことは、それが非宗教的日常性を本来考慮していたからである。

(16) 音楽と時間との本質的関係については、既に注目されている。ホウィットロウは音符の重要な意味を指摘しているが（一九九〇、二五六頁）、Rowell 1978, 1979, 1983; Emery 1975はこれを主題にしている。日本でも、新田一九八五は事例に言及するだけだが、岡安一九八一は音楽の時間性を人間生活の時間として的確に観察している。スポーツは、個々の種目ごとに異なる時制を各固有法（千葉＝濱野一九九五、九―一〇頁参照）によって規定する。野球についてMount 1994が特殊な時制を指摘している。

（補1）　オストは、その後も思索を続けて理論を発展させ、とくに一九九八年の編書と一九九九年の単著で画期的な新理論を唱えた。第五章で詳しく紹介し検討する。

第四章　法文化における公式・非公式時間制

第一節　本章の課題

一　本書は、「時間制の、社会に生きる人間にとっての主体的意義および法との客観的関係」（第一章三二頁）の理論化を最終目標として追求するものである。前章では、学界の関係する論議を知るために現代の世界と日本で行なわれている時間論を広く検討した結果、その多様な論議は人間社会の多様性を反映して時間思想ひいて時間制も多様であることを証明し、よって端的に多元的時間制こそ現代時間論が確証し解明すべき時間制の最大問題の一であることが示唆された（第三章六四頁）。その結果は貴重な教訓とはなったが、そこで検討された多数の時間論は、本シリーズの目標にそれぞれある種の示唆を与えるものではあったとしても、多様に可能な観点のどれかからそれぞれ特有の主張をすることに追われて、各観点を時間理論全体の中で体系的に位置づけるもの、まして私が求める「法と時間」との理論的関係を端的に指摘するものはなかった。

これは、時間と法との関係につき時間論の全体図の中から目標の信頼できる方向を得たいという本書の目的には遠い致命的な結果であったので、必要を充たすためには自らその全体図を描いてみるほかなくなった。

今の私にはそれを十全に果たせるという自信はないが、一方ではともかくも自分の考察を前に進めるために、他方では今後出てくるであろう有志のだれかに一つの試論として役立つことを期待して、思いきってその全体図を描くことを本章で試みることにしたい。その試みを実行するための確実な手がかりも今のところは得られていないので、多様きわまる現代の時間制を試案としてまず三分しその論議の中から手がかりを見いだすことにしたい。全体図が将来誰かの手によって完成される時には、当然止揚されることを予期してする試みである。

まず、時間制の核心として現代人のだれしもが常識で前提するのは、一日二四時間の時制（第二章三九頁の「時法」を第三章六五頁で「時制」と訂正）と一年三六五日の暦制との両制度であるが、現代では両制とも国家法が公式に制定する法制度となっている意味においては、公式時間制を成すものである。ただし公式時間制と言っても、実態は時制と暦制とで異なる。時制は、近代に時計時間による定時法が不動の形で確立し、やがて標準時がまず各国ごとに制定され、ついで世界各国にグリニヂ標準時が適用されるようになって以来、標準時一元論が世界の公式制度として妥当する状況となっている。対して暦制は、現在ではグレゴリオ暦による西暦が世界各国で公式に用いられているから西暦普遍論は成り立つけれども、実際の世界にはそのほかにも多くの暦制が公式にも非公式にも行われているから、西暦一元論は妥当しない。よってそれら公式時間制の主要なものを第二節で確認しておく。

この公式時間制に対しては、当然に非公式時間制があるはずであるのでそれを探索せねばならないが、それは一層多様な形態を呈するので、これをさらに二種に大別して見ることが当面の発見的手法として有用である。一は社会現象としての時間制で、現代社会を構成する諸国家の内部では、国家を構成する無数の単位社会が公式時間制と並んでしかしそれとは別に、中小の各社会が個別的あるいは大社会内で他と共同して使用する非公式のいわば社会的時間制があるから、これを第三節で検討する。他は同じく非公式だが文化現象としての時間制いわば文化的時間制で第四節で検討されるが、これに二面を分けることができる。一面は、前記の社会的時間に関する論議は西欧的な現代社会に集中されているので、それとは文化の異なる他の人類社会すなわち歴史上および非西欧社会の時間制であり、他面は論理的にはそれに先立つ問題で、時間制は時計と暦以外にも多様な文化形象を記号ないしシンボルとして象徴されるので、いわば時間の記号を確認することである。

二　本章で使用する用語は既述のものを踏襲するが、それに二つ訂正をしておく。一に、私は時間制を「時制と暦制の総称」としていた（第三章六五頁）が、それだけでは言語上の意味を示すにとどまり指示対象の実体を特定するものではないので、ここで「システムを成す社会時間」と再規定しておく。この規定は、一方では、集団であれ階層であれ一定の単位社会に共通に通用している時間を意味するから、個人の意識における時間だけを扱う心理学的時間をもフッセルやハイデッガーなどに代表される哲学的時間をも原則として除き、他方では、同一社会の相当多数の構成員にシステムとして機能しているから、体系的規範性の認められない個人の時間感覚と社会の時間思潮も、また除かれる。したがって、時間はいわゆる「時間、時刻、時点」の総称で（第二章三八―三九頁）上記のすべてを含む最広義の概念であり、対して時間制は、一社会範囲に通ずる体系的規範性を要件とする一種の社会的制度を意味することになる。ただし、この要件が多くの民間暦のように明確に認められる場合は非公式でも時間制であることに疑いないが、時間感覚と時間思潮との無数の実例には本要件有無の判定が困難でそのことを明確にできない場合があることに留意願いたい。

二に、従来は暦制と暦法とを区別しないでいた（第二章三九頁）が、ここで、暦法を「日・週・月・年を単位とする時間の流れの体系化」、暦を「その一覧表」と再規定し、「特定の年を起点として年を通算する年次」を紀年法とする。そして暦法と紀年法とを合わて暦制と言い、「暦法と紀年法とを組み合わせて年単位の時間を計測・表示する体系」を意味することにする。したがって暦はこれを表示する手段でもある。

第二節　現代諸国家の公式時間制

国家法による公式時間制については、日本の法学界は関心をまったく示さず研究成果も皆無であった。世界でも、たとえばオーストリアについてウィンクラーが現行法上の時間制をヨーロッパ法との関連とともに詳しく記述している（Winkler 1995 : 50-69, 本書第三章八〇頁）ような研究が各国にあればよいのだが、他の諸国についてはその類を日本と同様に私は発見できなかったので、世界の公式時間制の全貌をここに正確に再現することもできない。だが他の諸科学からする数ある時間論の中にはそれに言及するものがあるので、それによって以下の概要が得られる。

一　日本の公式時間制

日本の公式時間制は、明治改暦で固めた体制が今日も維持されており改暦の事情は第二章で詳説したところであるが、本章では他の諸外国の場合と比較して考察するので、念のためにその要点をまず摘記しておく［現行の大要は、後に小林一九九八―二〇〇二、VI（二〇〇二）が記している――補注］。

日本の暦制では、その長い歴史に一貫して、一方では多数の民間暦が全国の各地で非公式に行われていたが、他方では朝廷も幕府も中央政権の権力手段として暦を管理してきたので（それらの実情は、能田一九六六、岡田＝阿久根一九九三、岡田一九九九、その他の諸書で述べられている）、一種の公式時間制を持ち続けてきた。これを現行の暦制に改変して公定したのが明治開国の際で、その法源が、一八七二年一一月九日太政官達第三三七号の改暦詔書であった。これにより旧暦の同年一二月三日が新暦の一八七三年一月一日となり、以後の紀年法は、元号を本位として、政府の創作した神武紀元（Tomonaga 1996: 101）を併用し第二次大戦後はこれを廃止し西暦の慣用をも徐々に黙認することが、今日の公式制度および常識となっている。その暦制は、本来は西暦一五八二年にカトリック教会暦として制定されたグレゴリオ暦が、三百年以上かかって宗教色を脱して世界に普遍化したもの（詳しくは、後述一〇四―一〇九頁）に倣ったのであった。[1]

日本の時制も、現行制度の最初の法源は右の太政官達にあった。それまで時制は、日出と日没で一日を測りこれを一二支で分ける幕府公認の不定時法であったのを、午前と午後を均等の二四時間に分ける定時法の時刻＝時間制度としたのである。さらに一八八四年には国際子午線会議に積極的に参加してグリニヂ時（または同平均時、同平均太陽時）を国際標準時として受容し、[2]一八八六年七月一二日の勅令第五一号によりグリニヂ時より九時間早い時刻を日本の標準時と定めた。以後勅令による若干の小補正はあったが基本体制は変らないから、改暦詔書とこの勅令とが現行時制の基準法源となっている。（以上、詳しくは第二章）

暦制に関して三点を付言しておく。一は暦法のうち週の制度で、これはグレゴリオ暦に倣って一八七六年三月一二日太政官達第二七号により官庁で実施され始めた。二は祝日暦があることで、明治の改暦にあたり創設されたものが戦後「国民の祝日に関する法律」（一九五二年二月二九日法律第二号、その後一部改正）で全面改定されたものである。三は年の変型である年度で、当初の変遷を経た後に一八八四年太政官達八九五号により一八八六年以降「四月から翌年三月まで」が固定した（以上、第二章四四―四六頁）。ただしこれには注意が二つ要る。一は、正確には会計年度であって、外国ではイギリス・インド・イスラエル等は日本と同様に四―三月だが、オーストラリア・スウェーデン等は七―六月、アメリカは一〇―九月で、中国・韓国・フランス・ドイツ・イタリア等は一―一二月のままであり、年度の一年を呼ぶのに、アメリカは終わる年でするがそれ以外の多くの国は始まる年ですることである。二は、ほかに物資年度もあり、米穀は一一―一〇月、麦・酒造・肥料は七―六月、大豆・砂糖・農薬・冷凍は一〇―九月となっており、小麦年度は国際協定による七―六月に日本も従っていることである（以上、黒田一九八五、六八三頁）。なお周知のことだが注意の三として付け加えると、同じ四―三月の一年が教育年度（学年度）としても用いられるが、その外国の例には九―一〇月が多く日本でもそれが部分的に行われ始めている。

二　外国の公式時間制

一　外国の公式時間制は、近代以前では、世界の他の諸地域はもとよりヨーロッパ諸国でも、国家ごとの標準時がなく日出・日没を規準とする不定時法によって各地域ごとに異なるまま並んで行われていた。しかし資本主義の近代的技術とくに汽車と通信手段の発達が国内時制の標準化を促進し、その点で先行したイギリスとアメリカがこれを国際間に徹底すべく、前述した一八八四年の国際会議を主導したのである。その結果、その後も時間の精密な測定については国際会議による協定が何回か行なわれ、その結果として世界標準時制が公式制度として通用するようになり、標準時一元論が疑われなくなった。(3)（以上および以下には、青木一九八二、Nguyen 1992 を参照）

その標準時制を国内で実現する法律手続は各国ごとに法定されたが、その態様は同じではない。イギリスは一八八〇年にグリニヂ標準時制を、またアメリカはカナダとともに一八八三年に国内の四地域の標準時制を法定したが、両国とも秒以下の高精度の時間は法律になじまずとして以後法律で時制に関与することがない。これに対して、(西)ドイツもフランスも一九七八年にそれぞれ法律と政令で、国際協定が新たに制定した高精度の時間制に対応する規定を設けているという。その他の諸国については、手近な資料を発見できなかったが、グリニヂ標準時制が現代世界のすべての国によって採用されている事実からして、それが各国の法律手続か慣習法かによって公認されたに違いないと推定して、確認は有志の検証に委ねておく。

二　外国の歴制については、前記のように西暦普遍論は妥当するとしても、世界では、たとえば日本の元号を始めイスラーム暦やキリスト教の教会暦の諸変種その他多種類の別種の暦制も行われていて、西暦一元論は成り立たないことをここで改めて言う必要がないであろう。その多種類の事例中には現在では過去の歴史的存在となったとしても時間論全般には欠かせないものがあるが、[4]本稿は現代世界の現行時間制を考察するのでそれらをまた論外とし、本節では原則として現行時間制の公式のものだけを確認しておき、社会的なものと文化的なものは次節以降に譲ることにする。ただし、現行公式暦制を歴史的および社会的・文化的暦制と明確には区別できない事情もあるので、後者にも言及することがある。事情とは、暦制に対する国家法の公認の仕方が、法解釈学では実定法上の規定だけに拠ればすむのに対して、本稿は法社会学/法人類学の手法に拠るので、ある歴制による社会的行動が公式に承認される場合には、実定法上の明定を欠いても準公式(本章一一〇頁参照)とは言える場合があるのでこれを無視できないことである。

まず西暦普遍論の根拠を、ダンカン一九九八によって確認しておく(以下、この書の引用は頁だけでする)。

六世紀ころ、ヨーロッパの紀年法には定まったものがなかったので、博学の修道院長であったディオニシウス・エクシグスはこれを改革すべく、キリストの生誕を紀元元年とし（ただしエクシグスは誤って事実より四年早めてしまった）、復活祭の日付をわかりやすくする新暦制を考案した。当初この新暦制はキリスト教徒にもなかなか受け入れられなかったが、サクソン人さらにガリア人へと徐々に広まり、一〇世紀になってからヨーロッパに広く使用されるようになり、今日の西暦（A.D.）となった。ただしヨーロッパでも非キリスト教徒がこのキリスト紀元を使用し始めたのは一四世紀、キリスト教徒でも紀元前（B.C.）を使い出したのは一七世紀だと言う。（以上、一〇七—一一二頁）[5]

暦法としては、大部分はローマ帝国のカエサルが採用したユリウス暦（第三章八七頁、岡田＝阿久根一九九三、三一一—三一二頁、等参照）が行われていたが、圏内のゲルマンやスラヴの諸部族はそれぞれ固有の暦法を使用していた（一二一—一二三頁）。しかしその頃公式のユリウス暦には欠陥がありとくに一年が実際より一一分余も長いために、春分を基準とするキリスト教徒の最大の行事である復活祭の日のずれが年とともに大きくなって、改善の議論も喧しくなっていた。

それでもローマ教会は毎年の暦をユリウス暦に拠っていたが、その矛盾と問題性がやがて堪え難く大きくなり、公会議でも改革案が出てきたので教皇グレゴリウス一三世は改暦委員会の議を経て勅書を発し、一五八二年一〇月四日の翌日を一一日跳ばして一〇月一五日とする新暦を実施した。このグレゴリオ暦が世界に普及した経過の概要は邦語文献によっても知られるが、ダンカン一九九八の詳しい記録はこれを文化問題として観るのに役立つので、先の記述（第二章五二—五三頁）重なる部分もあるが紹介しておく。すなわち、イタリアとスペインとポルトガルの諸公国は直ちに実施したが、フランスおよびベルギー・ネーデルランドのカトリック諸邦とベルギーの一部は実施を年末まで延ばした。だがベルギー全土が翌年に、またハンガリーが一五八七年に実施して、カトリック国のほぼ全圏に及んだ。その前に、プロテスタント邦が入り混って事情が複雑だった神聖ローマ帝国領でも実施されており、ドイツ諸邦ではババリア・オーストリア・ヴュルツブルク・ミュンスター・マインツが一五八三年中に、またボヘミア・モラヴィアその他諸邦もスイス諸邦と同様一五八四年中にそれぞれ実施していたからである。（以上、二七一―三〇〇頁）

これに対してプロテスタント国の反発はきびしく、従来どうりにユリウス暦を固執しそのスタイルを旧暦（OS）と呼んで新暦（NS）に対抗した。しかし手紙の交換はもとより物資の交流それに人の往来は入り混じって日付は混乱し、キリスト教の諸祭日とくに復活祭は両暦で異なるなど、生活上の不便が続出、百余年の間はそれに堪えたが、ついに一七〇〇年には、ドイツとデンマークのプロテスタント国もグレゴリオ暦を採用せざるをえなくなった。ただ復活祭についてはなお旧暦で行なうものもあったのを、一七七五年プロシャのフレデリック大王がこれを廃止してようやく新暦に一元化した。スウェーデンでも、両暦を妥協する試みがあった後一七五三年に新暦統一が実現した。イギリスでは、両教徒間の争いに国教会とピューリタンとの反対さらにスペインへの敵対感情も加わって事態は一層混迷したが、とくに商人にとって新旧両暦併用の不便が問題の解決を促進して国教会もやがて支持に転じ、改暦に伴なう実務の処理に十分配慮した「一年の始まりを規定し現行の暦を修正する法」が通過し、一七五二年九月二日の翌日を同一四日とするグレゴリオ暦がアメリカの植民地にも実施されることになった。（以上、三〇〇―三〇三頁、三〇七―三二〇頁）

三　グレゴリオ暦は、以上のようにまずカトリック国を始めとし二百年近くもかかってそのカトリック性が捨象化された後にプロテスタント国にも普及し、かくて両教派の各国における諸教会が支配する西欧社会の中心部に及んだ。しかしその勢いはそれで一応完了し、以後は二〇世紀初頭まで停滞したあと第一次世界大戦前後から再び進行した。この再起動の力が何であったかは歴史家の答えに待つほかないが、西欧の先進国に比べて立ち遅れていた諸民族が自立と近代化を促がされた事情と関係することは間違いないであろう。事実の経過としては、一九一五年ころにまずバルカン半島でブルガリアが、そしてドイツ占領下のラトヴィア・リトアニア・エストニアが、また一九一九年にはルーマニアとユーゴスラビアが、一九二四年にギリシアが、それぞれグレゴリオ暦を採用した。それ以外の地域では、日本が明治維新後の一八七二年、朝鮮の李王朝が近代化政策として一八九五年（千葉一九九八、一三二頁）、ロシアがボルシェビキ革命後の一九一八年、そして中国が共産党革命に成功した一九四九年（一九一二年に一応採用したが不徹底だった）、それぞれグレゴリオ暦を公式に採用した。（以上、三二四―三二五頁）

以上の経過に加え第二次世界大戦後に独立した多数の国々も、暦制としてはグレゴリオ暦による西暦を併用していることは間違いないから、かくて西暦普遍論は一応成立する。だがそこに、用語に由来する問題が残る。それは、暦制の一語には紀年法を含むのと除くのとの異なる二義があるので使用にあたってはこれに注意すること、すなわち実際には、グレゴリオ暦は暦法の一であるのに対して西暦は紀年法に属すから、理論上は西暦＝グレゴリオ暦ではなく、暦法はグレゴリオ暦以外の暦に拠りながら、紀年法は西暦に拠るものも西暦とは別な暦に拠るものもあることである。よってその実例を次ぎに確かめておく。

最広義でキリスト教と言えば分立している教派が多くその分類も単純ではないが、私は部外者として常識に従うのを許してもらうならば、上述によって、カトリックおよびプロテスタントの両教会における暦制の変遷を概観したことになるから、次ぎに他のキリスト教会の状況を見る。カルケドン派の東方正教会は、西暦には従いつつもグレゴリオ暦への改暦運動が始まって以来終始これに反対を続けており、一九七一年にはグレゴリオ暦を拒否しユリウス暦を維持する最終決定をしたとも言われる（四頁）。しかし実際には、所属する各国・各地方の正教会には、一九二三年以来グレゴリオ暦に部分的に切り替えるものが続いた。コンスタンティノープル・アレクサンドリア・アンティオキア・ギリシャ・キプロス・ルーマニア・ポーランドの諸正教会がその例であり、ブルガリア正教会は一九六八年これに倣った。ただしいずれも復活祭だけは旧来どうり西の新旧両教会とは違う日に祝っており、それ以外のエルサレム・ロシア・セルビアの諸正教会とギリシャのアトス山の修道院その他小集団は、依然ユリウス暦を護っている。したがって、復活祭までグレゴリオ暦に切り替えたフィンランド正教会は東方正教会中唯一の例外である。（三〇四―三〇五頁）

ネストリウス派の東方諸教会は、それらに比べると勢力が小さくまとまった情報も発見できなかったが、古来の暦法に拠っていると推察される。エジプトのコプト教会はユリウス暦に従うので一九九九年のクリスマスをグレゴリオ暦の一月七日に祝い（一九九九年一月八日朝日新聞）、エチオピア正教会は古代エジプト暦とほぼ同じエチオピア暦によるのでグレゴリオ暦の九月が年始となり（岡田＝阿久根一九九三、三一〇頁）同月二七日に新年を祝うマスカル祭を行っている（一九九九年一〇月二日朝日新聞）からである。他のアルメニア教会とレバノンのマロン派教会については資料が得られなかった。

四　以上で現代の世界に普遍的な公式時間制の大略が知られたが、問題はなお残る。まず、多数のキリスト教諸教会は現在でも各々独自に暦制を護持しているのだが[6]、その国家法による公認という公式性の根拠をなす法令上の形式は不詳のままである。宗教とは関係なく世界に行なわれている多くの暦制についても同様であろう。それらを確かめるのに現状では日本にはもとより世界にもただちに利用できる資料を発見できないが、私の推察するところでは、広義で公式と言ってよいものには、上述のように公式時間制として特定して法定されるもののほかに、次ぎの四方式がある。一は、国が一宗教を国教としてあるいは正統の教会として憲法で明示して承認する場合で（世界におけるその実例は千葉一九九八、11章にある）、その宗教暦も一括して公認されることになる。二は、宗教性の如何にかかわらず西暦以外の伝統的な紀年法を憲法文書あるいは法令が明定もしくは使用している場合であるが、私はごく小数のほか実例を発見できなかった。(7) 三は、国が祝日暦を一種の暦制として法定しその中に他の本来は非公式の宗教的または非宗教的な暦制上の行事を個別的に採用するものである（次頁参照）。四は先にも触れたように、憲法が一般に信教の自由その他の私的自由を保障することにより国民の宗教その他形式上は私的な活動が公法上実際に尊重される場合で、法解釈学上は法律の反射的利益として済まされるが、公的機関が公権の行使をそのために自制するならば法社会学上では公法上の自由にほかならないから、準公式とは言えることになる。(8) 以上の諸方式による実例を公的と認めて確認することが残された課題となる。

右記三の場合の資料として、一〇二国について祝日暦を集めたパンフレット(9)によると、世界の現行祝日暦が概略知られる。各国の祝日数は、最小の二（サウジアラビア）から最多の二〇（ハイチとマカオ）まであり平均すると一〇余日である。その柱は、国家の建国あるいは独立の記念日、革命や制憲の記念日、皇帝あるいは国父的人物(10)の記念日等に、国民生活上の新年の元日に労働や婦人・子供の日などを加えた広義で政治的ないし国民的なものであるが、それにまさって数の多いのが宗教的行事である。(11) ムスリム国が断食明けと犠牲祭との二大祭のほかイスラームの諸祭日を置くことはむしろ政教一体の実体からして容易に了解されるであろうが、キリスト教国でも復活祭と聖霊降臨祭との二大祭およびクリスマスを中心に(12)聖人の日などを配して数が多く、政教分離原則という常識からすれば異様と見えるかもしれない事実もある。公式法上宗教関係をまったく除外する国が六あるが、その実例から察すれば伝統を否定しようとする政治的意図がそこに察せられるとしても、非公式の実体はどうか問題である。(13)

祝日暦の中で特色に気付いたものを指摘しておく。キリスト教を主としてもイスラームの行事を採用する国がアフリカに五ある（エチオピア・ナイジェリア・タンザニア・ケニア・カメルーン）。逆にムスリム国でありながらクリスマスを採用する国が東南アジアに三ある（マレーシア・ブルネイ・インドネシア）。もっともそれらを含む東南アジア諸国は一般に多文化の伝統的な慣行や宗教を採用していて祝日の文化的起源は多元的である。中でも公式には廃止された中国旧暦の行事中新年の春節は他の七国で採用されている(14)（マレーシア・ブルネイ・ホンコン・マカオ・シンガポール・台湾・韓国）。仏教上の行事が、タイで中核をなすとともに韓国・ミャンマー・スリランカでも採用されている。その先は有志の検討に委ねることにして、以下には、公式あるいは準公式と私が認定する暦制の例を挙げておく（主として岡田＝阿久根一九九三、ダンカン一九九八等による）。

紀年法として西暦以外で現在世界で最も広く用いられているのは、西暦六二二年を元年とするイスラーム暦（A.H.）である。これは、ヒジュラ暦、回教暦、マホメット暦などとも呼ばれ、完全な太陰暦なので一年が太陽暦より短かく西暦二〇〇〇年はその一四二二年にほぼ当たること、また九月ラマダーンは断食月で十二月ズー・アルヒッジャは巡礼月というように教徒の実際生活を強く規制することなど、特徴が著しい。ムスリム国はすべて勿論これを公式暦とするが現在では西暦をも併用し、さらに他のものを公認することもある。たとえば、イランとアフガニスタンでは、イラン暦・ペルシャ暦とも呼ばれる太陽暦のジャラーリー暦が、やはり西暦六二二年が元年で春分を元日とし農業等の必要によって採用されている。

　仏暦も上座部仏教国に行われている。タイでは、仏滅の西暦紀元前五四三年を元年とする暦制が大紀元の名で古来行われてきたのが、一八八九年に西暦採用、一九一一年に仏暦復活、一九四一年に両暦併用が公式となった（西暦二〇〇〇年は仏歴二五四四年）が、非公式には、西暦七八年を元年とするシャカ紀元も、小紀元と言われる後述のビルマ紀元も用いられるという。ビルマ紀元とは、仏教がビルマに伝来した西暦六三八年を元年とするもので、社会主義化された現在のミャンマーでも、西暦の四月に当たる正月祭りは盛大だと伝えられる事実がある（一九九七年四月七日朝日新聞）から、準公式に用いられている可能性が大きい（以上、サマヤサン一九七七、九五―九六頁）。同じ仏教国のスリランカでも、私の実見によれば、憲法にも仏暦の日付があったし、多数を占める仏教徒の生活と行事に関しては仏暦が準公式的に使用される。ユダヤ人とくにイスラエル在住人には、九月を正月とし西暦二〇〇〇年が創生紀元五七六〇年にあたる太陰太陽暦のユダヤ暦が通用している（岡田一九九九、三一―三二頁参照）。インドでは西暦と並んで、その一九五七年を一八七九年とする太陽暦のサカ暦が新たに実施され、また同時に、古来の太陰太陽暦が主なものでも一四もあるほど多数の地方暦に別れているのを政府が集録するヒンドゥー暦があるほか、独特の太陽暦である教徒間のパーシ暦もある。ネパールにもヒンドゥー暦とともに独自の太陽暦ネパール暦があるという。

　元号（あるいは年号）は、周知のとうり古く中国に起源しやがて朝鮮諸国さらに日本にも移植されたので一九世紀まで世界でも有力な公式の紀年法であったが、朝鮮では日本への併合時（一九一〇年）に、中国では中華民国建国時（一九一二年）に、それぞれ廃止されたので、現在の世界で公式に採用している国は日本だけである。

最後に、紀年法に関し一言しておきたいのが創生紀元あるいは建国紀元である。日本では神武天皇即位紀元の皇紀が第二次大戦後に廃止されたが、世界には西暦と併用される現行のものがある。中国で、右記の中華民国建国にあたり年号が代わった建国紀元が現に台湾で、さらに第二次大戦後の共産主義革命の年（一九四五年）から新設された公元紀元は本土で、それぞれ使用されている。それ以外は明確な資料はないが、どこかの国あるいは民族には在る可能性があるので確かめる必要がある。私が得た資料によれば、朝鮮半島では天帝が古朝鮮に降臨したという檀君神話により西暦紀元前二三三三年を元年とする檀君紀元（略して檀紀）が一九六一年に韓国で廃止されるまで公式であったし、北朝鮮では建国者金日成の生まれた一九一二年を元年とするチュチュ（主体）年号を紀年法とするよう一九九七年に決定されたと伝えられ（同年九月九、一〇日朝日新聞）、世界には創生神話を護り続けている部族もあり（田村一九八七、なお阿部一九六六を参照）、アフリカのアシャンティ族では時間とともに国家も再生する（阿久津一九八八）という。

第三節　社会的時間制の諸相

前章によれば、二〇世紀の後半に時間論が諸科学の学際的関心によって興ったのは、近代的時間制が主として近代科学・キリスト教的終末論・資本主義経済理論等に支持された、実は特殊な直線時間一元論であったと批判し、時間に人間の主体性および社会の多様性を見て多元的時間制を認めざるをえなくなったからであった。二〇世紀初頭以来各国から断片的に挙げられた時間論はその萌芽で、一九六六年発足の国際時間研究学会とその会議事録既刊九巻（*The Study of Time*, 1972–98）は時間論を七〇年代以来学界の一潮流にまで発展させる大きな力になった。そして九〇年代には一九九二年創刊の雑誌*Time & Society*を中心として時代の動向に敏感な論文が数多く現われて、時間論は開花せんばかりとなった。本節の第一項はそれら諸論議の動向をまとめるものである。

勿論その全貌を掌握するのは、上記二誌書のほかにも現われた多数で未知の文献とくに前章執筆時には知りながら参照できなかった有力文献を探索するという作業を果たさなければならないので、これに着手したところ、幸いなことに学友の協力もあって作業は進み[15]、重要な文献を入手することができた。その中に、前稿で参照できなかったジョルジュ・ギュルヴィッチ（1864–1965）の社会時間論がある[16]。これは、人間社会とくに現代社会のあらゆる変型を網羅的に列挙する点では、社会学の教科書であるだけでなく、各形態の社会に働いている多様な時間を一々指摘する時間論の一大成であり、これを詳しく紹介すれば社会的時間の概観は得られ、その点ではその後に現れた多数の新論文にもこれを越えるものを探索できなかった位なので、本節の第二項でこれを紹介し、それにもなお不足するものは後続する有志の補正に託すことにする。

一　現代社会における時間の多様性

一　時間および時間制の多様性を最も広い視野で捉えたのは、現代時間論の学際化と国際化を推進してきたアメリカのＪ・Ｔ・フレイザーである。かれの時間論は当初から宇宙論と人間論を前提としていて最近はそれを主題にする図書を出した（Fraser 1999）ほどだが、一貫して宇宙時間の存在論を六階層のヒエラルキーで観ていた（“hierarchical theory of time”）。最初の階層は時間観念の通用しない電磁気エネルギーの「無時間」で、次ぎに、存在と運動はあるが秩序は不明であるエレクトロンの「原始時間」と、終わりのない純粋継起である宇宙万物の「物理時間」が続き、その後に過去と未来を繋ぐ現在が区別される有機体の「生物時間」が現われ、さらに現在から過去と未来をシンボルで明確に区別する人間の心の「精神時間」へと階層を重ね、最後に複雑な人間世界の「社会時間」が置かれる（Fraser 1978）。宇宙存在である人間にはすべての時間が作用するが、文化＝社会的に問題となるのは精神時間と社会時間とである（Fraser 1998ではこの二を合わせて精神時間と言う）から、かれの言う諸時間のうち社会時間が本稿の主題となる。

その社会時間は、標準時一元論と西暦普遍論が確立したかのように見える現代でも実は多様であることが、論議の初めから認められていた。ソローキンとマートンの古典的論文も、社会時間は集団の活動を反映するので集団ごとに異なっているとともに相互の交流により共通化も進むと、すでに断言していた（Sorokin & Merton 1937: 620, 627）。これを引き継ぐように現代の代表的な時間論者も、社会時間は本質的に多元である（Zerubavel 1982: 21）、時間の概念と意味づけは社会ごとに異なる（Whitrow 1989: 186）、時間の多様性は時計時間では測られない（Adam 1992: 177–179）、現代社会は高度に分化して直線時間では測れない（Nassehi 1994: 70）、現代の社会時間の問題は複合的だ（Nowotny 1998: 101）、等と繰り返し認めている。

この多様性に伴う陰の重大な問題を、鋭敏な論者は見逃さない。一比較文学者は、人間はこの矛盾する多元的な諸時間により癒されもするが殺されもして「時間戦争」に陥ると指摘するだけ（Hernadi 1992: 152）だが、フレイザーはこれを時間理論に繰り込んでいる。すなわち、ヒエラルキーを成す各階層の内部では異なる統合体がそれぞれ固有のリズムと時間を持つのでその間に解決不可能な矛盾（conflicts）が残ることをまず認め、しかし同時に、そこに新らしい様式が発展して矛盾を包みこみそれがまた新しい矛盾を生むと説く（Fraser 1978: 424; 1998: 14）。これらは他に類のない卓見である。理論として明示こそしないがまさしく弁証法そのものに違いなく、また「秩序（法）と紛争の連続性」という私の紛争理論[17]とも重なるからである。

そして実際に、近年人間社会の最大問題と言ってもよい環境問題を近代の社会時間による自然のリズムすなわち環境時間の破壊と見れば（Adam et al. 1997; Kümmerer 1996; Hofmeister 1997）、それはフレイザーの言う無・原始・物理・生物の四種の時間と精神・社会の二種の時間との矛盾にほかならないからである。

二　個有の時間ないし時間制を持つ現代の無数の単位社会には幾様もの分類が可能であるが、その内でも年令別と性別と労働環境別の諸社会がそれぞれごとに時間慣行に著しい特徴を示していることは、周知の事実である（cf. Shaw 1994）。中でも男性時間と女性時間との相違に関する論議が抜群に多いが、その主旨は近代時間制が女性時間を非典型とし男性時間を典型としたという批判である。すなわち、近代の直線時間は男性の産業活動の便宜のために制度化されたもので、女性の出産・育児その他の家事労働と自由時間およびそれらを前提とする職業活動を時間制の外に放置して時間上の保護を忘却していたと認識し、その態様の各国ごとの相違や近年進みつつある若干の改善を認めながらもその改革を主張するものである。[18] これに次いで最近目立ったのが、環境時間の問題と言うべく近代時間制がコンピューターの利用によって加速的に環境を破壊しつつあるという反省である。

時間制の年齢別多様性に関する論議は、時間論中には現れてこないが、この問題は社会学ではライフサイクル、人類学では年齢階梯制ないし通過儀礼として論ぜられるテーマに譲られているからだと解される。私もそれらの論議を踏まえて社会的かつ法的な老年化制度を問題とする（千葉一九九九b、一八六―一八八頁）が、別テーマになる大問題なので本稿では言及を省く。労働環境の時間／時間制については、一般的に商品の生産・流通を目的とする経済制度／政治体制の要求する時計時間の規制がきびしく、ゆえに技術体系も会社経営も時間の最有効の利用を要求し（cf. Hörning et al. 1999; Whipp 1994）、事務と現場双方の労働者はいわば奴隷状態にあったと、すでに十分に批判されている。だが他方で実態としては、世界では狩猟採集民が、また近代社会でも農民や職人が自己の時間制で仕事と生活を送っており、現代社会の労働者も実際には休憩時間・自由時間・レジャー等による時間的余裕を持つので、これを顧慮する労働時間の制度的調整が徐々に進行している（cf. Grossin 1993a; Ingold 1995）。

現代社会の多様な時間制とくに職業別のそれを認める報告はほかにもある。しかしここではその詳論を省き、アメリカやヨーロッパでもなお伝統的な時間制を持ち続ける地方のコミューニティーがあること（第一章二二―二三頁、Dicks 1997を参照）および刑務所（Brown 1998; Medicott 1999）やこどもとくに障害児（Engel 1993）のように、一般の成人社会とは異なる非典型の時間／時間制による社会もあること[19]、の二点に注意を喚起しておいて、一般論をギュルヴィッチによって確かめることにする。

二　ギュルヴィッチ社会時間論における多様性

一　ギュルヴィッチの言う社会は、西欧人が前近代を超克するために想到した、また日本人が伝統社会を批判するために基準とした、概念むしろ理念型としての近代社会ではなく、人間の性質に基づき多様に展開する人類史上の現実の社会であった。かれは、これを正確に理解するためには、いわゆる社会学の狭い観点からだけでは不可能として、関連する学問の諸分野を探索して人間性とその社会的発現の多様きわまる現象を広く観察しその全体図の中に、社会と名付けられる現象を特定して描きだす手法を採った。かれの法社会学（ギュルヴィッチ一九五六）も、法をそのような社会的人間の環境および作品としてその全体図を描くものであった。

かれの時間論もそのとうりで、時間とは、他の原理や現象から独立して存在し機能したがって社会から孤立させて考察できる原理ではありえず、あくまでも多様な諸社会のそれぞれに内在するもの、すなわち原子的な単一の時間ではなく複合的な「社会時間（temps sociaux）」である。複合的と言うのは、ある社会が社会と認められるかぎりは一定の構造を維持しているからだが、その構造は実は単純な一体ではなく、その内部には構造化された諸要因と構造化されるべき諸要因と構造化されていない諸要因とが多様に併存していて、相互の協調と矛盾を交えつつ弁証法的に一種のヒエラルキー秩序を形成しているからである。時間は大社会の構造だけにではなくこれを構成するすべての諸（中）小社会にも内在するから、社会時間は性質の異なる諸時間が「弁証法的多様性（multiplicité dialectique）」として併存するヒエラルキー構造を成す。時間論はこのような時間体験を尊重すべきで反対にこれを解体するものであってはならないというのが、ギュルヴィッチの出発点である。（以上、p. 325–328, 339.）

したがって、従来の時間論に対するギュルヴィッチの批判はきびしい。一方で前代の哲学に対しては、アリストテレスと新プラトン学派からセントアウグスティヌスをへてシェリング、カント、ヘーゲルに至るまでは、多少の違いはあってもいずれも人間社会から孤立化させた時間の一元論であり、他方最近のベルグソンやフッセル、ピアジェなどに対しては、時間を人間の現象に引き戻したが弁証法的多様性を知らないと批判し、また近代自然科学は熱力学・天文学・化学・地質学・生物学・人体生理学等々がそれぞれの論議を展開し、結果として時間の一様性よりむしろ多様性を証明していると、観る。この弁償法的多様性を観察分析することこそ、ギュルヴィッチの考える「時間の社会学」なのである。（以上、p. 329–338.）ここに、ギュルヴィッチ時間論の第一の特色が現われている。

二　かれはこれを実行するために、理論ないし方法論に新しい手法を開発した。まず理論の基礎として実在する社会時間は挙げきれぬほど多様であるが、これを性質の共通性と異質性とに応じて類型ごとに整理し、以下の八に分類する（p. 341–344）。これが、ギュルヴィッチ時間論の第二の特色を成す。

第一は「長期に持続する低速の時間（temps de longue durée et au ralenti）」で、主として諸種の集団や階級あるいは諸類型の社会に内在し、社会の過去を現在と未来に投影する。

第二は「騙し絵の時間（temps《trompe-l'oeil》）」または「驚愕の時間（temps-surprise）」と名付けられるもので、政治界や大都会に起こるように、外見の持続低速時間のかげに潜行していて、発動すると社会の過去から現在への持続を断絶させ不連続を招来する。

第三は「リズムの順行と喪失の間に起こる不規則鼓動の時間（temps des battements irréguliers entre l'apparation et la disparition des rythmes）」で、個人の社会的役割と集団の対応姿勢との衝突のように、社会の持続を遮断し役割の規則性を抑えこむ。

第四は「循環時間（temps cyclique）」で、神秘的＝恍惚的集団や古代的社会等の魔術的共感体に内在し、過去と現在と未来とが相互に投影しあって社会全体の継続性を強調し自己沈潜をくりかえさす。［したがってこれは、一般の時間論が直線時間と対照させる循環時間とは別の概念である、千葉。］

第五は「独自に停滞する時間（temps en retard sur lui-méme）」で、貴族・地主等特権者の集団や封建社会や手続に固執する法の世界などに内在し、社会の未来を見るよりも集団的シンボルをもって長期間の継続をさせる。

第六は「停滞と前進の交替する時間（temps d'alternance entre retard et avance）」で、規則性に基づく集団、保守的な共同体、経済活動集団等に強い不連続性をもって働き、社会の展開に遅滞と前進を交代させる。

第七は「独自に前進する時間（temps en avance sur lui-même）」で、沸き起こる集団行動、理念への憧憬、革命を目ざす集団等に内在し、社会の現在における不連続性と偶発性と本体とを一体として未来に転成する。

最後に第八は「爆発の時間（temps explosif）」で、日常の社会にも潜在するが革命の時に際立ち、危険性を伴ないつつ社会の過去をも現在をも未来の中に創造的に超越する。

三　ギュルヴィッチは本論文の序論部分（p. 325–344）で、社会時間に以上の八類型すなわち持続低速・騙し絵・不規則鼓動・循環・停滞・停滞前進交替・前進・爆発を基礎概念として構成したが、それで終わることなくむしろこれを準備作業としそれが出来てから、この八類型を分析の道具概念として使用し社会をその組み合わせの差異と分析して無数の諸変形を分類する。この方法による詳論が本論文の百頁に近い本論部分（p. 344–430）である。この手法は刮目される。何となれば、これこそ戦後の社会科学が気づいた操作的方法を逸早く応用する手法、すなわち使用する概念をまず操作的に定義し、次いでこれを道具として対象の社会現象を観察・分析するとともに、分析の進行にともなって道具概念自体を修正発展させて概念の確定すなわち理論の確立に至るという手法にほかならず、しかも自然科学と異なり社会科学では一般に意図されることがあっても実行されることが少なく、法学はもとより時間論でも私の知るところでは先例も後例も稀有であるのに、ギュルヴィッチが見事にこれを実行しているからである。この方法論が、かれの時間論の第三の特色である。その内容は詳しいが、ここではその全容を紹介する必要はないので趣旨を以下に要約するにとどめ、ただ私の以後の論旨に示唆となる諸点だけは洩らさぬようとくに留意しておくことにする。

その第一節は時間を総観し、人間という有機体に時間の関わる形態学的＝生態学的に多様な態様を総括するが、その中で注目される点が三ある。一は、「範型・規則・シグナル・記号および規則的行動の時間」があり、そのイマージュ全体が法を含めて規範として働き変化に柔軟に対応するとともに反則的要因を制御するという両面性に着目して、その主潮を停滞前進交替時間とする点（p. 348–350）である。二は、関連して社会的役割につき、これを「特権的・組織的・強制的・合規則的・習慣的・潜在的」等に区別して、社会を構造化もするが断絶と不連続を招来して動揺もさせると指摘し、規範と法の機能を明言はしないが言外に示唆する点（p. 350–351）である。三が、「集団的なシンボル・理念・価値の時間」もあり、言語・知識・道徳・宗教・法等々文明の作品として現出しては知的・情的にも神秘的・合理的にも働き、他面では新シンボルを創造する前進時間を伴なうこともあるが、イデオロギーを正当化する点では前進より停滞に傾くので騙し絵時間あるいは循環時間としても働くとする点（p. 353–355）である。

以下、第二節はミクロ社会として、マス・共同体・共感体・近隣・遠隔・近遠共存の六類型の社会につき、次いで第三節はマクロ社会として、構造の相違により一時的・継続的・永久的・リズム的・分散的の五類型の集団、および機能の相違により親族・友愛・地域・経済・非営利・神秘的・特殊志向の七類型の集団につき、さらに第四節は社会階級として、農民・ブルジョア・プロレタリアート・中間＝テクノクラート官僚の四類型をそれぞれ挙げ、そのすべてに内在する時間の諸種の組み合わせを分析し提示する。（以上、p. 355–399.）

最後の第五節が人類史上の全体社会を扱い、その時間には、全体社会の一構造中にヒエラルキー化され統合された性状とともに、諸全体社会にはより柔軟・不確定・活動的な性状も同時に内在すると前提して、以下の諸例を考察しそれぞれに内在する主な時間類型を指摘する。まず古代的社会では、民族学の資料に依拠して部族やクラン等による諸社会は時間が多様で一つの特徴を取り出せないとする。次いでバビロン等古代に暦を作って生活規制をしたカリスマ神政社会では、その魔術＝宗教性が国家教会の大組織を通じ循環時間をもって他の騙し絵・不規則鼓動・持続低速・停滞等の諸時間とともに他の諸時間との矛盾を調整する。時間を季節で測る家父長的社会では、持続低速時間と停滞時間が主潮で、他の諸時間は潜在して矛盾を生ずることもあるが無視される。封建国家・家父長組織・王国・ローマ教会・都市国家の五要因から成る封建社会では、分権の諸社会が時間の諸種をそれぞれに組み合わせるが、全体としては教会の管理する持続低速時間が主潮で循環時間と停滞時間も働らく。それに続きルネッサンス後の近世社会では、前の社会の諸時間を残しつつ前進と爆発の両時間の活動が絶対王制のもとに始まる。それが展開するとブルジョアの前進と農民の停滞とのパラドックスである資本主義社会となり、技術の発明と経済の発展による前進停滞交替時間を第一とし、発生した労働者階級の不規則時間、都市の前進時間と農村・教会・貴族の停滞時間、等が介在する。その発展である現代の民主＝自由社会では情況は複雑で、前進時間が前進停滞交替時間および不規則鼓動時間と競合しつつも主導的だが、なお創造爆発時間がプロレタリアートと技術に、騙し絵時間が大組織に、停滞時間と持続時間が伝統社会に強く働く。（以上、p. 399–421）

　結論部分では、本書を執筆した一九六〇年ころの世界社会を、資本主義的統制（アメリカ）・カリスマ的独裁（アルゼンチン）・国家統制計画（ソ連と中国）・分権集団主義計画（北欧とイギリス）の四形態に分けて、それぞれの時間制を丁寧に分析した（p. 421–430）が、本稿ではその論議を省略し半ページだけの結語の趣旨を重要と観て紹介しておく。すなわち、時間は以上に縷々と述べたように多様だが、それが各社会ごとに類型を異にする統合を特殊的に成立させる弁証法的諸変型こそ時間論が分析すべき問題だと要請し、その一環に「法の規制は常に停滞に傾く傾向」があると言及することである（p. 430）。

四　ギュルヴィッチの以上の所論中、社会の存在形態については私は評論する資格も必要もなく、全体の叙述の内容については、用語の表現にも整理不十分な箇所にも若干気付くとしても[20]、専門外の者に社会を教える一つの教科書として有益であることは確かである上に、時間については社会に内在する要因としてその弁証法的な複合形態を分析した点で画期的であったことが、先に記したとおりである。それだけに、かれの概念体系とくに八の道具概念と用語を検討し直して整備し新しい分析を試みることが、その貴重な示唆であるに違いない。

その中でも、所々で法の役割について言及しているところにさすがに『法社会学』の著者らしく他の社会学者には見られない卓見がひらめいている。私は本シリーズの論議を先に進めるために、とくに次ぎの諸点を銘記すべきだと受け取る。一は法の一般的性格に関して、時間に関する「法の規制は常に停滞に傾く」が柔軟に変化に対応する反面もあり、また集団的シンボルとして既成イデオロギーを正当化するとともに新シンボルを創造して前進もさせること、要するに保守性を顕在させつつある程度の進歩性をも潜在させると指摘することである。これは、先例を固守する反面で外の変化に応じて変革も招来しうるという法の性質にほかならないからである。二は法と時間制との関わりについて、各単位社会は多種類の時間制を選択して組み合わせその弁証法で一つの時間秩序をヒエラルキーとして内在させるものであり、それら諸社会にまたがる全体社会は古代の神政国家とヨーロッパのローマ教会のように暦制を通じて社会時間の権威的管理を行なうと観察することである。これは、時間に関しては各社会のヒエラルキー的規制が非公式法により、また全体社会の権威的管理が公式法により、それぞれ果たされることを示唆するからである。三は時間の形態＝生態として第一節で示唆した諸点、すなわち時間制と法との関係を考察するのに記号ないしシンボル、社会的規範と社会的役割の意義を認めることである。

そのことを尊重した上で、かれが本書を執筆してから約四〇年経ち世界も大きく変わった現代に人類全体の多元的時間制を実証的に求める私からすれば、かれの言うところに足すべきもののあることを思わざるをえない。

かれの提供した社会の実例は歴史学上の古代と中世の社会をも民族学上の海外民族にもわたっていて社会学としては最も広いと言ってよいであろうが、いずれも当然ながら西欧の学界に情報として齎らされたものに限られていて、実際には西欧の学界がまったく知らないあるいは知っても看過する非西欧の社会が無数にあることで、これを補充することが何よりも第一の急務である。その役を受け持つのが異文化社会の関心を持つ人類学や民族学であるから、つぎにはそれらの報告と論議を聴くことにする。

第四節　文化的時間制の諸相

本節の課題は、前節の現代時間論が近代的＝西欧的性格の現代社会に主として着目するものであるのに対して、それとは文化の異なる社会で行なわれている世界の時間制の実例を確認することであるから、その一般論としてアルフレッド・ゲルの集中的論議を紹介する。だが、世界では標準時一元論も西暦普遍論も通用しない社会が多く、時間を計測・表示する文化形象も多様であるから、ベルクマンとギュルヴィッチも示唆した時間の文化的な記号ないしシンボルを、(21)私の知るかぎりで先に確認しておく。

一　時間のシンボル

時間を計測・表示する手段は現代一般的には時計と暦であるから、時計と暦は文化形象としては時間を象徴する主要なシンボルであるが、それを独占するものではない。記号ないしシンボルについて基礎論として言えば、[22]およそ人間世界に充満している無数の文化形象はすべて何らかの意味で人間の存在と活動のシンボルとして機能するから、時間のシンボルは時計と暦だけには限られないどころか、この無数の文化的形象の多くが同時に時間のシンボルとしての意味を持つに違いない。けれども実際論としては、それらの時間シンボルであることが無意識でも一社会に共通の理解となっている程度、進んでそれとして意識され利用される程度には大きな差があり、そうだとは気づかれないものの方が圧倒的に多いであろう。しかしそれでも時計と暦以外の文化形象で時間のシンボルとして現に意識・利用されているものも、数えあげてみると実はまた少なくない。これを確認しておくことが本項の課題となる。

まず、時間そのものを端的に象徴する神がある。ギリシャ神話のクロノス（Kronos, Chronos）で、その名がヨーロッパ諸語における時間の語源になっているほどである。また、時間は人間像としても現れる。「時間のおじいさん（Father Time）」で、一面では時間に内在する善玉としてサンタクロースとなってクリスマスに恵みを贈り、他面では時に悪玉としてサタンになって災いを齎す（以上、アタリ一九八六、一四—三五頁、Macey 1978 を参照）。

具体的な文化形象については、画家の田淵安一が絵画には求心的構造と線的構造とともに「多方面の時間軸を内蔵する樹形構造」があると言う（一九八七、四頁）のを受けて、文化人類学者の川田順造が時間記号の諸形態を指摘している。すなわち、歴史と言語はもとより親族名称と襲名、動物と植物、墓・記念碑・遺跡等の人工物、空間をも一体化する間《マ》と絵画、技術・宗教・芸術、等々から、価値観、遊びと笑い、希望・追憶・悔恨等の実在的時間まであると言う（川田＝坂部一九八七、五八―六五、一三五―一三八頁）。これは広範な指摘だが単なる列挙にとどまるのに対し、根拠をそえる明快な指摘もある。たとえば、神話と儀礼と芸能は時間を記憶し、エスノヒストリーは時間を記録し、千年王国運動は時間を希求する（落合一九八八、儀礼における聖なる時間については荒木一九八五を参照）。彫刻・写真・絵画や物語などはいわば正の時間を象徴するのに対して、骨董・（ミロのヴィーナスなどの）崩壊像・廃虚などは「負の時間」を象徴する（谷川一九八六）。それらの指摘から洩れているものを拾いあげることも可能であるからそれを実行しそれら諸文化形象の時間記号としての意味を検討することが要請されるであろう。ただしその要請は時間論一般のもので、それに比べれば特殊なテーマを追う本書ではそれに深入りする必要はないから、文献を探索して気付いたことだけを後続の有志に参考として以下に記しておくにとどめる。

音楽については日本でもよく知られ論じられている。たとえば、音楽における時間は「みずから創造する」「実際に流れる持続」で、質的なものと量的なものとの「対立的な両者を媒介する」ものであり、しかも拍子リズムの西洋音楽に対して「間《マ》」のリズムの日本音楽というように文化をも反映する（国安一九八一）。音楽は「作られた時間」の芸術で、楽譜により「言語的表示」を得て楽音という記号により感覚界を「炙り出」す（新田一九八五）。音楽ではリズムとテンポとトニックが「時間的生起の基根」を成すが、文化の差異もあり、西欧音楽は楽音と雑音を区別して純音に近づこうとするのに対して日本音楽は雑音（自然音）を取り入れ無拍の「間」を特色とする（佐藤一九八七）。音楽の時間については、その特質を論ずる文献が外国には多いが私の理解能力を越えるので言及を省略する。[23]

音楽に発見された時間の「間」には、それだけに止まらない大事な意味がある。時間論一般として言えば、時間の「間」には、浪費されるだけの無駄な消極的なものもあるが、休息や読書等あるいは祝祭や企画などに当てられる「間」は生きる人間にとっては有効むしろ必要で、人間の現在を未来に結ぶ積極的な意味を持つ（Gasparini 1995）。しかも日本文化はそれ以上の意味を「間」に持たせていることが、先に言ったように音楽についてまず注目されているが、「間」の観念は音楽の時間だけではなく他の芸能にもさらには空間にもあることが知られており、たとえば歌舞伎・茶道・能・相撲、生け花・床の間・庭園その他の例が、日本人はもとより外国人によっても指摘されている（Tomonaga 1996; Rowell 1996）とうりである。（補1）

以上以外にも時間論に現われた文化形象の例を、断片的ではあるが記しておく。建築物は時代思潮と未来観を投影し（Powell 1993）、文学も心の時間を内包している（Soulsby 1989）ことは言うまでもないであろう。絵画と彫刻は時間を克服して永遠を創造し写真は過去をミイラ化して現前させるのに対して、映画は時間を貯蔵し再構成して再現すると言われる（Gross 1996）。玩具と遊び道具も人の成長を象徴し（Cross 1998）、遊戯の時間は市場時間から見れば空虚だがヴァカンスはそのペシミズムを救済する（樺山一九九六）。同様に観光は現代の儀礼として時間のマーカーである（山下一九九六）。それらに加えて、私はスポーツと時間の関係を検討することを訴えたい。その実例としては野球の特殊時間を指摘するもの（Mount 1994）しか発見できなかったが、スポーツは時間の外在的制約の下で人間の能力・技能を競争し向上を図る文化としては典型的であるから、時間をそのまま保存する建築や映画または独自の時間を創造する音楽などと比べて検討すれば、時間論にも寄与が大きいであろう。

二　「間」とは、いわば作動している時間の中でその作動が一時休止する合間（interval）である。近代時間制はこれを無効ないし無用の時間と見たが、それが誤りであったことは上述のようにヴァカンスの価値が再認識された事情からしてもすでに自明となっている。勿論実際に無用の時間も多いが、一見無用と見えても実は作動の時間を有意義にするために不可欠な要因を成すのが「間」である。とすれば人間にとり有用な時間とは、作動の時間だけではなくそれらの休止した「間」を含め一体系として継続する時間のことになる。そしてこの体系がリズムと言われるものにほかならない。「間」を含むリズムは、音楽という文化形象あるいは日本という特殊文化においてあるだけではなく、人類学の常識は熱狂的なカーニバルから部族の伝統行事まで祭りはすべて「全部の時間中で特殊な活動に捧げられた特殊な時間」(Falassi 1987: 4) だとしていることからすれば、人類に普遍の生活原理を成すという仮説が成立する。生物がいかにリズムで生きる存在であるかは周知のところだが（本川一九九二、一九九六)、社会的人間もまたリズムによって存在することがすでに示唆されている（ホール一九七九、ゼルバベル一九八四）から、これを発展させて仮説を検証することは社会科学の一課題だと、私は言いたい。

それらは人間が独自に創造した活動あるいは生活のリズムだと言えるが、人間が自然現象のリズムを尊重しこれに順応して発展させた文化形象もある。大別すると、一は個々人の生物体としてのリズムによる時間の進行に伴なうものでライフサイクルあるいは年齢階梯ないし通過儀礼と言われるが、その検討は既述のように他の機会に譲るので、他すなわち自然環境のリズムに従う時間の利用法がここの問題となる。その内の天文歴・航海暦等は、自然法則のリズムに順応するために世界で発達し、現代では公式あるいは準公式の時間制にもなっているが、非公式のものが民間の慣行すなわち民間暦として世界の各地に生きている。これにも幾種類かがある。一は自然暦と言われ、季節・気象の変化や動植物の成長・枯死など自然現象の変動を社会生活のリズムとするものである。二は私が行事暦と呼ぶもので、一定社会における諸種の行事の継起を一種の暦とするが、実は人間が自然の変化に順応して生きるために発達させ、実際には諸種の年中行事あるいは歳事や祭事暦・農事暦・花暦等々の名で、非公式ながら民族や部族の伝承ないし伝統文化を成す。自然と一体と言われる日本文化には語られる例が多いが、伝承であるかぎりは世界各地にあり、近代社会発祥の地であるヨーロッパでも、イギリス（Kightly 1986）、ドイツ（植田一九八三、一九八五）、フランス（福井一九八六）等に、生きて働らいている。(24) それらはここで詳論の余地はないが、時間論を具体的に展開するには看過できない文化形象である。(25) 三は狭義の民間暦で、日本ならば、立春・大暑等の二十四節気、端午・七夕等の五節句、干支による土用・還暦等の選日、大安・仏滅等の六曜その他の暦注による日柄と運勢、等々中国伝来のものが日本流に応用されたもので、もとより現代では非公式であり、迷信か俗信として廃れるものも多いがなお生き残り時には公式行事のあり方を左右して準公式の効を発揮することもある（以上の個々については、岡田＝阿久根一九九三参照）。日本ではそれが運勢暦を生むことにもなったが、一般に星占いないし運勢判断は、インド文化圏と中国文化圏では日本よりも根強く行なわれている事実があり他の世界からもその例が聞こえる普遍的現象なので、法人類学としては注目すべきだと私は思っている。

二　異文化の時間——ゲルの人類学的時間論

一　問題とゲルの考察

本節のテーマ、現代社会と文化を異にする社会には、大別して三種がある。一は、ヨーロッパの歴史的淵源を成す社会すなわちバビロニア・ペルシャ・ユダヤ・エジプト・ギリシャ・ローマ・中世ヨーロッパで、それらの時間制は前章でウェンドルフに拠って略述したとうりである。二は、宇宙哲学ないし宗教においてヨーロッパと対照される社会で、現代時間論者もしばしば言及するところである。代表的なのは、時間は宇宙万物の輪廻を規制し（Panikkar 1978; Baslev 1986）、静と動を同時存在させる（Nakamura 1981）という循環時間のインド、および、ユダヤ＝キリスト教が直線時間本位であるの対して、直線時間と循環時間を共存させ（Needham 1981, 1988）、その意味では弁証法的な（劉一九九二）中国とであるが、それらおよびそれら以外のものと現代時間論との関連は、ここでは既知のこととしておき立ち入って検討することを省略する。三が、現代の地球上の各地に生きている部族的社会の時間制で、時折は時間論者からも注目されることがあるが断片的な個別論に終わっていたから、総合的な観察と考察が要請されているものである。幸いなことに、この要請を一挙に充たす一書が現れた。

ロンドン大学経済学部で社会人類学を担当するアルフレッド・ゲルの『時間の人類学――時間の地図とイメージの文化形象』（Gell 1992）で、同大学のシリーズ「人類学探究」中の一冊である。この著者がどういう学者かは不詳のままだが、内容は傾聴に価する。私がそう評価する最大の理由は、本書の内容が豊で、とくに私が前章で指摘したウェンドルフの二つの欠落すなわち時間制を人類社会全体と非公式形態とで観ることをしなかった憾みをほぼ充たすことである。著者の問題は、「時間は人に如何ような対処を迫るか、時間感覚は文化によりどの程度条件づけられるか、社会は時間問題を如何に処理するか、そして時間は有益に使用される資源と考えてよいか」であり、その検討する範囲は、代表的な時間論はもとより「四大領域すなわち発達心理学、象徴人類学、社会地理学中の経済理論、現象学理論」にも及び、そして独自の社会的認知時間のモデルを提供して結ぶ（ibid.: i）。その検討結果は、時間を、制度ないし思想としてだけでも歴史現象としてだけでもなく、全世界の人間生活の全面に浸透している規範として見直そうとする本書には、貴重な示唆を与える。

この書は本文三二八頁で決して大きくはないが、文章は簡略ながら要を尽くし論理も明快に通り読後に与える充足感はかえって大きい。内容は、全体を、社会＝文化の時間認知の諸相、時間地図・時間認知、時間と実用との三部に分けて叙述されているが、学説上の諸理論を集めて縦糸とし人類学の調査報告とほか諸科学の理論を横糸とし、自分自身の問題意識でこれを織り紡ぐ手法が、多くの時間論の検討であるとともに時間論のあるべき方向を的確に示唆すると、私は受け取る。大体はかれの書く順序に従うが一部の順序を私の問題意識で変更し、しかしかれの趣旨の要点を、私が注目するかれの見解に傍点を付しつつ以下に要約してみる。[26]

二　時間理論と時間制の多様な諸相

一　ゲルは、時間論の出発点をエミール・デュルケームに置く。理由は「時間・空間等の集団思想は社会に由来し社会を規制する」と前提し、この性質を持つ〝社会時間〟につき、「日・週・月・年等への時間の分割は定期に繰り返される祝祭・公的儀式と不可分で、暦はそれらの規則性を確証するとともに集団活動のリズムを表現する」という原理を論証したからである。これは「一点の疑いなく真実に基づく社会学的＝人類学的探究の方向性」を持ち、以後の人類学を代表するエヴァンズ-プリチャード、レヴィ-ストロース、リーチにも引き継がれた。その意味で貢献は大であったが、他面では、時間は個々の存在を示す個別概念とは別種で空間・数・因果等と並ぶ一般概念であるのに、一挙にカントの言う〝範疇〟にいわば昇格させたことは、社会学を形而上学にしてしまう致命的なエラーであった。（以上、pp. 3–14.)

Ｅ・Ｅ・エヴァンズ‐プリチャードは、アフリカ・ヌアー族の資料により社会時間を二分して、「環境と環境への適応とに由来する環境時間」と「社会構造の組織形態（政治集団の制度的関係）に連動する構造時間」とに分けた。これは、社会的要因と時間性との相関を明示し独創的で卓抜であり、時間は継続体でなく常在する構造的関係だとするのはその効で、オーストラリアのアボリニジーズにも適用可能である。（以上、pp. 15–22.）

クロード・レヴィ‐ストロースも、「史実を内在させる〝熱い社会〟」と「基本的な認知スキームが静的で変化を受容しない〝冷たい社会〟」とを分けた。これは、時間を社会構成と関係づけると見えるけれども、ソシュールの通時性と共時性との区別に倣ったのだが、レヴィ‐ストロース本人の共時的構造モデルは同一構造が通時的に繰り返されるものなので、かれは抽象的モデルで満足する「本質的には無時間の人間」である。（以上、pp. 23–29）

エドムンド・リーチは、はじめは、時間の〝基礎的経験〟を二分して、繰り返す自然現象と不可逆に死に向かう生物生命とに分け、宗教は後者を前者に転換するものと観たが、後にこれを改めた。すなわち、前進のみの〝世俗時間〟と回帰する儀礼上の〝神聖時間〟とを区別し、後者についてはファン・ヘネップの通過儀礼における分離・過渡・統合の三期モデルを応用して三段階を区別し、⑴社会慣行に順応して計算される緩やかな様式行動、⑵変身して通常の社会慣行を破る仮装舞踏、⑶誰もが神聖義務に違反する不敬罪を強いられ結果的に前二段階を統合する役割転換、とした。これが循環する〝交互時間〟で着想としては卓越している。（以上、pp. 30–32.）

しかしこれにも批判がある。リーチの循環時間は時間トポロジーの内部にとどまるのに対し、ロバート・

バーンズのインドネシアのケダング族調査によれば、集団の実際の時間表象は事象の期待される生起を時間世界の中で周期的に実現させるという、実は直線時間でも循環的意味を持つことがある（pp. 33–36）。ゲルがそう認めるのは、自身で調査したニューギニア島ウメダのイダ儀礼が、デュルケームからリーチまでが依拠した共時性と通時性との区別むしろ対立を、例証するとともに修正し発展させるからである。すなわち、共時性と通時性とは時間の異なる二種ではなく、共時性は歴史性である通時性を分類するメカニズムであってこれに対立などするものではないから、時間は一つなのである。（以上、pp. 37–53.）

そこでゲルは、先駆者たちを結局は文化相対主義にとどまると見て、なお他の例を検討する。まずルシアン・レヴィ-ブリュールから、「対象は同一世界の活動であってもわれわれのビリーフにある条件に（相対的な）差」のあることを確認（pp. 56–60）、ついでジョルジュ・ギュルヴィッチが前節に紹介したとうり時間に八種の（社会学的な）相対的区別を認めることに賛成しつつも、人がその多様な時間の中にいかに標準時間を定めるかの問題があると指摘（pp. 61–68）、そしてクリフォード・ギアツの言うバリ島の時間表象を、人が社会的地位の遂行者として脱個性であるのに対応し「動きのない現在」が脱時間だと観ることに注目する（pp. 69–77）。ゲルはその後で、以上と関連して人類学的実態から若干の理論的問題点を指摘し、次ぎには、他の学問分野を検討する。

二　まず心理学は、成人にせよ幼少年にせよ人が主観的に認識した時間経過と時計時間との関係を追ってはいるが、時間認知は人が外部世界を感知する内容の関数であるから時計で測りきれるものではない、と言う（pp. 93–96）。ジャン・ピアジェは、幼少年の時間認識を諸事象の抽象的時間経過として認知する能力の段階的発達と論じて大きな影響を与え、確かに時間認知の普遍因子群を画定しようとした（pp. 97–103）のだが、人に認知された時間は一律的でなく環境の状況に応じ異なって表現されるシンボルであることを理解していない（pp. 104–116）。事象の時間関係を人に知らせるメッセージは、自然言語に内蔵されているのである（pp. 117, 119）。

そこで言語学が問題となる。自然言語は、文法のさまざまな違いはあっても副詞と動詞その他の構造をもって事象の時間的輪郭を表示し、ディスコースの形で慣用の観念と新発見の観念とのバランスをとる（pp. 118–131）。言語学者はその自然言語の普遍因子を色々と論ずるが、かれらの言うそれはディスコース中の実用的機能のもので、われわれの求める時間は経験そのものに潜む抽象的概念の普遍因子なのである（pp. 132–145）。

哲学における時間論は、大部分は自然科学とりわけ物理学の哲学に傾き〝人間の〟時間にはかかわらない[27]。その中でもゲルはＪ・Ｍ・Ｅ・マクタガートが提出した（McTaggart 1927, 1968）時間の二分論、すなわち、諸事象を過去―現在―未来の規準に整序し変化観念を与える基礎の〝Ａシリーズ〟と、それに由来するが別に諸事象を前後関係に連結する〝Ｂシリーズ〟とに、とくに注目するが[28]、その理由は、ジョージ・ミードがそれに基づいて〝進行中の現在〟を唱えたように、社会科学者にも影響したからである（pp. 149–155）。しかしゲルはＤ・メローの批判に賛成して言う。Ａシリーズ中の諸事象が事象に伴う実在の時間を反映すると一般に解されるのは間違いで、Ｂシリーズこそ諸事象間の時間関係を反映して実在する時間であって、Ａシリーズの時間はその時制（tense）にとどまるから実は神話である。いずれにしても、時間の経過は宇宙を写す現象ではなく、農民が種を蒔く春を知り冬を予測して作物を霜から予防するように具体的な人間が事の進行に応じて順次作りかえてゆく認知内容の一産物なのである。（以上、pp. 157–174.）

経済学にも、この二分論を応用してたとえばA理論とB理論とを言う者があるので、ゲルはそれを検討するが、それらの内容よりかれ自身の結論が重要である。すなわち「人は現在の情況について抱く瞬間々々の認識内容とは別に認知地図を持っているが、これは人間の心が実在世界をBシリーズという時間に編成替えした構成物である」(p. 189)。また経済学者には時間を資源と見て、これを集約的に利用し〝機会費用〟(opportunity cost, ある財を生産するための費用をその資源を他に利用することを犠牲にした分の大きさで測ること)を自覚している社会とそうでない社会とを分ける議論もあるが、機会費用とは、Bシリーズの〝時間地図〟に拠って計量されるとしても、現実の世界を客観的には存在しない可能な世界と関係づけるものなので、厳密には客観的存在ではない。(pp. 206–216.)

社会地理学にも時間論がある。ゲルは、これにソローキンという先駆者をも認めるが、むしろT・ヘーゲルストランドの時間地理学(Hägerstrand 1975, 1985)が、社会システムを個々人が空間と時間とに枠づけられて通る経路と見て展開したことに注目し、それは社会システムの言語分析だと理解して、〝社会時間〟が各人の隣人との協同活動を調整する万能の均衡化システムの役を果たすという着想に至る。(以上、pp. 190–205.)

ゲルの思考はさらに進む。機会費用は実在する世界から人間が作る概念モデルにほかならないし、社会時間は社会システムの底に人間の主観的存在を示すと覚って、人間が自らを時間の中に置くとともにその行動の心を決定させる認知過程こそ核心問題だと考究の方向を定め(pp. 217–220)、時間の主観的性質を検討するために、まずエドムント・フッセルの現象学に還る。その理由は、フッセルがノエシスとノエマとの結接関係である主観の〝志向〟を〝過去志向〟と〝未来志向〟とに分け、前者は〝今〟の経験とは別である過去の経験が現在に持続するもの、後者は現在の延長された地平として持続するものとし、ゆえに〝現在〟は、過去と未来から切り離された時点ではなく、そのすべてに亙る厚みと時間的拡散を内包する、と言うからである。[29] これによれば、Ａシリーズから見ると事象は変化するのに対して、Ｂシリーズでは事象が変化するのでなく〝変化が在る〟だけなのである。（以上、pp. 221–228.）

　このことを経験的理論に変換するのが認知心理学の時間認知サイクル論である。ゲルは中でもウルリック・ナイセルの三面サイクル説を、時間認知は現在の知覚、過去の記憶、未来の予期が無限のサイクルで継続し内心に外部世界の地図を写し出すものと解釈し、これによって、Ａシリーズが経験する時間世界であるのに対して、Ｂシリーズは生起する事象の内心の地図だと確信する。換言すれば、〝現実〟の世界は確かに因果関係で把握されるとしても、人間はこれを認知主体〝自身〟の世界として内心の地図内に位置づけもろもろの表象を産むという仮説を得る。（以上、pp. 229–241.）

　そこでゲルは時間地図の論理を探るために様相論理学をくわしく検討し、とくにデイヴィッド・ルイスの〝異事実〟理論（Lweis 1973）に示唆されて、時間の認知地図が起源の世界と目標の世界とを繋ぐ最適の道をいかに選ぶかの規準につき〝異時間〟の理論に達する。すなわち、地図の緯度上の諸世界は事実内容の相違によって相互に異事実関係にあるが時間的には同時存在するのに対し、経度上の諸世界は時間指標が違うので異時間関係にあっても写しだされる諸事実世界は同一である。[30]（以上、pp. 242–260.）

　ここまで検討してきた諸学問分野の時間論は多岐多様、それぞれの視点はまた独自であって帰一する所を見い出しがたいほどだが、以上の諸所で私が注目した仮説ないし理論を得ることによって、ゲルは人類に固有で有意義な時間の視点に辿りつき、人間の実際生活における時間問題をどう整理体系化するかに取り組むことになった。

三　最初の問題は、概念化された認知モデルから人間主体の具体的時間をいかにして再現するか、約言すれば時間の主観分析である。フッセルは過去と未来にまたがるダイナミックな現在を唱え、これを受けてハイデッガーは現在は過去を繰り返し未来を準備する自己存在の時間統合だと先験的主観性を説いた。しかしそのような現象学的理論も、実はそれが打破しようとした客観主義ないし科学主義の一種にほかならないというジレンマを抱えている。それを修正しようとするのがピエール・ブルデュー（Bourdieu 1963, 1977）で、ダイナミックな現在観を継承し、日常的習慣の集団的調和は時間的すなわちリズム的・音楽的現象だとし、行動は主体の独自の認知によって生まれるとする中心主義でなく有機体が全体としてする対応だと見る周辺主義の立場に立つことが、支持される（pp. 263–273）。

しかしブルデューにも問題が潜む。かれはインフォーマルな贈答慣行の実行行為から時間の厚さを見出したのだが、メラネシアではクラにおける儀礼的交換競争やビッグマンのネットワークなどにおいて、理念の世界では交換は実行行為から離脱し人間は具体性を昇化した名声を博すので、そこには内面的・先験性な時間地図がある（pp. 274–285）。ブルデューがアルジェリアのカビール族を調査しその生活時間が過去・現在・未来が不可分に連結してダイナミックな均衡関係にあることを指摘したのは、フッセル流のAシリーズモデルの時間意識を前進させたものであるが、他方で、そのような現在とは別の規則化された客観的な継続性すなわち大社会の時間構造であるBシリーズの外部的・公的な時間地図を見失っている（pp. 286–293）。

ブルデューは、カビール族がBシリーズに属する有用な農事暦を持っていることを知りながら、この時間秩序がかれの重視するAシリーズの時間の流れの中で情況に応じて使われていることを看過した。暦については、留意すべき報告がエチオピアのムルシ族にある（Turton & Ruggles 1978）。ここでは、季節の変化とくに河の氾濫に応じて農作業を進める暦があり、村人の意見を集約する〝暦の達人〞の働きが社会に不可欠な知識を与えているので、暦には社会の知識と権力を結合させる権威が託されている（pp. 294–305）。

そこで〝暦と権力〞の問題が最後の道程として登場し、主として人類学の報告から解答案が集められる。ソロモン諸島中のシンボでは、隣島の貝輪と豚とを交換するナッツその他の食物を生産するために、寒く乾いた男のシーズンと熱く湿った女のシーズンとを主軸とする太陰太陽暦を、裕福な世襲のビッグマンが管理して伝統的知識を規範として順守している（Burman 1981）。部族の指導者が集団の暦を専管する同様な事例は、他にも多い。たとえばマリノウスキーその他が調査したトロブリアンド諸島では、同一の太陰暦が四地域で違う使い方をされるが、中心のキリウィナ島の首長が政治的権威はないとしても伝統的な交換システムにおける求心的な権力を通じて管理機能を発揮する。暦と権力とのこのような絡み合いは、未開社会だけでなく古代中国にも近代植民地にもあった。（以上、pp. 306–313.）

ゲルは、広い諸分野の時間論検討をそこまでで終り、最後に〝結論〞で、時間理論ないし時間研究方法論につき拠るべきことと目ざすべきこととを要約しているので、私の理解するところを箇条書風に列記すると以下のようになる。時間は多種多様に在ると見えても、多種多様で相対的なのは人間の演ずる諸行動過程で、時間自体は空間とともに抽象的で無内容だからこそ相対的な諸過程を統一された観念に構成する。時間にはＡシリーズとＢシリーズとがあり、一般には前者が実在で後者が知的構成と理解されるが、実在するのはＢシリーズでその複数を繋ぐ舞台がＡシリーズなのである。時間の中では人間の主観的世界と科学上の客観的世界とは他人関係どころではなく、その結合関係は機会費用の考え方に通じているからこれを経済理論だけでなく社会理論に発展させることが望まれる。時間の集団表象は、実際世界の時空構成によるシステムと社会の代表者が演ずるさまざまの象徴的因子との、すなわち時間の主観と客観との儀礼的相互作用である。

三　本稿への示唆

以上ゲルの論述は、期待を裏切らない充実した内容を持ち、本書の意図と方向を保障して、私にはありがたい文献である。まず、私が本書で求める、学界における時間論の総ざらいをしてくれた。社会科学からの時間論としては、しばしば出発点とされるフッセル、ハイデッガー、ベルグソン三巨人の哲学論をも踏まえた上で、フランス社会学＝人類学のデュルケーム、レヴィ-ストロース、ブルデュー、およびイギリス人類学のエヴァンズ-プリチャードとリーチの諸説を中心に据え、加えて認知心理学・言語学・現代哲学・経済学・社会地理学から関係資料を集めたところには、一朝一夕にはできぬ広く深い思慮の働きがある。参照関係文献の数は網羅的ではないから欠落を指摘する者がいるかもしれない。しかしそのようなものがあってもそれは重箱の隅をほじくるに似るだけで、本書が初めて成しとげた時間論総覧の概略図を大きく変えることはありえないであろう。

しかもその論旨は、私が法理論として得たいと念願していた時間論の方向ないし目標をピタリと指示するものである。概観あるいは概説はどのような問題分野にも可能で事実その例は無数にあるが、見かけは華やかでもとかく在るものの列記に終わって、ではその学問をどう進めるかの方向を明示するものはむしろ少ない。その中にあって、本書は論理のみごとな展開を見せ、各業績の参照・要約は適切で要領よく、そこから問題を引き出して発展させる論法は説得力があり、最後には時間論の方向を明確に指示した。

確かに、ゲルの脳中にはこれを法の問題とする意識はなく、事実本書中に法の語は一つも見出されない。

だがその認識は、法の概念を既成法学が固執する国家法を不用意にも盲信する結果にすぎず、法の概念を科学的に操作化してみるならば、たとえば国家法のほかにも宗教法・部族法その他が含まれ非国家法および非公式法も多種類あるとすれば、ゲルの論述中には法が時間制と同時存在していることがただちに知られる。かれが最後に着目した〝暦と権威〟の不可分の結合は、時間制が非公式法として住民の行動を権威的に規制することを明示し、さらに挙げる例は古代中国と近代宗主国とだけだが時間制が国家法すなわち公式法をも成すことを言うにほかならない。かれの挙げた時間制の人類学的総ざらいは、これを法の問題として見直すことを要請しているのである。

第五節　問題解決の方向

現在行われている時間論を網羅しようとするならば、以上に探索した文献のほかにもなお洩れているものを探す必要がある。とはいえ上述の検討を経てみると、本シリーズが問題とする課題を解決する方向は、とくにギュルヴィッチとゲルの所論によって明るく照らし出されたと、私は解する。よってここで問題の中間的な展望を整理するならば、果てしない文献探索の労を有効に節約することになるし、「法と時間」を一つの法文化として探索してきた結果の結論にただちに連なるはずとも思う。その全体は時間ないし時間制の常識を成す公式の直線時間制を批判し、その多様な社会＝文化的な実存を再構成する実体論にあたるから、あらためて次章で展開することにする。ただし、以上探索の過程で、この実体論を可能にする新たな方法の開発も要望されることが確実となったので、その方法論についても、詳しくは次章で論ずることにするが、その可能性について先に言及したこともあった（第三章六三—六四頁）ので、次章に繋ぐ一言を次ぎのように加えておきたい。

それは要するに、先に多元的法体制を適切に観察分析するために私の樹立した方法論上の二つの原則ないし原理が多元的時間制にも適用できるという可能性である。その第一の原則、主体的観点の理解は、近代法学が国家法一元論と西欧法普遍論に依拠したために徹底的に客観視と言うよりは軽視むしろ無視してきた非西欧法を、現地住民それぞれの主体的立場に立って理解し直すことであった（千葉一九九八、2章）。この原則は同時に、標準時一元論と西暦普遍論とによって軽視ないし無視されてきた非西欧諸社会に固有の時間制、現地住民が主体として用いる時間制を現実のままに理解する観点として有効であることが期待される。ギュルヴィッチの現代社会論とゲルの異文化社会論はともにこの観点に立つからこその成果であったと言える。

第二の原理、操作的概念枠組は、近代法学が近代法上の既成概念をそのまま道具概念と誤用して非西欧法の特質を探索も理解もできなくなっていたのを修正するために、これを正確に観察・分析しようとアイデンティティ法原理下の三ダイコトミー（公式法と非公式法、固有法と移植法、法規則と法前提）として考案されたものであった（同書、3章）。これも法と時間との性質上の相違を考慮して微修正を加えれば、世界各地の時間制の性質を正確に観察・分析することができると期待される。何となれば、一方では、時間制には公式と非公式との両種が別けられることおよび各単位社会ごとに固有と移植との種別も並んであることが[31]、本章まで諸章の行論で明らかになっており、他方でアイデンティティ法原理および法規則と法前提とは行論で言及することがなかったけれども、大社会の中で各単位社会に同時存在する諸時間制が一つのヒエラルキーを成すには相互の諸矛盾を調整する前提および全体を統合する原理がなければならぬ以上、そこから時間制に特有のアイデンティティ原理および法前提を抽出できると予想されるからである。

注

（１）日本がこの年に西欧のグレゴリオ暦を受容したのは、非西欧国では最初であった。

（２）この会議への参加国は、ヨーロッパ洲から一〇、アメリカ洲から一一のほかは、トルコ・ハワイ・リベリアと日本だけだったという（青木一九八二、二一六頁）。前注の改暦と並んで、日本の為政者の文明開化を急いだ熱情を感じさせる。

（３）時制を広義にとれば、小さい単位のナノ秒も大きい単位の光年もあり、また計測方法も現在はセシウムによる原子時間に発展したけれども、それらは特殊な分野の科学的単位であり普通人の日常生活や歴史そして法にも不要なので、ここでは論外としておく。

（４）暦制としては、ヨーロッパ史においてはバビロニア・イラン・ユダヤ・エジプト・ギリシャ・ローマ等が挙げられるが、世界ではほかに中国・インド・マヤ等が著名で日本を挙げるもの（Stahl 1992）もある。

（５）紀年法には、エクシグウスがキリスト生誕紀元を考案したころにも、コンスタンティヌス帝治世の三一二年を元年とするローマの一五年周期方式、ローマ人がイベリア半島を征服した紀元前三三年からのスペイン紀元、キリストの受刑と復活の三三年に始まるキリスト受難紀元、等が事実行われていたし、個人でも、七世紀初頭にイギリスの修道士で学者のビードが紀元前三九五二年に始まる天地創造紀元を唱えたという（ダンカン一九九八、一五四頁）。

（６）日本のキリスト教諸派もそれぞれ所属する教派の暦に従っているが、代表的なのは日本キリスト教団・日本聖公会・日本福音ルーテル教会・日本カトリック教会・日本ハリストス正教会の暦制と言われる（キリスト教大事典一九八五、二八八頁）。

（７）各国の憲法には必ず日付が付いているからそれによって公式暦制が知られると思い Blaustein & Flanz 1999を調べたが、英訳された憲法はもとより現地語の憲法を掲載する場合も日付は原則として西暦に換算されていて、例外的に現地の暦制による日付表示が残っていたのはヒジュラ暦のエジプト・イラン・チュニジ

ア と仏暦のタイ計四例しかなかった。これは情報が偏っているために私が事実を突きとめられなかったので、実際には多くのムスリム国はじめもっと多数があると思われる。

(8)　イタリアで、一九九四年三月の総選挙がユダヤ暦の祝日である過越祭の初日と重なったので教徒のために投票を翌日の午後一〇時まで認めた例がある（一九九五年七月二三日朝日新聞）。日本でも、大社の祭りなど宗教的・伝統的な社会的行事にあたっては、自治体が道路使用を許可したり参加する公務員に休暇を認めたりなど特別の便宜を供与する慣例が、これに該当する。時間と宗教の問題ではないが、ニュージーランドで、マオリ族が一八四〇年にイギリスと締結した植民地条約の記念式典に出席を予定していた新首相が、女性であるという理由で伝統により公式行事には参加できないと拒否し、首相もこれを容れた例（二〇〇〇年二月八日朝日新聞）も同様で、これらは、公的機関が単に私的自由を尊重するだけではなく、現に生きている非公式法を公式法が尊重することを意味するから、一見異種の二つの法が重なる準公式ないし「第三の中間的な領域」（和崎一九九二、九四頁）の在ることを示すものである。この点を私はまだ十分論証してはいないが、問題として有志に訴える意味で提示しておく。

(9)　*World Holydays and Telephone Guide* 中味は日本語のＫＤＤ業務用パンフレットで、脱落している国（カンボジア・アフガニスタン・レバノン等）も調査不十分の国（ネパール）もあったり、私が現地語のアルファベット表記を理解できなかったりで、ここにあげた資料は完全ではないが、現在利用できる唯一のものなので将来有志の補正を期待して一応これに拠っておく。

(10)　たとえば、オーストリアのフス、トルコのアタルチュク、インドのガンジー、台湾の孔子・孫文・蒋介石、アメリカのキング牧師、等。

(11)　キリスト教国では政教分離国を含めて、デンマークで一一日中の一〇日、ノルウェイで一一日中の九日、スイスで一〇日中の八日、オランダで九日中の七日、ドイツで一三日中の一〇日、オーストリアで一五日中の一二日等で、ムスリム国では、サウジアラビアが二日とも、オマーンが五日中の四日、クウェートが七日中の五日、イランが二〇日中の一五日、カタールが三日中の二日等とあり、それら以外で目立つのはイスラエルが八日中に七日である。

(12) 念のためグレゴリオ暦の現行で記すと、復活祭（イースター）は春分後最初の満月直後の日曜日で三―四月に、聖霊降臨祭（ペンテコステ）は復活祭後の第七日曜日で五―六月に、ともに年ごとに移動する。クリスマス（降臨祭）は勿論一二月二五日の定日。この件については、ホセ・ヨンパルト教授から教示を得たことに感謝する。

(13) 中国・キューバ・インド・ラオス・トルコのほか日本もその中にある。そこに問題があると言うのは、日本の祝日には広義で神道的理由付けが底流にあるし、他の五国にもそれぞれの非公式暦制は、中国人の春節に代表されるように歴然として機能していることが明らかだからである。

(14) 本国の中国でも春節は非公式ながら盛大で、二〇〇〇年二月五日の朝日新聞によれば、この時期には帰省ラッシュで約十六億人が移動するという。

(15) 文献の探索を始めたところ、加藤哲実教授からは *The Study of Time* の諸巻を読む便宜と情報とを、徳永賢治教授からはギュルヴィッチを含む三編の論稿のコピーを、北村隆憲助教授からも若干の文献の教示を、それぞれ頂戴した。好意に満ちた協力に厚く感謝する。

(16) ここで使用する文献はGurvitch 1969である。日本では社会学界でも紹介されていないようであるが、元はソルボンヌにおける一四回の講義をタイプ版の一冊として一九五八年にCentre de Documentation Universitaireから出版したもので、一九五〇年初版の *La vocation actuelle de la sociologie* を一九六三年に増訂したとき、内容はそのまま文章を若干整理した上でその新しい第二巻中の第一三章に収録したものである。本稿では、その三版（一九六九年）から頁数だけで引用する。

(17) 矛盾あるいは紛争（conflict）は、法学では反正義ひいては犯罪ときめつけられ、社会学の通説では秩序混乱の消極要因とされる。私はこれに疑問を持ち社会学界の一部に生まれた紛争積極観を参照して、「秩序と紛争の連続性」理論を提唱した（千葉一九八〇、第六章）。フレイザーの紛争理論はこれと同じ考えに基づくので、私は強く支持する。

(18)　私が実見した関係文献は、単行本ではDavis 1990だけだったのに、論文は *Time & Society* 誌上に多数あった。しかしここにはそれらに一々言及する必要がないので主なものを参考として記しておくにとどめる。その2(2), 1993に、L. Hantrais, “The Gender of Time in Professional Occupations;” 2(3), 1993に、C. Leccardi & M. Rampazi, “Past and Future in Young Womens’ Experience of Time;” 3(1), 1994に、M. Elchardus & I. Glorieux, “The Search for the Invisible 8 Hours;” 3(2), 1994に、N. Le Feuvre, “Leisure, Work and Gender”とU. Pasero, “Social Time Patterns, Contingency and Gender Relations;” 4 (1), 1995に、D. Knights & P. Odih, “It’s About Time!;” 5(1), 1996に、R. Deem, “No Time for a Rest?;” 5(3), 1996に、Th. Boje, “Gender, Work Time and Flexible Employment”とCh. Tobler, “Procreation Time;” 6(2/3), 1997に、M. Gunning, “Gendered Time in Law”とL. Hantrais & M. Th. Letablier, “The Gender of Paid and Unpaid Work Time”とM. Zulauf, “Time Organization and the Integration of EU Migrant Professionals;” 7(2), 1998 に、K. Jurczyk, “Time in Women’s Everyday Lives”とG. Paolucci, “Time Shattered” と J. Shaw, “Feeling a List Coming On;” 8(1), 1999に、P. Odih, “Gendered Time in the Age of Deconstruction;” 8(2), 1999に、P. Peters, “Time Allocation in Times of Structural Transformation;” 9(1), 2000に、J. Turner & M. Grieco, “Gender and Time Poverty: The Neglected Social Policy Implications of Gendered Time, Transport and Travel;” 等々。

(19)　この点は、Rutz, ed. 1992が掲載する諸事例（本章一七六頁以下）が示すように、全体社会における基準時間制とは異なる時間制の問題で、ベルクマンの言葉では逸脱時間（第三章七二頁）に属する問題である。この問題は、他の時間論中で注目されたことはないが、多元的時間制とくに非公式時間制を認める観点では重要問題として究明されるべきだと、私は考えている。しかし本書では、この関係は次章で結論とする多元的時間制の内容の一環と観てそこに働く時間調整原理の機能に関わる問題だと言っておくに止める（ただし第五章の注（24）を参照）。

(20) たとえば、第五節で各全体社会に内在する諸時間の組み合わせを分析して叙述するが、その末尾でこれを要約する際に先の叙述と食い違う表現があったり、八種の時間概念に用語の不統一があったり（たとえば前進停滞時間と停滞前進時間、爆発時間と爆発創造時間など）、きびしく批判すれば概念の整理が不十分と言われるであろうが、ここでは寛容に観ることにしたい。

(21) 象徴・記号・シンボル・サイン・シグナル等々の用語は、厳密にはそれぞれ特有の意味があるから区別して用いるべきだが、以下ではそれらを区別する必要がないのですべてをシンボルと表現しておく。

(22) 時計の記号としての意味はそれだけには限られず、高級時計はステイタスシンボルだし、市庁舎の大時計は市民統合のシンボルであり、また暦はかつては正統権威のシンボル、現代では日記帳の形で社会人のシンボルともなっている。

(23) ただし有志の参考として気付いたものだけ記しておく。*The Study of Time* の、II, 1975に、G. Rochberg, "The Structure of Time in Music: Traditional and Contemporary Ramifications and Consequences;" III, 1978に、L. Rowell, "Time in the Mucial Consciousness of Old High Civilizations: East and West;" IV, 1981に、J. Becker, "Hindu, Buddhist Time in Javanese Gamelan Music," L. Bielawski, "The Zones of Time in Music and Human Activity," D. Epstein, "On Musical Continuity," L. Rowell, "The Creation of Audible Time;" V, 1986に、R.M. Stone, "The Shape of Time in African Music," J.D.S. Kramer. "Temporal Linearity and Nonlinearity in Music;" VI, 1989に、A. Mayr, "Social Time in Experimental Music and Art," J. Palmer, "Narrative and Narrativity in Music;" VII, 1993に、Rowell, "Music as Process;" VIII, 1996に、J. Lochhead, "The Expressivity of Tempo and Timing in Musical Performance" 等々があり、ほかにもL. Rowell 1996; W. Dürr, "Rhythm in Music: A Formal Scaffolding of Time," in Fraser 1981; L. Rowell, *Thinking about Music: An In-*

troduction to the Philosophy of Music, Amherst: U. of Mass. Pr., 1983; E. Emery, *Temps et musique*. Lausanne: L'Age d'Homme, 2me éd. 1998 等がある。

(24)　初めから近代社会として出発したアメリカにも、歳時記が語られている（新井一九九九）。しかしこの書の実体は、「暮らしと経済」とか「交通」とかの観点から見た現代「アメリカ人の日常の生活経験」の内に、「祝日」と（ハリケーンや日光節約時間などの）「気象と時間」と分類された二観点があるので、これを「歳時記風に解説」（一―二頁）したものであり、歳時記という観念はアメリカ自身のものではなく日本人である著者のものである。とすれば、アメリカ社会に著者が言うとうりの歳時があるか疑問である。そう言えば、本章の本文中（一二九頁）に引用した文献の著者は、フランスとドイツのは日本人でイギリスを書いたイギリス人とは見方が明らかに違う。この点は観察における文化的前提の問題として興味深いがここでは立ち入る余裕がない。

(25)　ヨーロッパの民衆社会が持つ非公式の時間制については、インドや中国と対照される特徴が明らかであるのにそのことが時間論には現れていない。民族伝統の行事とキリスト教の行事とが各地で特有のしかし共通性もある祝祭あるいは習俗として確立していることが、本文に例示したように各国に現存するのに、当の欧米人の時間論はこれを不問にしている。私は、ここにかれらの科学眼の偏倚を見る。

(26)　以下の紹介にあたって、ゲルが言及する文献の表示は原則として原書に任せて本書には省略するが、とくに重要と私が受け取るものだけは参照文献一覧中に転記しておいた。

(27)　ゲルは、時間論の著明な哲学者としてフッセル、ハイデッガー、サルトル、メルロ‐ポンティ、ジェームズ、ベルグソン等の名を挙げるが、経験科学としては「かれらの論議は自明には程遠い」と断じ、必要ある場合のほかは利用しない（p. 150）。なおハイデッガーについては、私が参照した『存在と時間』の予定された第二部は未刊だったのでこれを再構築した試みが最近ある（木田二〇〇〇）が、それによってもかれに対する基本的認識をゲルも私も変える必要はない。

(28)　マクタガートのこの説とそれへの批判については滝浦一九七六、八五―一一三頁がくわしい。また、これに刺激されて、関係時間（すべての事物に固有の時間があるという中世までの思想）と絶対時間（数学的な普遍時間で近代思想）を対照させる考え方も出ている（Lundmark 1993）。なお、ゲルはこの大事なマクタガートのほか後出のヘーゲルストランドの文献を引用もせず文献一覧表にも記載していないが、これをここでは単純ミスと解し本書の文献表にはそれらの著書を他の文献によって補充しておいた。

(29)　フッセルの原語 Intention, Retention, Protention には訳語がほかにあるが、私は志向、過去志向、未来志向とした。

(30)　以上はルイスのtheory of counterfactualsの紹介だが、かれにも様相論理学にも不知な私は自信がないので、この記述の正確さにも、〝異〟事実としたcounterfactualsの訳語にも、有識者の教えがあることを願っている。

(31)　時間制の固有と移植との関係を日本で象徴する事象が旧暦である。旧暦は、西欧の歴史ではユリウス暦がグレゴリウス暦に取って代られると消滅したかのように思われているが、なお現行もあることは本文中（一〇九頁）で述べた。二〇世紀になってから標準時と西暦を移植した非西欧諸国では、中国文化圏の春節や日本の旧暦行事の例でも知られるとうり現に生きている。

(補1)　「間」に関連して、問題を拡げかつ深める好文献が本書の編集中に発見された。古いものでは、剣持一九九二は間の事例集だけだが、南一九八三は情報を盛りこんでおり、空間論を中心とした樋口一九八八、間とは「意味をになった間隙の設置」だと喝破して日本文化論を展開したベルク一九八五も、ある。新しいものでは、広中他編二〇〇二が人間科学と社会科学からの時間論を待望し（広中二〇〇二、五―六頁）、私の注目する三編、すなわち、時間論であることを意識して考察した演劇における「間」（岩井二〇〇二）、一般にコトにおけるマ（金子二〇〇二）、問題点を総括し主要文献を紹介するもの（中村二〇〇二）のほか、次章で引用する諸編を収めている。

しかし私は他の古屋野正伍の着想に注目する。かれは、初め日本の都市社会に人の生理的リズムと社会的リズムを相互に調節するテンポとタイミングがあることに気付き（一九五五、この三要因はReisch 2001も認めている）、後に能の体験を基礎にこれを日本文化の特徴として理論化した（Koyano 1998）。すなわち、日本の芸道では心の働く状態に具体的内容のほか「間」および「無」と呼ばれる二種の抽象的な空間（vacancy）があり、この二要因が協調して作用することにより当該の文化事象にリズムとテンポとタイミングを与えると法則化し、これが能、茶道、華道等の芸道だけでなく、演者と聴衆観衆との間にも対面する二者間にも当該の行為に集中する調和をもたらすと例示する。これは「間」の理論を仕上げてゆくための作業仮説として有志が検討するに値すると私は評価し、今後の発展に期待する。

もう一つ、直接に「間」を論ずるのではないが、「間」の時間感覚を拡張したスローの思想がある。これは、イタリアで一九八六年に生まれた小さな運動が急速に世界に拡まったもの（二〇〇二年五月一一日朝日新聞朝刊）で、辻二〇〇一によれば、食べ物と食習慣の再評価から「無限成長という〝宗教〟」（一五頁）に反撥、人間にとって「疲れ、怠け、遊び、休む」（第六章）時間の意味から地域や文化によって異なる時間（一四三頁）までを再評価するもので、私はこれに時間問題の新たな展開を予感する。

第五章　結論――多元的時間制の法文化

第一節　問題探究の回顧と展望

一　模索の回顧――発見と示唆

時間は、私には青年時代以来、人間の生の不思議な枠組であった。時間は確かに、法に定められた時計時間と暦年を根拠とし国際的に通用する標準時制が誰も疑わない規準となっている。しかし他方では、日本の民衆は日常生活で時計時間とは別な時間を使うことが少なくなく、インドの民衆は一生を劫の大海に浮んでは消える一瞬の泡沫と諦観し、大陸で水と草を頼りに家畜とともに生きる部族民の生活はひたすら季節の暦に順う。では、時間とは人間にとって何なのか？　この素朴な疑念が、法理論を求めて研究生活に入ってまもなくの私にいつしか問題として次第に定着し、終着点は雲間に望むだけで確とは望めないまま暗中模索にかかり、結局は五回にわたったシリーズ「法と時間」の論文を書き始めたのが十余年も前であった。

調べてみると発見があった。まず**1**（本書第一章）では、小数で散発的ながら玩味すると示唆に富む論考を学界から拾い出すことができた。ドイツの法社会学者ニクラス・ルーマンは、法システムは時間システムをも内在化させている予期構造であるがゆえに未来創造作用があると明言していた。アメリカの法人類学者キャロル・グリーンハウスは、法の神話性が私的で多様な不確定要因を公的な一つの権威に転換する実例を西欧文化史に観ていた。法社会学者デイヴィッド・エンゲルは、アメリカ社会の近代的な直線時間にも地方では異質な循環時間が共存する例を擧げていた。ドイツの法哲学者ゲルハルト・フッセルは、実定法上の時間のもとで経験する主体が未来に向けた変容を起爆する可能性を示唆していた。それらによって、疑念は持つに値すると激励された思いを、私は得た。

では、時間は実定法にどう内在しているかを確かめたかったが当時は目ぼしい参考文献が日本にも外国にもただちには得られなかったので、できることとして2（本書第二章）で、日本の現行時間制度の法律的根拠を自分で探したところ、一八七二年の暦制改革が現行時間制の起源でもあり法律的根拠でもあることが確認された。同時に、それは、幕府が管理していた時間の旧制を新政府が西欧の時間制を移植して新制としたので、新旧両制の間にコンフリクトと習合の両面が生じ、時間制と文化との両次元で異質な法文化が接触・交流した顕著な例でもあることが知られ、疑念の本体が姿を現したと思われた。

しかし疑念の意味を確かめ進んで解明する道は、まだはっきりとは見えなかった。数年間迷った後[1]、これを確実に探るために学界の関係文献を総ざらいすることとし、3（本書第三章）で、欧米と日本の文献を渉猟した結果有力な参考をいくつか発見した。ドイツの社会学者ウェルナー・ベルクマンは、関係文献を広く集めて諸説を検討した後自らも法的時間の超時間性と非典型的な逸脱時間その他およびシンボル性を指摘し、ベルギーの法理論家フランソワ・オストは、多様な社会的時間の六種が法的時間でもあるとしていたことのほか、二つの大著が注目された。オーストリアの公法学者ギュンター・ウィンクラーは、実定法学の枠組と同国の法律制度とに囚われたままであったがカント哲学に依拠して法における時間の範疇性を強調し、ドイツで博識のルドルフ・ウェンドルフは、詳細なヨーロッパ時間史の中で大社会の統一権力が諸種の社会時間を集権化する史実を指摘した。かくて疑念の核心には、時間制の社会における多様性と権力の関与とのあることが示唆された。

だが、そうだとしてもそれを間違いないと断定するのを躊躇させる不審点が残っていた。一は、国家に代表される権力は時間制を主権の力によって実際にどう制度化しているかの実態が不詳なこと、二は、社会時間の多様性は人間が社会生活の間に創造し伝承する文化として実際ではどうなのか、そして三が、欧米の多くの論者が視野から除いている時間のシンボル性と非西欧社会における実際はどうか、であった。そこで4（本書第四章）ではそれらの確認を求めて、まず現代諸国家に通用している公式時間制を調べ、ついで西欧の歴史と社会における時間制の諸態様をとくにフランスの社会学者ジョルジュ・ギュルヴィッチに聴いた後、一方で時間の文化的シンボルを諸種にわたって検討した上で、非西欧社会の実情をイギリスの人類学者アルフレッド・ゲルによって総観し、その結果文化的に多様な社会の時間制に対する権力の関与に、結論の方向が認められた。同時に、このような「法と時間」との関係を無視していた法学の方法を批判する示唆も得られた。

二　本章の課題――作業仮説と本章の内容

結論の方向は、法と時間とが近代科学においては法学と自然科学とそれぞれ異なる手法によって対象化されたために、相互の関連を棚に上げ社会科学もそれを放置していたことに、疑問を呈するものである。これまでに判明した事実としては、法と時間とは、実は相互に不可分に関連し、具体的には人間がその生活の間に文化を多様に創造・伝承すると同時に、社会を形成・支配する諸権力によりともに多元的に構造化されて機能していること、要するに「人間社会において権力に媒介された法と時間」だと言えるから、これを作業仮説として構成し直した上で証明することが、本書のテーマの実体論上の最後の課題となる。同時に、近代科学がこの事実を棚上げして法と時間とを断絶させたのはその固有の方法に拠っていたからであったので、近代上記の実体論を可能にするためには近代科学のこの方法を修正することが前提となるから、法と時間との総合的な観察・分析に適切な方法論を明確に用意することも要請される。そこで次ぎに、まず実体論として証明すべき作業仮説の構成を試みる。

時間は、近代科学において法からだけでなく人間からも断絶されたが、現実に時間の中で生きる人間はやがてこれを自己の問題として取り戻した。その主な契機の一は周知のように、ベルグソンとフッセルとハイデッガーに代表される西洋哲学が、時間を人間の持続する意識ないし現存在において見直したこと、その二は本書が紹介したように、二〇世紀末の社会科学が時間論に関して近代社会における自然科学的時間の人間性と環境とからの断絶に気付いたこと、であった。この二方面からのアプローチが本書の時間論を主導したので、その方向をさらに進めることが現代時間論の課題であることが間違いない。しかしその大勢は、主体の意識として内省するにせよ社会的環境に注目するにせよ、個人が時間の中でいかに生きるかを問題として観る、すなわち突きつめれば個人時間を扱うものである。だが時間論には、ギュルヴィッチの現代社会論とゲルの部族社会論の例に明らかなように、社会時間の問題性も提起されていた。本書が主題として追求してきた時間は、時間制すなわち社会における一つの制度であるから、作業仮説は、個人時間を伴いつつもまずは社会時間を主とせねばならない。

すなわち、社会時間としての時間制は、第一に、標準時一元論と西暦普遍論とで尽くせるものではなく、人類社会における多元的時間制である。各単位社会はそれぞれなりに個有の時間制を保持していて、社会の規模が大きくなり隣接社会との調整を図る必要に迫られると、管理機構を整備してこの調整を果たすようになり、社会がさらに拡大すると、管理機構は社会的権力を伴ない時には政治権力とも結合しまたは自ら政治権力となる。かくて多元的時間制は、社会時間の管理機構および権力が大小強弱の差を呈しつつ多数の時間制が共存する社会制度なのである。世界におけるその現実形態には変差が大きい。現代社会の諸国家はすべて、公式にはグリニヂ標準時を準用し西暦を専用または併用しているが、社会には非公式に時には公式にもそれらとは異なる幾多の時間制がそれら公式時間制と共存している。たとえば、どの国でも、家族から社会団体まで多様な諸単位社会がそれぞれに個有のスケジュールを保持して存立し、諸宗教の信徒たちは各別の宗教暦に順がって生活を送り（第四章一〇八—一一三頁）、近代社会の典型と思われているアメリカでも、都市のホームレス（本章一七七—一七八頁）や地方のコミュニティーあるいは刑務所や障害児など（第四章一一七頁）には、特殊な時間制が共存している。政治権力の強制があると、共存するいくつかの時間制はルーマニアやフィージーや南スラウェシ等のように同調とコンフリクトの間を右往左往せざるをえない（本章一七七—一七九頁）。対して部族社会では、時間制の管理者の権限が当該社会に徹底していて明らかに社会的権力を成しているものが目立つ（第四章一三八頁）。そのような変差を含みながら、多元的時間制は多様な時間制の社会における並列あるいは重畳なのである。

　多元的時間制は、それとして他と区別して認識することが可能な一つの社会事象ではあるが、その存在と作用は他の諸事象と関連していてその関連の態様が考察の課題となるはずだから、現代時間論は最近気付いた女性、環境、コンピューターその他の諸問題との関連の研究をさらに発展させることが期待される。だが本書は、それらの諸問題は論者に任せかれらが関心を持たない法と時間との関連を探るので、これに関して第二の作業仮説が建てられる。それは、多元的時間制は多元的法体制と平行することである。法と時間とは、近代科学がしたように相互に異質な事象と認識して対象化することも可能であり、事実、本書が紹介した多数の論者はその種の認識に従っていた。だが法と時間との密接な関連が人間の実際生活には至るところに現れていた。国家と国際社会は公式法によって時間制を公式時間制として制定したが、事実はそれだけではなく、諸国家は祝日暦を法定するのに一部には非公式時間制をも採用し、本来は非公式の教会暦・イスラーム暦・仏暦等の宗教暦を憲法上公認し、場合によっては民間の非公式時間制の一部を準公式と承認することもあった（第四章一一〇頁）。各単位社会が保持する非公式時間制は、国家の公式法では私的自由の一現象とみなすだけで済まされるが、実は個有の社会規範により保障され公式暦にも喰いこむ文化なのである。その態様には不詳な点が多いとしても、その内には個有の管理機構と権力を備えたものがあり、その場合は時間の社会規範が多元的法体制における非公式法に相当する。よって、多元的時間制と多元的法体制との関係は、その形態と程度がとくに両制度の平行問題として検証すべき課題を成す。

上記二点の作業仮説をこれから検証するのだが、文献としては、先行の諸章で探索したものの中にもこれを直接間接に支持するものが見いだされこの完結編で参照すべく取り置いたものが若干ある上に、前章までを論文として執筆した以後の短期間に入手した新文献中[2]にも、これを積極的に確証する有力なものがあった。本章第一節の次項では、前二章の文献探索の補遺としてそれらの未参照文献をまず概観し、本章における本論の前半にあたる第三節で本章の結論部分にかかわるその焦点を詳しく学び、その後に第四節で本論の観点を集約し、第五節の最終結論に繋げることにする。方法論については、全面的に展開しようとすれば近代科学を基礎から批判することになり、この小論がとても論じきれるものではなく、試みても一準備作業に終わるほかないであろうが、非西欧法を西欧法と並べて人類の法として理論化しようと私が案出した手法を、本節に次ぎ第二節で述べておき有志の補正を持つことにする。

三　新文献の大勢

二〇世紀末世界の学界における時間論は、前の二章で詳しく検討したように主としては近代を基礎づけてきた自然科学的時間に反省を加える一方で、時間が人間社会の文化とともに多様きわまる事実にも着眼するものでもあった。そこで言及された多くの問題点の中でも他にまさって重大性が明白となったのが、標準時制とは異なる女性時間と環境時間との二であったと言える（第四章一一六頁）。本章執筆のために探索した新文献も、多くはこの二問題をはじめほかの諸問題をも扱っているが、その趣旨は私が前編までに紹介した問題意識全体の中に含まれるものなので、それらをここでまた詳しく紹介する必要はない[3]。だがごく最近には、それらを未解決の課題として残したまま新たな問題が学界に浮上してきているので、これについてだけ一言しておく。電子メールとインターネットに代表されるコンピューター時間の急激な普及である。

コンピューターのテクノロジー上の効果が止めようもなく急進している大勢の裏では、それが自然と社会のリズムを無視している強引さもまた注目され始めた。素朴な感懐としては、コンピューター時間は自然と社会の弁証法的なダイナミックスとくに人間わけても女性の生のリズムを痛めつけていると言う（Menzius 2000）。事実問題では、人を二四時間仕事に縛りつけ自由時間とテンポと自発性を妨げ道徳観を変えてしまうと嘆く（Steward 2000）。その理由は、コンピューター時間の六特徴、すなわち、断続しつつ持続し、常時作動し、行きつ戻りつし、締切り変更を可能にし、地球上を即時に循環し、忙しさのリズムを変えることが、標準の時間とは性質を異にしむしろ「時間なき時間（timeless time）」だからである（Lee & Liebenau 2000: 51–53）。

国際時間研究学会も一九九九年の会議で「時間とグローバリゼーション」をテーマとしたのは、今世界で大きな問題として諸分野で共通に論ぜられているグローバリゼーションの根本的動因をコンピューターによる時間の変化だと認めた（Harris 2000）からである。そこで会長が、従来は別々であった過去と未来が収縮して現在に吸収されたと言う（Lestienne 2000）のはおとなしい表現だが、厳しくまた重要な発言もあった。その一つは、現代のグローバリゼーション論はコスモスを空間としてのみ理解するコスモポリタニズムに傾き、歴史と人間生活のリズムとを無視するからこれを注視して時間によるクロノポリタニズム（chronopolitanism）の論議を発展させねばならないという主張（Cwerner 2000）だが、次の二発言も重要である。

一は、時間とは、人が天空の回転を見て構成して造ったもので自然そのものではなく、世界の時間制は、スイスのスウォッチ社が一九九八年にコンピューターに最適の新時間制を発表したように人間が造った産物であり、グレゴリオ暦が世界に普遍化していても本来はカトリック暦であったし、標準時制はイギリスの世界支配との妥協の産であり、週の制度は聖書の脚色であるように、人為的むしろ政治的だという主張である（Lee & Liebenau 2000: 44–46）。二は、コンピューター時間によるグローバリゼーションも、人間が世界の各地で保持する固有の時間制を放棄させるものではなく、それぞれの伝統文化を生かした上での標準化(4)（standardization）にすぎないという認識である(5)（Barreau 2000）。これらは、標準時一元制を批判して文化ごとの

多元的時間制を主張する本書には力強い援軍である。(6)

だが、それらの視野は本書が問題とする「法と時間」に直接関係するものではないのに対して、これに踏むこむものとして注目される文献が幸いにして現れていた。数にしては一〇編だが主題で分けると三になるので、それぞれの詳しい紹介と評価は後に廻し、次にはとりあえずそれらの概観をしておく。(補1)

四　注目すべき新文献

一つの主題は私が「人間と時間」と言いたいもので、文明学と銘打つ連作、松本亮三の編書（一九九五）と齋藤道子の編書（二〇〇〇）とである。文明学は松前重義の遺産として東海大学が護る総合的学問で現代文明の基礎問題を平和・人種・階級の三と見る（松前一九八二、まえがき）が、文明と言えば問題は外にも無数に挙げられるはずで、その中から時間を選んで捉え五人共同で研究した成果がこの二書である。各筆者の専門とテーマは異なるけれどもそれだけに大きな共通の枠組みとして時間に取組んだのである。各筆者とも人間文明営為は時間のもとに価値秩序と支配構造を形成するという趣旨（齋藤博二〇〇〇、一九〇頁）を共有する点が、人間社会の総体中で時間における法と権力とを理解しようとする本書の方向を支持するので、後にこれを学ぶことにする。これに和するように、文明をも視野に入れて法哲学を拡げるのが小林直樹で、その壮大な人間論（一九九五―、一九九八―二〇〇二）は「法の時間」にも言及するので、これは本章の結論で参照する。

二はずばり「権力と時間」の主題を掲げるRutz, ed. 1992である。これは、一政治学者の同名の論文を人類学の資料によって修正・発展させたもので、この編書には編者ルッツの配慮が行き届いており、内容も、国家権力が国内諸勢力の異なる諸時間制を集権化しようと企図するのに対して、後者がいかに同調あるいは抵抗するかに関し、七編の事例報告と二編の理論的考察を提供して益するところ大なので、後に詳しく学びたい。これに対して、史上著明なグレゴリウス七世とハインリッヒ四世との間のローマ教会の教権と帝国の王権との闘争が、実は時間支配をめぐる権力闘争であったと精細に論証するのが、瀬戸一夫最近の労作（二〇〇二）で、これも結論で参照する。

三の主題が「法と時間」という本書のテーマそのもので、法学界では従来顧慮されなかったのを一挙に転回する文献が四種も現われた。一は法学界では初の共同研究であるBjarup & Blegvad 1995で、一九九四年にスカンジナビヤ五ヵ国の国際法哲学会（IVR）支部が連合してオーフス大学で開いた会議の報告を、後にIVRの機関誌*ARSP*に特集したものである。『時間・法・社会』というタイトルの共同研究を実現させたその企図には私も敬意を表するが、掲載八論文の内容は、各筆者は新鮮な問題を扱ったつもりでも概して言えば不十分な着想にとどまっていて既成法学の壁を破るには至らず、法学の限界を見せた意味で反面教師としては役立つ程度と、私は観る。むしろ法と時間との相互規定を認める徳永賢治の着眼（二〇〇一）が注目を惹くので、後に参照する。

これに対してベルギーの法理論家フランソワ・オストの業績が、質量ともに抜群である。(7) かれは早くから時間論に関わって成果を蓄積していたが、最近これを集大成した。まず編書Ost & Van Hoecke 1998で既成法学を内在的に批判した。この書は、元は一九九八年一月にブラッセル、サンルイ、カトリックの三大学が共催したブラッセル会議（ibid.: 裏表紙）の記録で、ヨーロッパ八ヵ国から法学者を集めその一九論文（フランス語一〇、英語九）を収める。主編集者のオストは、フランス語圏の時間論を主導してきた実績から、法の時間は既成法学が認識するように事件の瞬間性と制度の安定性の二極に尽きるのではなく、社会に生起する諸変化を弁証法的に吸収して法を持続させるという特質を持つのではないか、と仮説を提起して筆者方の検討を期待し（Ost 1998a）、他の編者ファンフッケは、各編の趣旨を整理してオストの提起した仮説を支持し新理論を待望する（Van Hoecke 1998）。いずれも問題の理解において正確、解決方向の展望において妥当で、本書は大きな激励を感ずる。

オストは、ここで示唆した法的時間の弁証法を最近作の単著 Ost 1999で存分に展開した。これは、本書のテーマに関してはG・フッセルとウィンクラーの二書以来の大著であるばかりでなく、その内容はこの二先行者にも優る画期的な新しい提唱だと私は評価するので、その趣旨を本章を纏める第四節で詳細に学ぶことにする。

第二節　方法の問題

一　法理論探究の方法論

法については、現代法学が、ローマ法以後の所有権・契約、不法行為・損害賠償、犯罪・刑罰、行政・裁判、等々の諸概念を組みあわせ国家法の壮大な法体系を構築しているので、その解釈論が法学の本流を成している。もっとも現代法学も、国際法・自治体法はもとより自然法・慣習法・不文法、伝統法・近代法、宗教法・部族法・民衆法等々の、国家法以外の法にも国家法との関連を認めているから、合わせると無数の専門用語を造りだしこれを術語として使用している。これらの術語によって説明される法体系は、これを支持する法解釈学と法理論および方法論とともに、西欧人の英知が創造し近代に完成させた一文化すなわち西欧法文化で、人類知の一例としても輝かしい成果には違いなく、そのゆえに全世界に移植されて国家法を支持していることにも、それなりの理由がある。

その成果と事実は人類社会の規準として信奉されていたが、二〇世紀に入ると社会科学と社会主義の立場に立つ諸傾向の新法学がこれを批判するようになり、第二次大戦後しばらく経たその末期には批判法学ひいてポストモダン法学の中から、これを法的帝国主義（legal imperialism）あるいは西欧中心主義（westcentrism またはeurocentrism）ではないかという批判に進んだ。私の理解するところでは、現代法学が、基本的には近代西欧に特有の文化観に立脚して国家法一元論と西欧法普遍論をかざし、これを規準として非西欧法を観察・評価していたが、その結果は文化の異なる後者の実態実情を無視するか歪曲するかのほかなかったこと（この点、千葉一九九八、二三一―二三二頁、一九九九b、徳永二〇〇〇a、bを参照）に着目するものである。法学は、実は西欧法学である現代法学のアンティテーゼにあたる非西欧法学をまず確立し、次いでこれを西欧法学とともにテーゼに止揚するのでなければ、真正な普遍的法学を実現することができない（千葉二〇〇二を参照）。

では、アンティテーゼを建て次ぎにそれをテーゼに止揚する真正な法学とくに法理論はいかなる方法論に拠るべきかとまず探ると、その全貌を今ここで提示できるほどの実績が学界にはないけれども、それは少なくとも二点を基礎とすると私は確信している（以下の二点について詳しくは千葉一九九八、2、3章を参照）。

第一点は法を観察・分析する基本的な観点に関し、主体的観点を確立することである。現代法学は、客観主義の前提に立って客観的存在の法（law in objectivity）に固執し、結果的に実は特殊な西欧法体系のみを規準としてそれ以外の社会的・文化的要因ひいて別の特殊である非西欧法文化を歪曲むしろ無視していた。

各社会の体制や文化的伝統のもとに働く個々人の微妙な心意が、その個々の行動における法の実践を動機づけひいて法の改正から革命までの社会的志向を抱かせかつ実行させ、その相乗の効果が総体として当該社会における法体系の実際の規制力はもとより時にはその命運にまで大きく影響し、しかもそれが文化の違いによって異なって現象するのであるから、それらを考察しないでは人間生活中における法の生きた実状を逸することになる。その態様は、微視的には諸文化の相違に伴なうと言えるであろうが、巨視的には西欧型と非西欧型とに大別される。これらを事実在るがままに観察・分析するのが法の主体的観点（law in subjectivity）で、非西欧社会にはもとより西欧社会についても法学が新たに採るべく要請されている。

二　法に関する用語と概念[8]

主体的観点を効果的に実行するには、方法論の第二点として、法の観察・分析に使用する適切な道具概念の枠組を整備する必要がある。科学はどの分野も特有の概念を術語として規定して使用するが、およそ科学的概念には二つの類別がある。このことはカント以来今日の自然科学では常識であるのに、社会科学ではその認識が徹底せず、とくに法解釈学は国家法上の法概念を無条件に前提してそれに従っておけば万事が済み純粋の道具概念である科学的概念を無用としていたから、使用する概念の性質については関心を払う必要がなかった。けれども法学が科学であるためには、使用概念に関し二類別に始まる術語の正当な吟味なくしては成り立たないのである。類別の一は、「対象の観察を開始するに当りその外延を他と判明に区別して特定する」特定的概念であり、二は、「対象の内包を分析するに当りこれを構成する因子をすべて道具概念に一応固定し分析作業の進展にともなってこれを再構成してゆく」操作的概念、別に言えば分析的道具概念である。現代法学は、法概念を近代西欧文化に性格づけられた国家法一つだけに特定し、これを規準として性格の異なる非西欧社会の諸法を自己流に歪曲あるいは無視してしまった。そこで、非西欧法ひいて全人類の法を在るがまま客観的に把握させる特定的概念とこれを効果的に分析させる操作的概念とを、整合的に整備する課題が与えられる。これに応える私案が、以下に略述する概念枠組である。

人類社会における法の実態は、国家法一元でも西欧法普遍でもなく多元的法体制であるから、法の特定的概念はこれを外延として構成され、各種の「一社会の正統権威による統合的社会規範」をすべて含むことになる。対して法の操作的概念は、「一方では特有の価値・理念を内包し、他方では正統の権威・権力に支持され、許された行為と禁じられた行為とを権利・義務として指定し、これをサンクションの制度をもって管理機構(9)が保障する、社会規範の一種」である。ただし社会におけるその全貌を把握するにはさらに別の道具概念が必要あるいは有用で、中でも、宗教組織・部族・村落・階層、会社・協会・大学・組合、等々の諸社会集団が、非公式ながら個有の法を持つので、国家以外にも「一体系の法を保持しこれを管理機構によって運用する社会的持主(9)」を意味する法主体の概念が必要である。よって多元的法体制の実体は、国家法が内部の国内諸法と外部の超国家諸法と共存すること、および、国家内外に実存する社会集団が無数の法主体として世界の各地で並列あるいは重畳することである。

国家をはじめ各法主体の法の内包を観察・分析する操作的道具概念の枠組が「アイデンティティ法原理（I原理と略称）下の三ダイコトミー」である。三ダイコトミーは、一に、「国家法および国家法が公式に承認する法」の公式法と、「国家法から公認されていないが明示・黙示の一般的合意により当該法主体の正統権威から承認を受けて構成員日常の社会生活を実際に規制する慣行法のうち、明確に公式法を補充または排除する実効のある」非公式法、二に、「当該法主体の伝統文化に起源する」固有法と、「一法主体が他の文化から移植した」移植法、そして三に、「言語とくに文字に定式化された個々の規則で人の具体的な行動準則を明示する」法規則と、「法規則を正当化しあるいは個々の場合に補充・修正する価値原理」の法前提である。そのように各ダイコトミー内の異種の法の組み合わせを指導し、結局はその全体を「一法主体の法秩序として統合する文化的原理」が、アイデンティティ法原理である。[(10)(補２)]

三　時間に関する用語と概念

時間の考察にあたっては、関係する用語を最初第二章で概念規定した後第三章と第四章とでも小修正を加え、本章で全体の結論を述べるにあたってさらに補正したので、ここにそれらを一括して提示しておく。

時間は、広義では関係する諸用語の総称として使用され論者の間に共通の認識がありながら、文字で規定して表現するとその豊かな内包が損なわれる虞れがあるので、ここではその共通認識を尊重して最広義を文字では規定しないでおく。時間中の一点を示すものに、「一日の時間の流れのうち特定された一刻」の時刻と、「長い時間の流れのうちある事態が発生した時期」の時点とがある。その意味では、時間は、狭義では「二つの時刻あるいは時点の間の持続する部分」を特定して意味することになる。

「一日の時間を計測・表示する体系」が時制、「時制を表示する手段」が時計である。「年を単位とする時間を計測・表示する体系」が暦法で、「一月から一二月までの一年」が暦年だが、その変型に、「暦年にまたがる一年」の年度と、「特定の年を起点として以後の年を通算する」紀年法とがあり、暦法と紀年法をあわせて暦制とする。「暦制を表示する手段」が暦である。「時制と暦制との総称または一社会におけるその統合体系」が時間制である。

時間と人間との関係については、まず、一般に「人間が生活中で時間を使用すること」を時間利用と、そして一定の「人間の継続的な時間利用」を時間秩序と概念化する。次いで時間利用と時間秩序の主体である人間に着目して、「個人の時間利用と時間秩序」を個人時間と、また「一定社会の構成員に共通する時間利用と時間秩序」を社会時間と、区別する。さらに人間の側の受取り方について、「時間につき個人が持つ感受性・意識・知覚、観念・概念、理解・解釈・意見等」を時間感覚と、「時間につき一定の社会に通用している観念・意識、思潮・哲学・イデオロギー等」を時間思潮と、「時間感覚と時間思潮を総称」して時間思想と、それぞれ規定する。そして、「時間・時間制・時間思想に関する学問的論議」を時間論と、「時間論における時間の理論」を時間理論と、言うことにする。

法と時間の二事象それぞれには、他の諸事象と判明に区別して特定の対象とする学問分野がすでに確立していて、上述のような諸用語が私の部分的補正を加えて一般に通用しているが、この二現象を関連させる学問は学界で認められる形ではこれまでになかった。法学の立場から言えば、たとえば法と文化とは嘗ては学問上は別の対象だったが、最近はこれを法文化の用語で関連づける学問領域が急速に発達しつつあるのと同様に、法と時間とにもそのように関連させる観点を確立することが本シリーズの目的であるから、それを可能とさせる特有の概念を創出しなければならない。よって本編は、そのための特定的概念を法的時間（temporality in law, legal temporality）と言っておき、「法における時間」ないし「法と時間との不可分の関連」を意味させることにする。

四　法的時間分析の概念枠組

時間ないし時間制に関する用語と概念が以上のように規定されたが、それらの科学的概念としての性質はいずれも先に言及した特定的概念で、考察対象を判明に観察するには不可欠・有用であるが、これを分析するには操作的概念の枠組を別に必要とする。ところが、時間に関する操作的概念は学界には先例どころか着想さえ無いから、ここで新たに案出しなければならない。そのことは、事が大事であるだけに私がここでこれを試みても、不十分に終わるにきまっているし、より有用な他の案もいずれは出されるに違いない。しかしながら、最初の叩き台としてその一例を試みる根拠を私自身も持つと信じている。根拠とは、作業仮説において法も時間制も多元的なまま社会において不可分に構造化され、しかも多元制では両制が平行している事実があるとされた以上、すでに相当程度検証された多元的法体制分析の操作的概念枠組が、法と時間との性質の相違による若干の修正を加えると、多元的時間制にも準用できるであろうと推察されることである。以下がその概念枠組の試案である。

時間制は、まず、「国家が公認する」公式時間制と、「国家は公認していないが一定社会で明示・黙示の一般的合意が成立していて当該社会の時間管理機構が支持する」非公式時間制とに分けられる。時間制考察にこの両概念が有用なことは、前章の論述までですでに証明されたと私は考える。もっともこの二概念だけでは実はたりない。たとえば、公式と非公式とは峻別できない情況もあって両者のいわば中間形態も認めなければならず、これを私は「準公式」と言っておいた（第四章一一〇頁）が、なお実態の変異に応ずる精確な概念構成を必要とする。また、前章では非公式時間制を社会的と文化的とに分けて観察したが、これも道具概念を整備した上で再分類する必要があろう。

時間制は、次に、「当該社会の伝統文化に起源する」固有時間制と、「他の異文化の社会から移植された」移植時間制とに区別される。ただしこれにも中間領域はあり、中でも移植時間制には、日本で中国から移植された年号のように歴史の間に同化されて固有化する場合も、西暦のように異文化性を残したまま行われる場合もあるから、これらの事実に対応するためにも道具概念の一層の整備が要るであろう。それらの実例も前章で多数紹介されているとうりであり、諸部族の文化的時間制は固有時間制の典型であるが文化ごとの変型に富み、現代の社会的時間制も単位社会だけでなく音楽・スポーツその他多数の文化領域ごとに成立していてそれらは微妙な変型として機能している（第四章一二五―一二九頁）ので、いずれも実態の一層の確認と道具概念のさらなる整備が求められよう。

しかし、法の場合の法規則と法前提とのダイコトミーおよびアイデンティティ法原理にあたる道具概念が、時間制には一見では応用の場所がなく必要もないように思われる。だが時間制には別の問題がある。多元的時間制では、少なくとも上記二ダイコトミーに分類される四種の時間制が一社会に併存するから、それら異種の時間制相互間にコンフリクトの生ずることが自然である。コンフリクトは、放置しても社会的に格別の障害がないこともあるが、社会に顕著な障害を招来することもあり、その場合には意図して調整が図られねばならない。その役を担当するのが、法の場合は各法秩序のアイデンティティ法原理であるが、時間制の場合は前記したように、国家法が国際条約に従って定めた公式時間制がこれに当っているから、時間制に固有の調整原理は一応はなくても済むように思われる。だがその場合でもコンフリクトが私生活に残る場合が多々あるにもかかわらず、国家法はこれを私的自由の問題として放置するからこれは本人かその社会かが私的に処理するほかない。また、その処理は当人の自由に任せられる場合でもまったく無条件の自由ではなく、少なくとも本人の私的処理が社会に通用するものでなければならないから、そこで、異なる時間制間のコンフリクトを私的に処理する原則が非公式ながら社会的合意として成立することになる。たとえば、ある会合の開会時刻は定刻だが別の会合は三〇分遅れが実際の定刻であったり、出席に大物は遅れてもよいが小物はその前に行っていなければならない、など[11]。

　このように個人が当面するコンフリクトを調整する原理は、本来は私的なものだとしてもそれが社会的に合意され進んで当該社会の共通規範だという認識が一般化すれば、これを管理機構が社会の権威をもって護持するにも至るはずである。事実、季節や天候また環境に支配される生産に依存する部族社会では暦の達人やビッグマンがこの権威を保持し（第四章一三七—一三八頁）、人類史においてはエジプトや中国の皇帝あるいはヨーロッパ中世の教会や都市は正統権力の中にこれを取り込んで暦の管理権を独占していた。するとこの種の原理は、私的や非公式的にはとどまらず準公式的さらには公式的にも存在して標準時間を定めさせると言うべきであるから、これを時間調整原理と概念化し「異なる時間制間のコンフリクトを調整する原理」を意味させる。これは、実際には部族社会にはもとより現代社会にも顕在化してきた切実な問題であり、原理としては法における法前提とアイデンティティ法原理との両機能を時間制において兼ねるものであるので、有志の今後の検討を期待する次第である。

　加えて法主体に準じて、時間制主体の新概念も有用である。これは「ある時間制が通用する一定の単位社会」を意味し、公式の国家はもとよりその内外に及ぶ非公式の多様な社会集団を含意するから、法の場合に国内諸法と超国家法とのすべての形態の法の持主とされる法主体に相当する概念である。この概念の内包を解明して整序することも今後の課題となる。

よって法的時間については、公式時間制と非公式時間制、固有時間制と移植時間制、時間調整原理および時間制主体を、当面の道具概念とすることができる。

五　権力・人間・社会に関する用語と概念

法的時間を観察・分析しようとすると、従来の学界で原理上は断絶されてきた法と時間とを関連づけようと試みることになるので、これを媒介する何らかの社会的因子とその役割を確認する必要が生ずる。

その候補としては他にもいくつかがありうるであろうが、まず示唆されたのが権力であった。権力の語の意味は、学界の傾向としては分野ごとに特殊的に限定されることが多く、法学では公権力、政治学では政治権力と同視されて、その一般的な社会的形態については論議が少なく定説もないが、私は以前に法理論の社会的根拠を確かめる必要からこれについて当時の関係学説に基づいて仮説を建てたことがあったので、そこで得られた関係概念をここにとりあえず使用しておく。まず、「人間存在に本来的な力」として個人の力があり、次いで、個人の多数が結集した社会集団では、その超個人的な統制によって集団内の「資源を動員する能力」が社会的な集団の力となり、その権威と実力が管理機構によって明確なものが社会的権力である。（千葉一九六三の趣旨、なお本章一七六―一七九頁、一九七―一九九頁も参照）

そのような社会的権力の法と時間とを媒介する役割がここで確認すべき課題なのであるが、この役割を的確に理解するにはその全過程に常に関与する基礎的因子がほかにもあることを放置してはおけない。その主要なものは、作用を演ずる主体の人間とその場となる社会とである。この両因子が、それだけで権力による法と時間との媒介を一挙に果たすとまで言うつもりはないが、その二大基礎であることはまちがいないので、必要と思われるかぎりで両因子に関係する用語と概念を提示し有志の後続と補正を期待することにする（社会関係の諸用語は、見田他一九八八により社会学の専門的用法を参照しつつ若干の私見を加えたものである）。

まず人間は、生物体としては個人として生き、実際には他とともに集群を成し社会を形成する。人間と言う場合に現象する基礎的なこの三用語は、時間の場合と同じ趣旨で概念規定をしないまま用いる。社会における集群の形態は多様きわまりないが、三種に大別することができる。一は単なる集群でなく一定範囲の人間が結集された関係にあり、「成員が共同目標と共属意識を抱きそれに順う相互作用をする」社会集団である。その結集の主要な理由ないし契機が、地域であるものが地域集団、親族関係であるのが親族集団で、他にも同様に職業集団、交友集団、その他多種類が挙げられる。社会集団の中でも結集の組織化が進み、「成員が規則で確定され管理機構のもとに一定秩序の連携活動をする」ようになったものが社会団体である。これらに対して二は、社会集団におけるような主観的意識の有無を不問にしても、客観的に「性・年齢・出自・職業・信条その他の個人的特徴を共通にする多数の人間を一括する」社会階層である。社会集団でも社会階層でもない不定型な集群が、三の社会一般の中に属す。

したがって、たとえば一つの民族や国家あるいは国際団体など世界の広域から全体にまでわたる大きい社会には、大小広狭に差のある多種多様の社会集団・社会団体と社会階層が複合して含まれていて、しかも各個の形態には変差が大きいとしてもその全体にはそれなりに外部から認識できる一定の秩序が成立している。そのように「一社会が複合的に成立している状態」を社会構成と名づけることにし、「複合的秩序を持つ社会」を複合社会、「一つの複合社会を形成するそれぞれの社会集団および社会階層」を単位社会、と呼ぶことにする。複合社会の内部には、多数の単位社会が並列または重畳するのだが、それぞれが部分社会として相互間と全体社会との間に複合的な一定秩序を維持するために必要な調整を果たしている。この調整の方式は、重畳の場合の方が並列の場合より顕著だが、伝統や目的などと並んで各複合社会の社会的特徴を示すものとなる。そこで、複合社会において「全体社会を成すもの」を大社会、その「部分社会」を小社会または（中）小社会と言うことも、相対的な観察・分析には有用であろう。

第三節　時間制における人間と権力と法

一　人間と時間の問題

一　私は、前章までに多数の文献を参照しとくに欧米の文献によって、暗中模索で始まった時間論探究に終着点の光明を見いだした。それら諸文献はいずれも貴重な示唆を与えてくれたが、それが視野に捉えた時間は現代西欧社会が主で、それ以外の人類史上および現代非西欧の諸社会はいわば傍論的に取り上げられる形にとどまり、世界における人類の歴史と現状の全体を客観的に展望する視点は欠けていた（小林二〇〇一、Ⅵはその珍しい例）。それを概観するのはトインビーに代表されるような文明史の任であろうが、その観点からする時間論は見出せなかった。だが幸いにも、それを意図して追求する業績が最近日本に現れた。松本編一九九五と齋藤道子編二〇〇〇が企図する文明学からの共同研究である。このグループは二書を合わせても、メンバー五人が一〇論文を発表するだけだが、いわば各論の計六編は古代では齋藤道子の中国（一九九五、二〇〇〇b）と横山玲子のマヤ（一九九五、二〇〇〇）、中世では松本亮三のインカ（一九九五b）、近代では原田敏治の明治期日本（二〇〇〇）があり、総論は松本（一九九五a）、齋藤道子（二〇〇〇a）、齋藤博の二編（一九九五、二〇〇〇）で、合わせて歴史を通観して時間制の「文明学」を考究するものである。

各論では、マヤとインカでは「時間が人間の行為に即して構造化されて」おり（松本一九九五a、二一頁）、春秋時代の中国では「歴史を通じて土地と人間との関係が……変化し」（同、二三頁）、明治期日本では一村長が「上の階層の人間として」旧暦と新暦の異なる時間制に対応（齋藤道子二〇〇〇a、一一頁）と、文明学的時間論が一定空間で歴史に生きる人間の問題であるとしている。総論でも、普遍的だが多様な「諸文明で認識された世界は……人間と世界との関係」にほかならずと言い（松本一九九五a、一一頁）、ゆえに端的に「人間の環境としての時間」こそ課題だとする（齋藤博一九九五、一二六頁）。文明学がそういう内容であれば、実は人間論の一例にほかならない。よって以下に、この点を中心にして本書が各論稿から聴くべき諸点を摘記しておく。

二　横山玲子の言うマヤ時間の核心は、現代の時間制が人間の行為とは本質的に無関係であるとされているのとは異なり、農事・生産に関係づけられた儀礼を一定の長さを持った時間の「塊」とした上で、これを人間が「次々と交替させる役割」を果たすものであった（一〇七—一一二頁）。マヤに特有の球戯をめぐる神話は、ボールをまずは地位・権力の象徴としさらに光りを放つ天体とくに太陽になぞらえてその奪取と継承の争いを語っていて、「日々の交代を司る力、言い換えれば時間を支配する力」の物語であったと解せられるという（一一八—一二〇頁）。インカの時間もこれと似て、人間の基本的な活動形態は二分されて農事専従期と国家儀礼期と定められていて、時間の意義はその機械的な長さではなく「むしろ儀礼や諸活動が行われるタイミングを決定することにあった」と松本亮三は言う（一九九五b、六七頁）。これらは、権力性と象徴性が時間制の不可欠な要因をなすことを証明している。

この観点を齋藤博の総論も強く支持している。文化・文明営為としての時間制は、一見では計時具と暦とに機械的に管理されているようであるが、実は「儀礼や祭りの時もなお生き続けている」「人間の象徴的営為」である（一九九五、一五八—一五九頁）、換言すれば、時間は事柄のなかに隠れて見えないが他のものに代えて取り出され「象徴化」され、ここで空間とも出会って現実の文化・文明の営為となる（二〇〇〇、一三〇頁）。その観点は進んで、暦に代表される時間秩序の更新は人々を既成秩序から解放し新秩序に強制するから、改暦は時を数える方法の調整だけにとどまるのでなく「新生の権力が人間営為の文明性を方向づける力」だとも認める（同、一三八頁）。

　齋藤道子の総論も古代中国を論じてこの観点をさらに進めて明言する。時間の人間生活にとっての問題性は、「社会が時間をどう捉え、リズムとして内面化し、その社会を律していくか、という社会と時間との関わり」であるから、帰するところ「支配力としての時間」にほかならず、それは「支配する力そのもの」と「自らが多産財としてそれを所有するものを権力者たらしめる」こととの二相に現われるとして、この共同研究の関心を「時間の持つ規範力・強制力が人間や社会をどのように支配・管理する「力」として表出されるのかという問題」だとする（二〇〇〇a、八—九頁）。ここで初めて現われた時間の規範性は、象徴性を強調する論者によってもやや異なる意味でだが認められている。齋藤博が、エレクトロニクス化した現代社会では、人間の象徴的営為は時間をも含めて「コード化」すなわち「明示的な規範性を確立している。つまり法を保っている」と言う（二〇〇〇、一八〇、一八八頁）からである。ここにおいて、時間の規範性に加えて法的性質まで示唆された。この一語だけでは論者の言う精確な意味は不詳だが、むしろそれだけに、本書はその検証にあたることに勇気づけられる。

三　本共同研究の他の四編もそれらの基礎観念を支持している。最初の問題提起は、人類における時間思想を「感じられた時間」と「刻まれた時間」との両極に類型化し、近代ヨーロッパから現代文明の時間を後者の極に、そして非ヨーロッパ文明の時間を両者の中間に位置づける杉本亮三のもので（一九九五a、二一頁）、それ自体は一層の解析を要する発見的概念（heuristic concepts）にとどまるが、この共同研究に最初の弾みを与えたものである。また春秋時代中国諸侯間の政治的攻伐を考察した齋藤道子の二編が、土地の力を持つ同姓国が土地の範囲を拡げて異姓国に広がったことに着目した（一九九五）のは、「家の時間」の動揺であるとともに、支配者が「儀礼によって天の時間である季節や気候の安定を促進・補助し、それを人間界に押し広げるという形で、〝時間を作り出す〟存在としての為政者から、暦法計算によって必ずしも天体の運行と合致しない暦を作成するというより進んだ形の〝時間の決定者〟としての為政者への変化」にほかならないと、結論した（同二〇〇〇b、八〇—八二頁）。さらに原田敏治の明治期日本の一村長の事例は、農民として自ら従う伝統の旧暦と村長として順守を命ぜられた新暦とのコンフリフトを、個人でも家庭でもまた村でも調整して処理した好例を示している（二〇〇〇）。

　これらにも、本書にとり大事な示唆がある。筆者らの言うところを要約すれば、一定の時間制は同時に一定の空間を適用範囲としており、ゆえにその異なるものの遭遇は相互の調整あるいは新制への統合すなわち空間ひいて社会の変動をも意味すること、および、その変動の招来者あるいは利用者である政治的支配者は時間制の作成者かつ変更者であることで、これが論者の言う、ダイナミックな人間営為の一面として現象する、時間制の権力性・規範性・象徴性である。これを私が時間制の概念枠組に変換すれば、まず、異なる小社会の時間制主体の間において固有時間制の移植時間制との遭遇が起こり、その結果として大社会はその政治的支配者による新たな時間制主体となりそれに個有の公式時間制が誕生することになった。これに対して民間には非公式時間制として新公式時間制とは異質なものが残り、かくて公式時間制と非公式時間制とが多元的時間制を生む。異なる複数の時間制間の共存は、対立してコンフリクトに陥りそれが永続することもあるが、多くの場合複合社会の諸時間制主体は時間調整原理を働かせる結果相互の同調・同化が進行する。上述の文明論者たちは、まさしく私の言う多元的時間制の構造と機能を提示したものにあたる。

二　権力と時間の問題

一　Rutz, ed. 1992の編者と寄稿者たちがアメリカ人類学界でどういう活動をしてきたのかについては私は何も情報を持っていないけれども、この書は、人類学界では珍しく権力をテーマとし、権力論を本領とする政治学が度外視してきた人類学的資料によって国家権力が如何に時間を支配するかを共同研究した成果で、その意味で第一に参照さるべき資料であり、事実本章の作業仮説検証にはきわめて有意義である。全体的な問題提起はRotenberg 1992も試みて、権力者が時間を動員する態様を親族秩序と貢納体制と資本主義的スケジュールの三型に分け、それぞれの時間制が象徴的に利用されていると時間と権力の制度化を言うが、分析と総合が粗雑で説得力に欠ける。これに対して、編者ヘンリー・ルッツの「序論」(Rutz 1992)は、問題提起においても収載八論文への理解においても説得力に富んでいて、聴くべきものが多い。まず、時間は本来社会的＝文化的事象で一社会にも多種類が併存して権力と多様な関係を持つと観て、権力が支配の政治的手段とする「時間の客観形態(the objectification of time)」に、四種を指摘する。すなわち、暦(calendars)は最も効果的な手段として多様な諸社会時間を集権化して統一し、スケジュールはとくにマス社会の組織的な社会団体で日と週を通ずる権力関係を形成し、黙示の合意コード(implicit and consensual codes)は時間を通じて民衆を結合させ、伝統（traditions）も時には過去を現在・未来に向けた政治的イデオロギーとなる。次いで政治の意味を、社会における時間と権力の関係がこれら四手段を通ずる規制により支配を図る闘争と抵抗の過程にほかならずと観て、その態様を、一部の重複を認めつつも三段階に分ける。すなわち、まず時間の専有化（appropriation）では国家のもとにエリートが権力を背景にその公式時間制を強行する。次いで時間の制度化（institutionalization）では一社会集団が支配的な他の時間制を受容させられる。そして時間の正統化（legitimation）では時間制の異なる暦が正統性を争う。かくて結論が「時間は権力なり」となる（ibid.: 14）。

二　この三段階に実例を提供するのが他の七編である。時間専有化の例の一は、筆者が「国家化（etatization）」という造語で形容するチャウシェスク支配下のルーマニアで、物資・労働・生活の全面にわたるきびしい統制によって、国民は物資購入・光水熱利用・交通等々生活の全面で「時間の無駄」を強制され伝統の年中行事も宗教行事もリズムを破壊され、歴史が無時間と化した最悪例である（Verdery 1992）。二は一九七〇年に一国家として独立したフィージーで、伝統的な首長制のもとに農業に従事してきた現地人と後来で商業を主とするインド人とが植民地時代以来のメソディズムを国民的アイデンティティとしていたところ、一九八七年にラブカがクーデターで政権を掌握しメソディズム原理主義に拠って日曜日には教会の行事以外すべての生産と社会生活の行動を禁止し、農民からは一面で歓迎されたがとくに製糖と観光の都市的資本主義産業からは反発を受けた（Rutz & Balkan 1992. このフィージー現地民とインド＝ヨーロッパ人との対立が今日の政治的紛糾に引き継がれている――千葉）。三は、アメリカでニューヨークのストリートホームレスを扱い、その時間には日常生活における労働とレジャーとの交代がなくかれらの生活は公的なサービスと施設だけに依存する結果、市の組織的スケジュールとも食い違う社会生活をその関係者と仲間との惰性的な交流のうちに無目標・無目的のままに送り、国と社会の支配的時間(dominant temporalities)とは異なる境界的時間(marginal temporalities)により一定地域の中で生きている(Lovell 1992)。

時間の制度化についてはアメリカの二例があげられている。アメリカ国民のモデルはよい英語、組織された時間、よい仕事の直線コースだから時間は体制維持のスケジュールとなり、このアメリカ単一時間制(American monochron)から疎外されたプエルトリコ人とくに女性は、非論理的存在と扱われるほかなくなる(Urciuoli 1992)。他の例もプエルトリコ人で、ニューヨークの一援護施設管下のホームレスの生活を観察して、その居住者も訪問者も一日の時間をきびしく規制され週末と月末は現金がなくなって時間は空虚となるから、援護施設は時間を制度的に専有化してかれらを「囚人」としその潜在的反逆を中和している(Gounis 1992)。

時間の正統化には外国の二例がある。イスラエルは、国家としては一つであるがそのユダヤ教徒の宗教制＝時間制には、時間＝空間の観念と国家観とで形式上は二つ、実質的には三っつの集団の明白な対立がある。一方はタルムードの法に生きるウルトラオーソドックスで、土地は現在の国家と国土を超越する神に約束された国で時間はそこへ帰還するまでの待望である。他方のオーソドックスはシオニズムによりイスラエルを国土として認めるが法については二分され、国家法よりはヘブライ法によってメシアを待望するものと、イスラエルの国家と国土をユダヤ法で是認するものとが別れる。実は異質なこの三集団を一つに結ぶのが現在の公式時間制である(Paine 1992)。南スラウェシ島は、米産地帯で雨水に全面依存するから植付・刈入・害虫駆除等生産活動の全過程で季節と気候要するに時間への適切な対応が要求されるので、これを仕切っていたのが村に数人の「暦の達人（calendrical experts）」であり、一種のイスラーム暦と占い本のグレゴリオ暦とを「聖書（sacred books）」として運用する。一九七〇年代に政府が国際勧告を容れて潅漑用水による二期作すなわち異なる時間制を導入しようと地方政府と村を督励し始めたことから、対立・闘争と協力・妥協が入り交じって進行している（Bowen 1992）。

三　以上本書の趣旨には、疑問も不満も若干は残る。たとえば、ルッツの序論では、時間の四客観形態は道具概念としては整備が不十分であり、とくに黙示の合意コードと伝統とは内容が不詳のままである。異なる時間権力間の対抗関係の三段階にも一層の概念的整備が望まれるし、収載した事例が七編だけでは不足の感が残りもっと多くを集めれば一層充実するだろうと思われる。だかしかし、時間の社会的＝文化的形態に四型を弁別して指摘したこと、権力が自己の支配する公式時間制によってそれらを選別・取捨したこと、そして非公式とされた社会時間がそれに順応だけでなく反発もしたことを、生々しい実例をもって説明し、権力と時間との関係について最初の理論化を示唆した功は大きい。たとえば、国家権力による公式時間制は、相違・対立する三種の宗教的時間制に共存を認める枠組みとなる（イスラエル）反面で、独裁下ではイデオロギーを強行しては国民の時間制を破壊する武器となり（ルーマニア）、法的正義の大義名分のもとでは知らずして社会的弱者の時間制を寸断する（アメリカの三例）。だが他方では、伝統による非公式時間制がこれに断乎として対抗・反発し、国家権力の強制する時間制と闘争を続けるか（フィージー）、抵抗して妥協の新制を作り出すか（南スラウェシ島）して、その貫徹を許さない。

これを要約すると、まず、多元的時間制では複数の時間制主体が併存するから、そこにはそれぞれを管理する権力相互間の対立・闘争あるいは協調・妥協が当然に生ずる。その態様の変差は、公式時間制と非公式時間制との間にも、固有時間制と移植時間制との間にも著しい。それらの間に起こるコンフリクトには時間調整原理が働き、その調整は一般的に言えば成功するであろうが、一部の社会あるいは人間から言うと調整不能のままコンフリクトが続くこともある。

三　法と時間の問題

一　ここで最初に検討する文献 Bjarup & Blegvad 1995は、北欧七ヵ国の法哲学者を集めた論集だが、先に一言したように学ぶべきものは少ないとしても私がそう判断する理由を示す意味で簡単にでも内容を紹介しておく。この共同研究の問題提起にあたるBlegvad 1995は、関係する哲学・経済学・政治学の文献を読み制度としての法は過去を根拠とし法規と解釈をもって現在を決定し将来を規定すると結論するが、考察の出発点を確認しただけで新観点はない。他の三編中、Frändberg 1995は制定法の効力問題を論じて始期・終期・遡及効に言及し、Malt 1995 は制定法規をインプット規範、その解釈をアウトプット規範と名づけてその関係をダイナミックと言い、Alexy 1995 は一法体系のアイデンティティはその時間の中の偶発事を理念的に規制すると見るが、いずれも問題の周辺を巡るだけで内部に踏み込んで探求するものではない。哲学論の三編は、Nousiainen 1995 が諸哲学説に拠り暦の客観的な時間に対する個人行動の主観的な時間との関係を、Åqvist 1995 がギリシャでプロタゴラスが提起した訴訟中の時間問題を、Karlsson 1995 が法には時間の記憶が不十分だとアメリカの一凌辱事件を、それぞれ取り上げるが問題を紹介するだけである。いずれも各自の新問題と格闘はするが結果は学界の常識を出ないのに対し、MacCormic 1995 だけが、法的事象の解釈に、一方のナラティヴ論からは時間透視（perspectival time）の一貫性を、また他方の時間論からは通時的諸要因を規範の共時的システムに変換する一貫性を指摘する点、新観点から問題を見直そうとするものと言える。ゆえに本書は全体として、法学界の時間論に対する関心の幼稚さを証明するにとどまり、法哲学伝統の思考枠そのものを揺さぶることができなかった。

二　これに対してOst & Van Hoecke 1998は、実定法の専門家をも交えつつ法社会学的関心を持つ法理論家を中心とするが両編者に時間研究の蓄積があるだけに、聴くべき論稿をよく集めている。もっとも、法学界全体の幼稚さはここにも反映して、一般論に終始して問題の核心には及びかねた執筆者もある。たとえば、Haarscher 1998は数人の学説に拠って法は過去に基づき解釈を使って未来を支配すると述べ、Petev 1998は法学者が時間に反映する社会の多様性に無関心だと批判し、Varga 1998は変化に関する時間と法との矛盾に文化の差があっても解決方法は類似すると例示し、Intzessiloglou 1998は哲学論を参照しシステム理論で法体系のコンスタントなリズムを強調するが、前出Alexy 1995のフランス語訳（Alexy 1998）とともに既知事項の確認にとどまる。実定法からの参加者も専門分野から問題点の発掘を試み若干の示唆は残すが概しては成功していない。たとえば、Bell 1998は憲法を例に法の材料（legal materials）の時間は法律の時間と違うので解釈には変更の可能性を探る手法（ambulatory approach）があると言い、Rigaux 1998は法律が未来志向であるのに対し裁判官は過去志向だが遡及効の緩和と先例拘束の拒否を認め、Wijffls 1998は国際法で事情変更の原則が歴史とともに変遷しつつ機能するとし、Gianformaggio 1998は憲法は法と憲法政治を将来に向けて一つの体制に統合（consolidaton）する規範だと提案し、Roos 1998は、刑法の理論史を検討してそれが進化すると結論する。いずれも各本人には新発見であろうがオストの仮説（本章一六一頁）にも本書の問題にも迫るものではない。

対して、オストの仮説で提起された問題にアプローチしてその検証に明らかに貢献すると解されるものもある。まずCommaille 1998は、法の時間（temporalités juridiques）は法の形而上性に基づき社会時間（temps sociaux）における多様な事象を社会的政治的に再構成して包摂すると言い、Fitzpatrick 1998は、時間は恒久性と変化の両要因を内包するのに対し法は個別的な権利義務が諸変異に応じ自己破壊して正義を実現すると言う。いずれも法の内包する時間が社会時間と構造的にも機能的にも対応していることに着目している。ついでWintgens ＆ Vergauwen 1998は、実体法は時間的偶発性をまた自然法は無時間性を特徴とするがリーガリズムは時間性と無時間性との一見矛盾する両面を内在させているとし、Van de Kerchove 1998は、刑事事件には迅速が要請されるがそれが万能ではなく冷却期間、調停の可能性、判決のシンボル性等の一見では遅延と見えることの意義を強調して法における時間持続の効を認める。これらは社会時間を吸収する法のメカニズムを指摘するものである。そしてJackson 1998は、事件は瞬間的ではなく継続する時間の中に起こり判決は過去を範とし将来を図って下されるから、法は歴史を構造にまた通時性を共時性に帰着させるとし、さらにMarin ＆ Sartor 1998はコンピューター理論として、法の時間の持続には、一定の法的条件、一定の法的効果、一定処置の有効期間、法令の有効期間の四があると言うのは、論点はむしろ単純であるが法における時間的持続の単純ではない態様を捉えている。

主編者オストの問題提起はそれらの諸提言よりラディカルである。かれは、当初はギュルヴィッチを受けて法的時間に六種を認めただけだった（第三章六九頁）が、その後まもなく法における時間を法学が実定法上にのみ限る慣例を痛烈に批判するようになり、法的時間を一層多様化して別ければ八種にもなるとしていた。すなわち、一—建国時に法を創設する神秘的時間、二—現行の法理論が信ずる無時間、三—法律行為の瞬時の時間、四—慣習等の長期の持続時間、五—意図的に法の変化を可能とする将来の時間、六—現代福祉諸法規の偶成的な比較的短期の時間、七—革命後に復古する無政府の時間、八—進歩と保守とが交替する時間、であった[12]（Ost & Van de Kerchove 1993）。したがってその主張は、法はこれらの諸時間を実は感知し応用するからこそ過去を確固不動とは固定せずに現在を再構成し将来を予測し、かくて解釈は進化し法理論は再生するのだから、権力の分立、立法と司法の分離、ひいて法の不遡及と法規厳守の裁定など現行の法学理論は修正されねばならないということである（Ost 1998b）。これが本編書の問題提起で、これを受けて他の編者ファンフッケは結論する。曰く、前記オストの八種に「憲法が統合する法体制の時間」を追加した[13]上で、本書の課題である法的時間における持続の問題を「将来」の取扱い方の相違として、それらの計九種の時間を三類型に再整理する。一は法創設・現行法理論・法律行為・偶成短期の四種で、現実在は現在だけで過去をも将来をも無視するから「刹那の観点（instant view）」で、二は無政府と意図的将来との二種で、将来観を持つが法を短期間の手段とするから「空虚の観点（empty view）」であり、三は長期持続・憲法体制・進歩保守交替の三種で、過去—現在—将来にわたる変化と統一を知るが不徹底だから「不十分な観点（half-full view）」にとどまる。いずれにせよそれらの時間観では法の時間における持続の複雑な変化を正確には把握しかねるので、「過去—現在—将来を首尾一貫した一つの全体に統合する弁証法的時間（dialectical time）」の理論化を待望するのである（Van Hoecke 1998）。

本書の内容には不満も若干は残る。たとえば、約半数の論文は常識論にとどまって新たな貢献がなく、目を引く新論点のうち、法の時間の分類はオストが唱えた八種にファンフッケが一種を加えたがそれでもなお再整理の必要があると思われ、オストの主張は具体的な作業仮説に構成されるまでには至っていないし、何よりも多元的時間制を考慮することがない。けれども現代法学の時間論が国家による公式時間制一元論の範囲内で堂々回りを繰り返しているのに比べると、オストが時間に関する法学界の慣例を鋭く批判して問題を提起し、他の約半数の寄稿者がそれに応じて傾聴すべき示唆を提供、これを受けてファンフッケが新理論の目標を弁証法的時間の理論化と明確にしたことは、学界の常識に批判のくさびを打ち込む新観点であり、本書の目的にも応ずるありがたい証言である。これを前進させてファンフッケの待望に応えるのが、次に詳説するオストの最近著である。

第四節　人間における法と時間

以上までの論究において、文献を可能なかぎり探索した結果、法と時間とは、学問上は関係を断絶されてきたが、実は人間の文化として権力に媒介されることによって不可分に関連しているから、その総合的観点が可能いや必要と確信されるにいたった。この確信の内容を理論として体系化するのが本節の任であるが、その重要な一部を担ってくれる新学説が、最近発表されたフランソワ・オストの法的時間論である。[14]よって本節は、まずその要旨を忠実に学び、次いで私自身の集約を述べて、次節の結論に繋げることにする。

一　オスト――法的時間の四尺度

一　理論の発展

私は、オストの作品全部を点検するほどの余裕はなかったが知ったかぎりの業績から判断すると、かれは、ベルギーだけでなくフランスのアンドレ-ジャン・アルノオとともにフランス語圏を代表する法理論家である。その関心は、Ost 1998b にはっきりと示されていた。すなわち、戦後後期における法の動向について規範論理一点張り（mono-functional）の夢が破れて脱―法化（de-legalisation）の現象があるとまず認める点では学界一般の認識に従ったが、進んで、法は制定法だけでも国家法だけでもなく法的相対主義（legal relativism）こそ真実だとし、また法的時間については、通常の論議は均質的で計画を固執する実定法上のものに限られているが、実は別の時間があるはずとギュルヴィッチの社会的時間の多元性に依拠し六種を指摘していた（後に八種にふやした、本書一八二―一八三頁参照）。そう言いながら非公式法や非西欧法また多元的法体制にも、また法と時間の内在的関係にも言及していないことは不徹底であったが、その発想は当時の学界では異色であった。

かれはこの不徹底から、すでに Ost & Van de Kerchove 1993 の共同論文において脱出しようとした。一方では、法体系には自然界のあらゆる存在と同様に生死があり、生きていればリズムを持つがその間の変化は錯綜していて矛盾とも見えるほど多元性（pluralisme）を呈すると、法の常時の変動を不可避と見、先行諸説の示唆を参考にしてこれを五段階に分ける。一は法規の適用にあたり、法体系としての均衡を保った上で新しい法規を採用する。二は法体系全体の構造を変えるには至らないが法規を変更する。三は全体のうちで下位体系を一部変更する。四は構造の改革で新法あるいは新判例を造成する。五は革命あるいは新国家の誕生を典型とするがそのほかに法が衰滅して社会的・道徳的・宗教的規範が替わるという変型もある。そして他方では、法的時間を従来の六種から八種に増した。それは先に紹介したように、従前のものすなわち、建国の時間、法律論の実は無時間、法律効果発生の瞬間、慣習の持続的時間、未来志向の時間、前進遅延の交替の六種に、不確実な時間と革命期無政府の時間とを加えたのである。

この法変動論はその個々の例は新しい発見ではなく、時間論の大きな前進ではないかもしれない。しかし法的時間論の立場からすると、そこには注目される着想が現れている。それは、オストの法変動論はそれ自体を知ることが目的ではなく時間に伴う法の変化を探索するためであること、そして、法的時間中の前進遅延交替の時間に説明として「記憶と予測（la mémoire et l'anticipation）」を付記していて（Ost & Van de Kerchove 1993：396）、この付記こそオストがその後に発展させた理論の発端にあたることである。言うところの記憶と予測とは、他の諸概念がすべて人間活動を外から測る客観的枠組であるのにくらべると、これだけは人間活動の主体的機能の一つの枠組である意味において新観点のものだからである。私がそう判断する理由は、かれがその三年後の論文で法的時間の概念枠組を、記憶・免宥・予約・問題点修正の四術語とすることに着想し（Ost 1996）、さらにその三年後の最近著（Ost 1999）においてこの枠組を拡張して法的時間の新理論を展開したからである。

二　新理論の主旨

Ost 1999は、叙述を音楽のリズムに乗せて、ファンフッケが前記共編書の結論で要請した作業仮説「過去・現在・将来を統合する弁証法的時間の理論」を試みるものである。まず「序曲」で本書の主旨を要約する。常識は、時間は均質で斉一、一様に継続して過去・現在・未来と進行し、対して法はこの進行する時間をその規範論理をもって時間捨象（détemporalisation）をしてしまうと、固く信じている。しかし実は、時間は人間が権力を通じ社会で造った制度であり、法は社会生活の意味と価値を操作する言説（discours,ディスコース）である意味において、両者は性質を異にするが相互に無関係なのではなく、法は時間を制度化して時間制を造り時間は法の制定力を限定し（徳永二〇〇一が認めるのはこの趣旨）、存在においても作動においても相互に弁償法的関係にある。現代社会は、常識における過去・現在・未来の円満な進行が阻害されて「時間混乱（dyschronie）の危険」ひいて「文化の危機」にあるとも言われ、時間は一見乱雑に働くとも見えるが、そこにはリズムが脈動する調和（concordance）のメカニズムを見い出すことができる。それを証明しようと試みるのが本書である。（以上、p. 11–16.）

　そのために時間における自由な市民とバランスのとれた国家とが基準とする尺度（mesure）としてオストが使用する概念枠組が、上記の四術語である。すなわち、一の記憶（memoire）は「過去に連結してこれを登録し基礎づけ伝達する」。二の免宥（pardon）は「過去を切断して未来に連結する新しい意味を与える」。三の予約（promesse）は「個人の習慣から憲法までの規範に順うことにより未来を連結する」。四の問題点修正（remise en question）は「時代の変化に応じ然るべき時に一旦決まった未来を切断し予約の存続に必要な見直しをする」。ただしその理解と応用には注意が要る。たとえば、この四尺度の作動は、それぞれが単独かつ明確にとは限らずむしろ弁証法的に相互に関連しつつであり、その間には時間混乱も暴力的進行も介在するし、さらにこれは試論だから完成には読者の協力を待つ、等。（以上、p. 16–18.）

　次の「前奏曲」では、この着想の理由ないし意義を説明する。人間は心意を表出し価値観を投影しつつ社会に生きているのに、物理的時間はこれを無視し実は人間の時間を喪失しているから、人間の社会的時間を測る尺度は、主観的な認識でも物理的な時計でもまた政治的操作による暦でもなく、第三の時間すなわち歴史が合成する文化的時間に拠らなければならない（p. 19–22）。したがって、社会には相互に異なる時間が多様に成立していてコンフリクトを呈し時間の病理（pathologies temporelles）も避けられず、よってその同調（synchronisation）が要請されることになる（p. 30–33）。この要請に応え人間のために時間調整（retemporalisation）を実現する社会規範が法であり、法は四尺度をもってその任を果たすのである。すなわち、記憶が社会のアイデンティティを維持して抵抗を抑え、免宥が記憶墨守の危険を自然の流れに応じて清算し、予約が変化を見込みつつ社会生活の未来を導き、しかし問題点修正が実際にはその実現を可能にする。ゆえに、法的時間は、断じて物理的時間ではなく、人間が実践する社会時間の一つなのである（p. 33-37）。

オストは、それ以降の諸章を本論とし、総計約三百頁にわたって四尺度を詳論する。第一章「アダージョ」は、法が過去との連結を記憶することを歴史上の実例と学説を引用しつつ例証する。第二章「アンダンテ」は、免宥が人間の伝統批判と忘却の性情に基づき法の補正を記憶との両立または切断により可能にすると説く。第三章「アレグロ」は、予約が将来を連結する法制度において果たす役割とくに国家と憲法のそれを学説によりつつ論証する。第四章「アジタート」は、問題点修正が時に応じて将来を切断することを実例を挙げて説明する。この本論を終えた後に、補充として八頁の「間奏曲」がおかれている。以上の論議は、言及が多様な論点にわたりとくに引用するフランスの実例と学説には興味を誘うものもあるが、それを詳しく理解することは私の能力を越える上に、本書にとっては、法的時間観と四尺度の枠組とが真剣に対応すべきオスト理論の根幹であるのに比較すると、それらは傍論であるからここにはその詳しい一々の紹介を省略する。

三　本書への示唆

上記のオスト理論は、四原則すなわち、第一に、時間も法も社会生活のために人間が創造した制度であること、第二に、一般には相互に断絶されていた法と時間とは実は不可分の弁証法的関係にあること、第三に、その関係における法の役割は社会に多様に成立する諸時間の間に生ずるコンフリクトを調整すること、そして第四に、法がその役割を果たす基準尺度が記憶・免宥・予約・問題点修正の四機能であること、に要約できると私は受け取る。この趣旨は、総体として、私が本書で展望する結論すなわち「人間における時間と権力と法」を基本的に支持すると理解される。この四原則中でも第四点が、新しい提案でかれの全理論を象徴しひいて私の構想する理論にも重大な示唆を含むので、オスト理論はこれを中心として理解と評価が出来ると私は思う。以下のとおりである。

かれの理論は、まず既成法学の時間観をきびしく批判する。すなわち、既成法学は国家法上の規定のみを基準とし実際には物理的時間の範疇を前提としながら、それとしては時間の進行には無縁に通用する特殊な規範体系を構成し特有の法律論と法理論をもってこれを護持している。それによれば、法は、規範体系の法源である法令と体系の原子を成す権利との発生・変動・消滅が何時の時点であるかを法としての効力の決定的モメントとするから、これには真剣に対処して期日・期限・期間の原則を規定し、しかしその細則あるいは例外として条件・時効・事情変更等の措置をも認めておき、これらの規定と措置が合致するかぎり法と権利は時間を捨象して有効な不動の規範であるとし、実は刻々に進行する時間とそれに伴う現実の変動を論外に放置するから、時間は法規範の中では作動の場を喪失する。オストは、ギュルヴィッチの時間論から人間社会における現実の時間の多様さを学んで以来、既成法学の時間観を疑って思索を進めて上記の第一から第三まで三原則の示唆を得た。そしてOst & Van Hoecke 1998の成果とくにコマーユ、フィッツパトリック、ケルチョフ、ジャクソンらの鋭い批判点をよく消化して自己自身の法理論として構成したのが、かれの第四原則すなわち四尺度である。

かれの四語の用法は、法学上の専門的術語としてでなく日常用語としてであるように見える。ゆえに既成法学から見ると、法律効果を非法的な要因によって操作することを意味し法律論でも法理論でもなくなることになろう。だがかれはこれを十分に知っているどころかむしろ法律論に囚われた考え方を積極的に打破するために、既成の法学用語をあえて避けたと思われる。かれ自身本書の狙いを、条文に頼る法解釈学でも実際を追う法社会学でもなく、「法の規範性をその意図する方向で探りあてようとする法哲学」だと強調する（Ost 1999：17–18）からである。だがそうは言っても、現在ではその四用語は法哲学上の術語として使用されているものではないから、かれの新しいこの提案は、その妥当性の判断が読者に委ねられているということになろう。

私の見るところ、この四語は、千変万化と多様きわまりない人間の活動能力の内から、法の効力を発生あるいは変更・消滅させる多様な契機を集約したものである。現実に生きる人間は、物理的時間の進行中に絶え間なく経験するさまざまな事態に応じて、自分の行動を規制する法のあることを自覚しないことがある一方、他方ではこれを自覚しあるいは自覚させられ進んではこれに対して自分の欲する特定の対応行動を採らねばならない場面、すなわち人間が法の問題に直面することがある。規範体系一点張りの法学は、このように常時経験し行動する人間を法が規制すべき客体とみなすだけで、法の問題に直面した人間の一々の経験と行動が、どういう社会的環境のもとで、本人のどういう事情により、事態のどういう契機があって、法に対して主体的にどういう対応行動を採るかについては、論外に放置したままである。オストの四尺度は、法に対する人間の対応行動の背景と実情にまで立ち入るものではなく、また行論では主体ないし主体性の観点にも用語にも言及していないけれども、実は主体的に生きる人間が法に直面して採る行動様式を再現した用語である。これはまさしく、「人間と法」の問題を主体的にとらえた観察である。

かれ自身が明言してはいないことを私がそう断言するのは、私の読みこみ過ぎだと言われるかもしれない。

しかし、かれが観察した内容を既成法学の観点と比べてみると、その背景ないし基礎には生きる人間の存在と行動が確実に観察されていることを疑えない。そうだとすると、これは法の内に人間を復権する観点、言い換えれば人間を法の主体と再認識する主体的観点に立つ。人間の立場こそ、法を追い求めてきた私の初心であり（千葉一九四九）かつ目標であった（千葉二〇〇一c）上に、人間における法と（権力と）時間とは、かれの新理論を知る前に私自身が展望した方向であった。かれの新倫理はこれを直接に支持するものと、私は受け取らざるをえない。

これが私の独断ではないことを支持する有力な人間論が二つある。一は文明学グループの説で先に（一七二―一七五頁）詳しく玩味したとうりである。他は先には簡単に紹介しただけの小林直樹の説である。二論文に分けられたその内容は、日本の法哲学には例がないほど広範かつ精細である。その本来の人間論は、物質から論議を出発する点ではＪ・Ｔ・フレーザー（第四章一一四―一一五頁）に似るが、小林は途中を略してむしろ文明論を詳述する（一九九五―）。その派生で人間の法との関係を法哲学として別に詳論し（一九九八―二〇〇二）、その一環に時間問題をも捉えている（二〇〇一、Ⅵ）。ここでかれは、まず人間の生存とともに働く時間の意義を叙述し、ついで法律上の時間制を日本の例で概説した後で、法哲学固有の問題として法の歴史哲学を詳論している[15]。どの論点も人間論の展開として私は賛成するところである。ただしアプローチの方法としては、かれは西欧に育くまれた知の伝統を統合して人類知に拡大しようとするが、世界に実在する社会時間や異文化の部族時間には視野がまだ及んでいない。これに対し私は西欧・非西欧の人類社会に実在する経験的事実を知的体系に構成しようとするが、その中に西欧文化を位置づけるまでには至っていない。その意味では、アプローチの方向は逆で二人の所論は現在は合致していないけれども、人間存在の事実に法も時間も不可欠に共存しているという根本的な出発点は共通するので、前途では何処かで遭遇するに違いない。この意味で、オストが人間の微視的人間観を開いたとすれば、小林は巨視的人間観に立ち、先の文明論グループはその中間にあると言えるので、いずれも共通の志向を抱くと私は確信するのである。

もっとも、オストの観察にもなお不足があることを私は認める。たとえば、かれは法は国家法だけではないと言うが、それ以外の法たとえば非国家法・非西欧法や多元的体制に具体的に言及することがない。したがって、その四尺度は確かに関連する人間活動を捉えているとしても、そこで意味される法は結局国家法だけである。これは、法哲学を強調するあまりに法社会学を拒否し、ひいて文化の一般的および法人類学的観点に思いいたらないことによる必然の欠落である。また、前の論文では法自体の変動を重視し革命の場合をさえ眼中にとらえたのに、ここではその観点がスッポリ抜けている。さらに、四尺度の意義は大きいが操作的概念としての規定は十分にはなされていないから術語としては未熟である。等々。換言すれば、考察の対象である法については社会的＝文化的な多様性および時間的＝歴史的な変動に言及せず、そして考察の方法については自覚も試案もない。だがそうであるならば、この欠落を補うことができれば一層説得力ある理論を展開することが可能であろう。私自身の以下の結論は、これらの諸点を集約するものである。

二　私見——多元的時間制と多元的法体制

本書のテーマを構成する法と時間の二事象が、学問の対象としては異質と認識かつ概念化されて相互の関係を断絶され関連を探究されないまま放置されてきたのは、近代科学には当然の手続かつ帰結であり、その結果として、生きた人間と非西欧の文化を論理の必然として疎外した。オストは、その人間を実質的に復権させたが、法としては西欧的国家法しか眼中になく異文化のものを視野に入れかねた。私が入手した資料は、国家法とともに、異文化の法と時間が非西欧はもとより西欧でも歴史と社会に豊富に実在することを教えているので、これを素材に加えることが本項の課題である。よって、まず個人時間よりも社会時間が主題であること、次いで社会時間は多元的時間制（temporal plurality）を為すこと、そして最後に多元的時間制は多元的法体制（legal pluralism）[16]と平行して存在することすなわち法と時間の平行性（parallelism between law and time）を、順次に検討することにする。

一　社会時間

人類社会の時間あるいは時間制としては、時制ではグリニヂ標準時そして暦制では西暦を、人はそれぞれ基準と受け取っている。この両制は、事実としても規範としても実際に広く機能していることに疑う余地がまったくないから、進んで標準時一元論および西暦普遍論が事実あるいは理念として信じられ通用していることにも一つの理由がある。だが現実の人類社会には、標準時および西暦とは異なる時間と時間制が、多くは平和的に共存しつつしかし時にはコンフリクトを呈しつつ多元的に生きて働いている。

まず個人時間がある。人間は個人として、自分が好む時間利用をしそれによって個有の時間秩序を持つ。各人の時間秩序は他人と共通すると見える場合も勿論多いが、それでも細かく見ると個人ごとに個有のやり方で決められるから各人ごとの個性が反映しているはずであり、それが時には本人のアイデンティティに関わるほど大事なこともある。いずれにせよ個人時間はそれぞれに個性があって多様なタイプに分かれる（cf. Francis-Smythe & Robertson 1999）。たとえば、時間にセカセカと追いたてられる人と悠然として拘わらぬ人、時間をよく守る人と平気で守らない人、時間の使い方の上手な人と下手な人、などには人間性の違いが現れる。また時間感覚つまり時間の意味あるいは感じ方も個人ごとに異なる。たとえば、ある時間はよい時間だが別の時間は悪い時間だと思われたり、仕事に没頭している時間は短いが退屈な作業の時間や待ち時間は長いと感じたり、時間が加齢とともに長くなると思う人と短くなると思う人、などなどが別れたりする。(17)(補3)

各人はそのように各別に時間感覚を抱き時間利用をする。これを決めるのは一応は当の本人個人であるが、実はそれには社会時間が不可欠に関連している。まず、各人は自己のアイデンティティを維持するために自分の時間利用・時間秩序を決めることができるのだが、そのさいに意識するにせよしないにせよ、所属する組織をはじめ（ibid.: 289）ギュルヴィッチが八種に分けたような多様な諸社会時間の中からどれか一つを選ぶから、個人時間といえども実は諸社会時間の中の一つを自己の「標準時間」として定めた結果である（第四章一三三頁）。社会時間の個人時間との関連は、そのように個人が後者のために前者を選択して受容する面もあるが、逆に社会が前者のためにそれを後者に要求する面もある。そのような社会時間が本シリーズの主題を成す。ところが、学界の時間論は主として個人時間の論議に追われていて、社会時間の存在については議論はある程度あったがここでただちに信頼できる理論は見出すことができなかったので、(18)やむなく幼稚ながら私の試論を以下に述べておく。

まず、多種類の社会時間には、各個人が受容を要求される程度すなわ規範性が強いか弱いかに大きな差があり、規範性が明らかなものは社会規範の性質を帯びることになる。(19)(補4)ついで、その社会規範にも、最強のものとしては国家法があるが弱いものには規範とは名のみで実効のほとんどないものもあり、形態と性質が多様でもあるからその判定は簡単にはできない。だがその内でも規範力が強く規範として実効的と言えるものには、いくつかの要件を指摘することができる。一は一定条件下で個人の選択する行動様式が当為として明示されている当為性、二は当為の実行を命じ不実行を制裁するサンクションの実効性、三に当為の行動を可能とする基礎条件を整備しサンクションを実施する権威ないし権力を備えた管理機構、四にそれらの全体を正当化する価値・理念、である。[20] この四要件は私の仮説であるから今後の検証が要るのだが、ついでにもう少しこれを敷衍しておきたい。

四要件の経験的実在をとりあえず確認させる便宜的なインデックスが、一つある。管理機構である。管理機構は個人であれ組織であれ特定の行動をする特権を有する具体的な人間によって担われているから、これを他とは区別して認識することが経験的に可能である。その上、その者は、社会の構成員に要求する当為の行動様式とその価値・理念とを熟知していて、必要があればサンクションを課する権威・権力を持つからである。ゲルが紹介した、ムルシ族の「暦の達人」、ソロモン諸島中の「ビッグマン」、トロブリアンド諸島中の「首長」等は、いわゆる未開社会の素朴ながら鮮明なその例である。古代国家の皇帝や中世キリスト教会の教皇は言うに及ばず歴史上の権力者はすべて時間管理権を掌握していたし、現代国家は時間の管理機構を国家機構の一部に編入して担当させ時制と暦制を法定している。民間では宗教界に顕著で、各宗教の教徒は時間に伴う個有行事を厳守するが、その原則は教理に含まれていて自明とされ運営は各教派の組織が担当して管理している。その詳細は、イスラームについては資料が得られなかったが、[21] キリスト教では、多数に分かれている諸教会の本部組織がその権限の一環として各教会組織ごとに時間を管理していることが知られている。現代社会では、実は各単位社会が、複合社会に共通の時制と暦制に順いつつも、独自のスケジュールに見られるそれぞれ個有の時間秩序を定めていることによって、自己の時間制を享受しそのための管理機構をも持っているのである。換言すれば、社会時間は単位社会ごとに特有の社会規範に順い個有の管理機構により存在し作動していることになり、ゆえに人類の時間制は、標準時一元でも西暦普遍でもなくさまざまに多元的なのである。

二　多元的時間制

近代社会ひいて近代法は、社会の原子的単位を個人のみに限りその集合が一挙に社会と国家を構成するという基礎理論に依拠した。その結果、人間は社会を担う能力のある成人だけが資格ある構成分子と限定され、一方では誕生から成長そして老化から死に至るまでの間における人間的能力の変化が、他方では個人と社会との間に実際に介在する無数で多様な単位社会が、いずれも原則として非本質的存在とされた。社会の性質としては、個人が意図して形成するゲゼルシャフト的社会は典型だが、伝統に基づくゲマインシャフト的社会は前近代的あるいは未開で非典型と観られることにもなった。しかし現実には、ゲゼルシャフトを代表するとされる西欧社会にもゲマインシャフトは健在であり、後者の代名詞とさえ言われる非西欧社会にも前者は展開しつつある。その意味では、西欧社会と非西欧社会との区別は絶対的ではなく相対的にとどまる（千葉二〇〇二参照）。人類社会を眼中におく本書の重点は、そのような社会構成原理の分類問題ではなく、無数の社会の間には相対的な相違はあってもそのどれにも間違いなく行われている時間すなわち社会時間の、存在と作動の特徴を解明することである。

この点についてては、社会的＝文化的な問題としては理論はもとより一般論さえも学界には見られなかったけれども、注意すると示唆は提出されている。その中から、先に紹介したヘンリー・ルッツの提言、すなわち時間の社会的＝文化的四形態とその権力との関係を注視して、私はこれを以下のように理解する。まず一方では、大社会に包みこまれた各（中）小社会は、「暦」によって大社会に通用する公定の時制と暦制すなわち公式時間制に順がいつつ、そのもとで大社会が公式であれ非公式であれ承認する範囲において個有の「スケジュール」と「合意コード」と「伝統」すなわち非公式時間制を保持する、ということであろう。これを各単位社会の主体的観点から言い直せば、各社会はこの時間制を個有の管理機構をもって運営する。そのうち各（中）小社会のアイデンティティを端的に明示して特徴づけるのがそれぞれのスケジュール[22]であるが、それらの形態の明示性が大きいほど、各（中）小社会は接触する他の諸社会時間との間のコンフリクトを避け相互の同調が可能なように調整する必要も大きくなる。よってこの調整を果たすと、各単位社会の社会時間は内部だけの慣行の域を超えて外部の複合社会にも通用する時間となり、ひいてこれを維持する管理の重要性も高まり、その体制の整備されたものは制度と言ってよい実体を備えるに至る。ルッツの編書には、社会ごとに異なる時間の間のコンフリクトと調整との明瞭な実例が多数採用されている。

制度とは何かについては学界に論議が多く意味は定まっていないが[23]、法に関するかぎり私の理解したところでは、類語の体系・秩序あるいはシステム等とは重点をやや異にし、「多数の個体が全体の規制を受けて形成する機構」を意味し（千葉一九八〇、一一二―一一五頁参照）、その特徴は、全体が規制を効果的に実行するために個体に対してルールをもって当為を課し静態の構造を動態に機能させることと、推論される（ルールについては千葉二〇〇一a、一六二―一六七頁参照）。具体的に時間制に関しては、上記の推論により「管理機構によるスケジュールの確立」と仮説することができよう。これは今は仮説だが実際にも妥当することは、上述で歴史上および現代の諸社会を例示したことによって認められるであろう。かくて、無数の社会時間には、制度を成すに至らず他の社会とくに大社会の時間に同調するだけのものも多いが、個有の制度により管理された個有の社会時間を享受するものもまた多い。制度化している時間が、社会的時間制である。

そしてこれらの持主である各社会は、大社会の中で横に並列し縦に重畳して複合され、個有の社会時間制を保持しつつ大社会の共通時間制とも同調する。これが、時間制の社会における実態、約言すれば多元的時間制である。各国の標準時そして世界のグリニチ標準時および西暦を含む各国の公式時間制は、大社会の共通時間を成しているが、実際には他の多くの社会時間ひいて社会的時間制と多元的に共存しているのである。(24)

時間制の管理機構には、一見では当該社会の一般管理機構から独立している特殊的機構のように見える場合、たとえば先に紹介した南スラウェシ島の「暦の達人」もある。だがその管理機構は、時間制が住民の生業を左右する米作を順調に進展させる目的に出るものだから、住民の生活体制全体を秩序づける管理機構と直接・間接に連動するに違いない。それ以外に本書が紹介した多数の時間制の例は、現代ではいわゆる未開部族においても近代社会においてもいずれも、当該社会の全体秩序を担当する管理機構の内部に種々の形で編入されて下位機構を成すか、あるいは一定の権限を留保しつつ何らかの形で全体管理機構すなわち一種の社会的権力の統括下にあるかに、大別されるはずである。したがってその実際の形態をさらに調査して多くの変型を確かめて分類することが要請されるであろう。しかしここでは、私は理論化の仮説を先に進めたい。

各単位社会の時間制は、制度としての社会的特質とくに独自性にはそのように諸変型に現われる多様な相違を示しながら、特有の管理機構ひいて一種の社会的権力によって運営されている。その多様な様相を大別すれば、一面では（中）小の単位社会が大社会の中で自己の個有時間制を維持しつつ、他と相互に調整を果たして並列あるいは重畳して諸時間制の一多元的体系の中で連動すること、他面では、各単位社会の固有時間制は他とのコンフリクトと調整の過程で、他社会とくに大社会の時間制の一部か大部かを移植時間制として採用する結果文化的には新たな展開を遂げることと、整理することができよう。これがいわば多元的時間制の構造で、時間論が今後精細に検討すべき基本的な課題を成す。それをさらに進んで解明する検討課題は、他にも多く挙げられるであろうが、私はとくに二つを最重要だと考える。一は各（中）小社会の非公式時間制と大社会の時間制とくに国家の公式時間制との関係なかんずくコンフリクトの調整、二は固有時間制と移植時間制とくに標準時制・西暦との関係なかんずく移植に対する固有法文化の対応、である。

三　多元的時間制と多元的法体制との平行

この検討課題は難問であるが、アプローチする手がかりが少なくとも二つある。第一は、両者とも典型は国家という大社会の公式制度と内部の（中）小社会の非公式制度との複合構造の問題であることだが、幸いなことにこの点につき貴重な示唆が三つある。

まず最初は、文明学グループとくに齋藤道子が論じた古代中国における政治権力の変動である。何となれば、同姓国が支配空間を異姓国に広げることが家の時間の為政者の時間への変化だと言うその趣旨は、理論的には、権力とその支配地域の複合社会への拡大を意味し、同時にそのことが時間制の多元化でもあること、約言すれば時間制の社会的拡大を権力が媒介することにほかならないからである。社会範囲の拡大は、古代中国では同姓国から異姓国への二元化と言って済む比較的単純な形であったろうが、人類社会は歴史が下るにつれて複合社会が範囲を拡大させるとともに、そのもとの単位社会の並列・重畳の形も複雑さを増し、それでも中世までは基本的な社会構成を比較的容易に判別できたが、近代社会で個人の社会活動が自由となり全世界にも及ぶことになってからは、複雑さはただ多元化と言っておくほかないほど増大し、全部の諸形態を正確に認識するのは困難となった。

しかしその骨格を認識させてくれる第二の示唆を、社会的権力の多元的形態論として戦後の社会科学が残してくれていた。そこで使用された主な用語は先に権力の用語を定義したさいに採用しておいたが（本章一七〇頁）、その論議の発端は、近代的社会観のいわば国家一元論に対する根本的な疑問であった。二〇世紀初頭という早い時期にハロルド・ラスキが多元的国家論でこれにまず反撃した後、第二次大戦後には社会心理学が個人の社会性を探り社会学が社会構造を分析した過程で、社会を力の場と解して社会的な力関係の複合構造に基本的な図式を提示していたのである。要するに、大小各種の社会集団は、それぞれの結合において「集団の力」を内臓していて、一方では社会的な資格と責任を役割の体系に編成して成員に当為として課し、他方では全体のために資源を動員する能力が強化され権威と実力を備えて社会的な「権力」となり、さらに管理機構が権力機構として一層整備され別の政治権力と連携しあるいはそれ自身が政治権力に発展するようにもなり、その極では国家の公権力を独占する権力組織にもなる、という趣旨である。（以上、千葉一九六三）。ゆえに社会とは、個人が一挙に構成するものではなく、大小の社会集団がそれぞれ個有の力ひいて権力を相互に調整して形成する複合構造を成し、公権力は正統的権威を保持するが社会的性格においては他の権力と相対的な存在である（同一二九—一三〇頁）。これは、（中）小の諸社会集団がそれぞれの権力とともに大社会の中で相互に並列あるいは重畳して共存すること、略言すれば、権力は政治権力まして公権力だけに限られるのではなく社会には多元的に構造化されていること、すなわち多元的権力体制を言うにほかならない。

そして第三の大きな示唆が、二〇世紀末に不動となった多元的法体制論である。多元的法体制は、一部の法理論家が近代法学に疑問を抱きポストモダン法学を待望し始めた動向の中から、一九八一年に発足した国際法人類学会がその存在理由として集中して追求するテーマとなった。主としては非西欧の部族社会で、またやや遅れて欧米の諸国でも、非公式にばかりでなく時には公式にも機能している伝統的な固有法を法と認め、したがって法学正統の理論である国家法一元論と西欧法普遍論とを批判するものである。研究の進捗状況は現在のところ、その全体理論を構成するまでには至らず、非西欧諸国に移植された西欧的国家法が世界の各地で諸固有法と共存してコンフリクトか同調かを呈している概況を事実問題として調査報告する形にとどまる（千葉一九九八、Capeller & Kitamura 1988はその概説書）。しかし、これまでの関係報告類を総合すれば最終に至る前の中間的理論は得られると、私は考えている。すなわち先に用語として説明したように、一つの法主体の法には少なくとも、権威の根拠で公式法か非公式法、文化的起源で固有法か移植法、認知の形態で法規則か法前提、の種別があるので、それらの複数が集合して一つの法秩序を構成し、その多数がまた複合してより大きな法主体の法秩序を形成する。かくて世界の法は、国内諸法と国家法と超国家法の三元を主軸とする多元制を成すと概括することができる。（詳しくは千葉一九九八、七二―八〇頁参照）。人間活動を最終的に規制する法は、公式には国家を基礎的な範域とする国家法であっても、社会では形態と作用の多様な非公式法と共存して、はじめてその社会的存在意義を果たすことができるのである。

以上を総括して出てくる問題がある。時間制も権力体制も法体制もいずれも大社会の中でそれぞれに多元的に複合して存立していることになるから、この三種の多元制相互間の関係が問われる。この関係は一様ではなく、小社会の中であるいは些末な事項についてすなわち各多元的体制の周辺に近い領域では、たといコンフリクトがあっても問題とするような大事ではないであろう。だがその程度が進むと、すなわち各多元制の中心に近い領域では、それらの間に生ずるコンフリクトをそのままにしておくことができず、関係する各管理機構は権力をもってその調整を図らなければならない。その典型が頂点における調整で、人類の歴史によれば正統の政治権力が法体制と時間制の各最高権力を一体化しようと腐心していることが明らかである。すなわち、西欧史ではそれが帝国統一の条件であったし、（第三章八五—九〇頁）教権と王権は闘争し（本章一六〇頁、詳しくは瀬戸二〇〇一）、中国史では歴代の皇帝が天壇に禱って暦制を定め（たとえばNeedham 1988 : 63）、日本でも朝廷と幕府が管理してきた暦制を明治新政府が変改し（第二章）、かくて現代では国家権力が法と時間制を公定しているとうりである。

三種の多元的体制が頂点ではそのように一体化している事実はあるが、それは相互関係全体の一面であって、他面では概括も困難なくらいに態様は多様である。たとえば、既述のように公式時間制には宗教組織のものも準公式のものもあり、いずれも国家権力とは直接の公式関係がない。非公式時間制にいたっては、各管理機関の権力に支持されていても国家権力とは概して無縁なままである。それらの実際の態様については学界に研究成果がないからここで言及することができない。ただしその間に、疑いないと認められる事実がある。社会的権力体制は人間の多様きわまる社会活動に応じて各別に成立するのであるが、そのうち少なくとも政治的権力と時間管理権力とは、裸の実力ではなくそれぞれの社会規範わけても公式か非公式かの法を媒介しなければ社会的正統性を認められないことである。この点は今後の確証を要するので厳格に言えば仮説的言明にとどまるが、それとして論理を進めれば、多元的時間制と多元的法体制とは社会的権力とともに同時存在する以上、各多元制相互間の関係を明認することができるはずである。

その実態についても学界には資料が欠如しているからその全容を明言することはできないが、言えることがある。まず、本書は主題を法と時間の関係に絞っているので、多元的権力体制が多元的時間制と多元的法体制とをいわば媒介する決定的要因であることを前提とはするが、権力論は別の領域に属するからこれに立ち入って論議することを断念し、ここでは、主題について私見を尽くすことに専念したい。その結論を述べる前に確認しておきたいことがある。多元的時間制は、管理機構の権力によって当該社会に正統としてまた場合によっては正統とまでは言えなくとも一般的に通用する以上は、やはりそのための社会規範すなわち公式・非公式の多元的法体制に支持されて存立する事実である。この事実を、私は多元的時間制と多元的法体制との平行と言っておき、その理論的整備を実態解明と並べて今後の課題としておく。平行すると言うのは、事実の問題としては社会においてこの両制が基本的には共通ないし同調している（徳永二〇〇一は法と時間の存在と機能につきこれを支持する）からであり、考察の問題としては先に示した（本章一六七―一六九頁）とおり共通度の大きい概念枠組で分析できるからである。

だが同時に、相違をも確認して両制を正確に区別する必要もある。その詳細も今後の課題に残さざるをえないが、今私が気づく明白な相違を三点だけここに記しておく。一は制度としての構造で、法は、概念上は規範体系であるが、人間の千変万化の行動を評価しこれを規範の変数に変換しすなわち現実とは不可分の関係を前提として存在・作動するのに対し、時間制は、不定時法では昼夜と季節が循環し定時法では秒・分・時と日・週・月・年の単位が進行し、表面的には人間の現実行動とは無関係な機械的範疇として存在・作動すると観ることが可能である。二は制度を基礎づける権威の性質で、法では、複雑な規範を一つの精緻な論理体系に整序するために各法ごとに正統権威と管理機構の確立が不可欠であるのに対して、時間制では、正統権威と管理機構が法の場合ほど確立も集中もしてはいない。三に観念および実態においては、法は、観念的には道徳や慣習など他の規範とは異なる一特殊規範と識別されるが、実態ではそれら多種の諸規範とも諸社会事象とも関連・関係するのでその異なる在り方が問題となる。対して時間制は、実態ではあらゆる社会事象のすべてに不即不離に伴う前提的要因として、認識・考察の当然の範疇であるから視野から除かれても観念的には論理に反しない。現代法学はこの論理に従って時間論を放置してきたのである。

第五節　結　論

一　公式時間制の法規範性と社会的意義

時間は時間制として法規範を成して[25]おり、これを典型的に代表するのは国家法上の公式時間制である。

時間が天体の運行を測定して得られた自然科学上の法則に由来することは、知らぬ者のない常識に属する。そして、これに準拠して各国家がそれぞれの時制と暦制とを定めて国民の順う時間制を法定していることも、同様である。ならば、時間制は国家法上公式の制度すなわち法制度として法体系の一環にあり、それ自体が法規範を成すにほかならない。この点は、所有制度・契約制度・刑罰制度等が法制度として法規範でもあることと同じである。にもかかわらず、常識ではこのことが明確に認識されることがほとんどない。その理由は他にも挙げられるが、現代法学が時間を法と権利の効力の発生・継続・消滅に関わる契機のみに限り、これを作用している生きる人間の全能力を放置して問題を矮小化している態度に拠るに違いない。だが実際には、法規範としての時間制はそれを大きく越える範囲で国民生活を規律している。

現代の公式時間制としては、どの国も、時制としてはグリニヂ標準時を基準としまた暦制としては西暦を通用させ国際的な物資年度（第四章一〇四頁）にも順う点では、世界に共通時間制が確立していると言ってまちがいない。しかし他方では、各国が時制と暦制とのそれぞれに固有の制度を法定して特色をも示している例がまた多い。日本の特色は元号で現在は世界で唯一の例だが、外国には別の特色が目立つ。何よりも宗教暦が国家法により公式時間制として公認される例が多い。総じてムスリム国はイスラーム暦を基本としており、多数のキリスト教国では各教会暦とくにその祝日暦が共存するのは周知のとうりで、タイでは仏暦が、イスラエルではユダヤ暦がそれぞれ公式化されている（同一一二頁）。そのほか伝統の固有時間制を公式化するものも、情報は少ないが（たとえば同一一〇―一一三頁）世界の諸民族では多いと推定される。その意味においては、公式時間制も実は多元的なのである。

公式時間制が法規範として存立するということは、それが複合社会を大社会に統合するための政治権力の手段であることを意味するにほかならず、ゆえにまた政治的統合のシンボルでもあることである（ヨーロッパ史における教会暦と西暦が果たした役割を思え。瀬戸二〇〇一はこれを実証する）。ただし、時間制との関連で言うかぎり、この政治的統合については少なくとも近代以降においては三点を留意しなければならない。第一に、政治的統合の主体は独立の主権国家であるとはいえむしろそうであるがゆえに、並び存している他の諸国家と国際的に共通する時間制を持たねばならないことで、グリニヂ標準時の時制と西暦の暦制の世界的な普及がその証である。第二に、政治的統合による公式時間制は、大局的には国民に利益をもたらす他面では、社会に概存の個人時間と社会時間とを妨害ひいて弾圧しその反発を誘う事態もまぬがれない（上述Rutz, ed. 1992の挙げる例を見よ）。近代国家法はこれを中和する手段を用意した。公式時間制を国家として公定するとともに、人権の基礎に私的自由を置いて私人への関与を抑制する方針をとり非公式の個人時間と社会時間を容認する法的根拠としたのである。しかし最近の時間論が発見した事実においては、この公式時間制は男性支配の近代産業社会の論理に従うがゆえに、女性と人間の時間および自然環境の時間に逆らっており、またコンピューター時間の普及によって混乱を生じざるをえない。今や、公式時間制だけでは人間の全生活を適切に規律できないことが明瞭である。すなわち人間の全生活を適切に規律する時間制が別に認められなければならない。それが第三点である。

二　多元的な非公式時間制

人間の全生活を規律する時間制は、公式時間とともに実際に存在・作動する非公式時間制である。しかもこれは一様ではなくきわめて多様であるから文字どおり多元的時間制にほかならない。人間社会の時間制は、実は公式時間制と多様な非公式時間制とで形成される多元的時間制なのである。もともと個人は生を営む多くの単位社会でそれぞれの時間秩序に順うが、その重要性が増せばその管理機構が発達し、さらに権力を備えるとその社会は個有の時間制を制度として保持する時間制主体となる。ゆえに複合社会では、数多の時間制が並列あるいは重畳するから、それらの間にはコンフリクトもあるがそれが調整されると複合社会は一層拡大され、その動向はやがては国家に一体化するに至り公式時間制との調整も為しとげられる。公式時間制も、私的自由の名のもとに行われている諸社会の非公式時間制があればこそ、それとの調整をはたして社会に実効を発揮するのである。その意味において、非公式時間制が公式時間制と共存して人間の全生活を規律する人間的＝社会的意義は大きい。

　非公式時間制の実際の態様は、学界ではまだ明らかになってはいない。社会時間としては、現代社会につきギュルヴィッチが八種の時間を弁別した（第四章一一九―一二〇頁）がその時間制としての存在と作用については何も語っていないし、エンゲルはアメリカ社会にも公式時間と非公式時間または異質の時間との共存を認める（第一章二二―二三頁、第四章一一七頁）が時間制としての問題意識を持ってはいない。また部族社会でも、ゲルが集めた多様な社会的時間（第四章一三二―一三八頁）のうちには時間制を成すものもあったがその倫証を欠く。ゆえに多元的時間制は、その全態様は未知の世界に没したままであるにもかかわらず、その実在を証明する事実が少なくとも次ぎの二点で認められる。

まず、公式時間制と言えば国家が制定する時制と暦制だと言ってしまうと簡単なように聞こえるが、実際にはもっと複雑で多元的でもある。右に指摘しておいたように、公式時間制にも歴史と宗教あるいは国家と民族を異にするごとに多種類があった。そのほか学界には報告がなくとも地方文化が残っているあるいは部族社会を多く包容している国々では、公式時間制はまた別な形を示すであろう。それらの多くはまだ未知だが、公式時間制と非公式時間制との相関を確実に例証するものがある。祝日暦である。（第四章一一〇―一一一頁。）これは、どこの国でも、国民の順う多くの非公式の時間制による行事からも少数を選り抜いて採用し組織したものである。ここには、公式時間制が非公式時間制尊重してこれを統一するものであることが明瞭に示されている。

つぎに、非公式時間制の態様については全容はまだ知られていず、むしろ個人の時間感覚あるいはせいぜい社会の時間思潮の程度にとどまって社会制度を成すに至ってはいないものが目立つかもしれない。しかし他方では、多種類の宗教組織は時間制主体として個有の管理機構と権力をもって特有の時間制を護持しており、部族中にもそれと類似するものがあった。現代社会の多くの社会集団とくに社会団体は、各管理機構の権限によってそれぞれの時間制を維持しているが、公式時間制のもとにあっても独自に決定した制度として通用しており中には公式制とコンフリクトを呈するものもある。それらの実態を世界の実例で確認し理論化することが今後の課題である。

三　人間――法的時間の主体

以上に集約したように、時間は人間の社会に多様な面を示して存在するから、これを知識ないし科学の名において概念体系として確認しようとすれば、目的と観点の相違によって異なるものを幾様にも構成することが可能である。近代性に基づく既成法学は、国家法一元論と西欧法普遍論に代表される特有の方法論に従って、時間を超越する国家法の安定した権力を護るために、時間の意義を法的効力の発生・継続・消滅の契機として最狭義で認めることに限った。ゆえに法学においては国家法という特殊な規範だけに限定された法は、時間との間に本質的な関係を断絶されていたからこの関係を問題とすることもなかった。だが現実には、国家法の規制下に生きる人間とこれを囲む環境は時間の経過とともに変動しそれが国家法の規定と矛盾するに至ることも必然で、二〇世紀の末にはその種の矛盾が看過できなくなった。法律の効力、判例の変更、時効の意義、等々の問題ひいて法の本質が、本書各章が紹介したように法学者の間からも論じられるようになったのはその故である。

だがそれらの論議は、先駆的ではあっても伝統の法学理論を修正か補充かしようとする程度にとどまっていた。この限界を破り伝統理論を革新する意味を持つのが、オストが最後に提示した法的時間論であった。その四尺度すなわち、法的効果を過去に登録する記憶、過去を切断する免宥、未来を連結する予約、必要な見直しをする問題点修正は、法学理論が国家法の規範体系の内部構造のみに囚われていたのに比べると、その外に生きる人間が自己の生を生き続ける過程を法規範の機能の中に認めたものである。これは、法と時間とが互いに無関係として構成された概念ではあっても、生きる人間の主体的な活動においては不可分に相関する事象であることを示唆する点、オスト本人はその点を明言してはいないけれども、きわめて重要である。

私がそう評価する理由は、法理論に人間存在を導入することが本書の課題探求に光明を投げかけるからである。これに、オストが知りながら忘れていた問題すなわち国家法変動の観点を加えると、本シリーズが初めに聴いたが根拠の不明であった数先達の示唆が有力な根拠を得たことにもなっている。再言すれば、一方では、ギュルヴィッチが縷々述べたように、社会時間は人間こそが時間の中において法を作って護るのはもとより法に抵抗もし変革もしてきた歴史を示唆するものにほかならず、そこにはルッツも着目したように、時間制に関して大社会の時間制をめぐる諸（中）小社会のコンフリクトも同調もあり、故にベルクマンの指摘した逸脱時間もエンゲルが発見した異質な時間も疑いなく在る。その調整を大社会の基準時間が果たすのだが、それがグリーンハウスが看破したように権力により神話化され、人間がオストの言う四尺度を行使してもなお残る不満が蓄積すると、制定法による法制度の全面的改革ひいて法体制そのものの革命までを企図するに至るはずであるから、ゲルハルト・フッセルが経験する主体が法の変容の起爆装置だと示唆したこと、ルーマンが法システムは未来の予期構造だと強調したこと、そしてウェンドルフが時間に支配させるのではなく魂から出る意思をもって時間を手段として利用すべしと言った主張が、切々と迫ってくる。

ただし、オストが看過していたもう一点、しかしかわってゲルが詳しく紹介したような部族社会の時間制については、各時間制と平行しているはずの非公式法体制に国家法の四尺度をそのままには適用できないことが推察されるけれども、それだけに時間制を規律する法規範に対する各社会成員の対応は一層直接的かつ切実なはずである。その詳細な態様は今後有志の発掘に期待するほかない。

だがしかし、その到達点の予測としてここに断言して間違いないことがある。まず一方で、ジャック・アタリが「おのおのの社会は固有の時間と歴史とをもっている」と言うとうり（一九八六、一二頁）、社会には社会時間が不可欠の属性として随伴することである。しかも特定の社会的集団が特定の社会時間をその個有の法によってその社会の標準時間と定めることになると、この時間制が公式時間制のもとに非公式時間制として一般的に存立し、公式時間制との関係においては大体は平和的だが時にはコンフリクトを呈しつつ通用する。同時に他方で、またアタリの言「人間の時間とは彼の生そのものである」（同、三頁）は、人間は自己の個人時間を自由な時間秩序に編成して生を遂げることを示す。エドワード・ホールは時間は「人間精神の所産」であるから「不変でなく」（一九八三、一〇三頁）と、またミヒャエル・エンデは「ひとりひとりがそれぞれのじぶんの時間を持つ」ので「時計やカレンダーではかれるものではない」（一九七六、二〇一、二八五頁）とも言う。ただし個人時間もまた、平和的のみとは限らず、社会が人為による戦争や暴動あるいは自然の災害などによって混乱すると、人間の生活は時間秩序とともにまた混乱する。[26]

かくして時間制は、人間が生きる社会においては、公式および非公式の多種類が共存して多元性を成し、非公式時間性もそれぞれの非公式法をもって公式時間制とともに存立している。時間は、時間制を成してその意味における法規範なのである。

注

（1）　この期間、私は半生にわたった非西欧法研究に結末をつけようとしていて、それも一応済んだ（千葉一九九八とCapeller & Kitamura 1998）こともあったので、時間論に立ち戻った次第である。

（2）　本書の全体を通じて必要な文献を探索し入手するのに、各処で注記したように加藤哲美・徳永賢治・青木人志・北村隆憲の四君が積極的に手伝ってくださった。私は、およそ学問にはこのような研究協力が不可缺だと覚りその重要性を千葉二〇〇一dで論じた。

(3)　たとえば、中島一九九六は生活経験における時間の多様さを描き、ウォー二〇〇一は、時間制の諸単位をエピソードで解説し、河合二〇〇一は珍しいミクロネシアの「箱」型の時間感覚を報告するが、いずれも時間への関心にとどまり時間制に関する理論的関心を持ってはいない。梅林二〇〇〇も生命と社会のリズムを哲学論として主張し、中島二〇〇一は、カントの趣旨を客観的時間と主観的時間との二元が自我の構成する時間において実在すると説明するが、ともに経験論には無関心である。(なお補1を参照)

(4)　グローバリゼーションは、確かに現代法でも一動向には違いないから法学界でもしばしば論ぜられる。だが同時に、ローカリゼーションをも顧慮せねばならぬという声(戒能二〇〇〇、二一三―二一四頁が紹介する Joseph Thome の言)も、ポストモダン植民地主義だという批判(宮澤二〇〇一、一一頁の注記する Susan Silbeyの説)も、顧慮しなければならない。

(5)　この論者は、人間の持つ文化的普遍因子が世界の諸所で異なる伝統的時間を現象させるとして、生体のリズム、生命の年次、条件付けと学習、同時の社会的共存、言語上の時間、ナラティヴにおける自己表現、時間の神話、暦、自然の時計、人工の時計、の十要因を挙げている。文化論として検討する価値がある。

(6)　高橋進が最近ヨーロッパで得た所感を新聞に寄せ、グローバリゼーションでも、日本のコンビニのように「二四時間動いている」ことはなく、「昼と夜との区別はきちんと保って……ある特定の時間を集中させてグローバル化に挑戦している」と観ている(朝日新聞二〇〇一年一月一九日夕刊「時のかたち」)。時間思想の文化による相違がここにある。

(7)　本書のここまでの全章ではフランス語文献の参照が少なかった。これは私の主として依拠した外国語が一般と私自身の慣行にしたがって英語とドイツ語とで、フランス語文献が出てくることがほとんどなく、しかも私の活動する国際学界ではそれで通用していたからである。しかしとくに英語圏と仏語圏との学界交流の断絶とさえ言いたい学界の状況は一般的に言っても残念であり、私はフランス語に自信はないが前章でも本章でも最低限度必要と思われるものは参照することに努めた。知ってみると、時間論関係の仏語研究は案外に多かったばかりではなく、本書には不可欠のものもあった。中でも重要だったのは、後にソルボンヌ心理学研究所所長を務め著書*Psychologie du temps*, Paris: PUF, 1957の影響力により〝時間の父(Father Time)〟して尊敬されるPaul Fraisseであった（Michon 1993）。それと並んで前章で重要視したギュルヴィッチがあり、以後に指導的役割を演じているのが後述するオストである。ここで本シリーズが参照するまでに至らなかったが関係する新文献として私が注目したものを参考として次に紹介しておく。（参照したものは文献一覧表に記載。）J. Carbonnier, "Le systéme juridique: comme unité d'espace et de temps," en id., *Sociologie juridique*, Paris: C. Colin, 1972; id., "Le temps," *Sciences Humaines* (55), 1975; G. Pronovost, *Temps, cultures et sociétés*, Paris: Stock, 1979; id., "Temps et société," *Cahiers internationaux de sociologie* (67), 1979; F. Terré, *Le temps et le future*, Paris: PUF, 1985; id., "Temps et société. Perspectives sociologiques et historiques," *Revue internationale des droit sciences sociales* (107), 1986; id., "Temps sociologiques et temps juridiques," en *Annales de la Faculté de Université d'Istanbul* 30 (46), 1996; R. Sue, *Temps et ordre social*, Paris: PUF, 1994; P.A. Cote & J. Fremont, sous la direction de, *Le temps et droit*, Quebec: Cowansville, 1996; H. Barreau, *Le temps*, Que sais-je, Paris: PUF, 1996.

（8）現代法学は近代的な国家法一元論と西欧法普遍論を前提として法理論を構築している。それが長く世界でも正統の法学として通用してきた。これに対してポストモダン法学とくに多元的法体制論はこれを批判する声を挙げているが、日本の法学界は、一部の疑問をアジア法研究会（二〇〇〇年七月結成）として挙げてはいても、大勢は正統に従ったままである。私はこれを批判し非西欧法も法であることを正当に認めるために、まず多元的法体制論を支持し、最近は西欧法と非西欧法をそれぞれの実態に基き止揚して理論化するために総合比較法学に着想した（千葉二〇〇二）。それを可能にするためには、世界の各地に実在する法を西欧と非西欧との別なく正確に観察・分析できる概念枠組を用意せねばならないことを同時に主張し、そのための私案を他の機会にも提出していたから、ここでもそれを簡略にでも明示することが読者に便宜むしろ必要だと考えた次第である。

(9)　「管理機構が」と「これを管理機構によって運用」とは、本書に引用するにあたり挿入した。

(10)　三ダイコトミーの概念枠組については、日本では角田猛之と安田信之が注目しており、トルコとタヒチの若い研究者が公式法・非公式法、固有法・移植法、I原理の五概念は有用という評価した(Chiba 2002：242)。しかし他の法規則と法前提の二概念には賛否いずれも言及がない。これは私の説明が不足で読者がその意味を理解できないためであろうと察するので、ここに簡単ながらその説明を加えておく。

法規則は、国家法における法規を典型とするように、個々の行動準則を特定する規則で用語も概念も文字に精確に定式化され用法も厳密に定められている。これに対して法前提は、法学は原則・原理・理念等の諸用語で表示し概念・用法を一応定式化するが、その意味する価値観念は、多数の法規則に既知として通用するだけでなく将来起こりうる未知の事態をも予定しているから、概念・用法ともに法規則に比べてはるかに広く抽象性も大きい。この二語のダイコトミーの主要な効用は、非公式法を国家法と比べて特徴づけることにある。たとえば、国家法は、法規則が第一次的で完璧な法体系を前提するのに対して法前提は補充的である(ただし実際には、日本文化ではアメーバ的な法前提が働いて両者の比重が西欧諸国とは違うように、法文化の差がここに見られる)。多種類の宗教法も、教会法のように一見国家法に類するほど整備されている例もあるが、どれにおいても法前提の比重は国家法の場合より大きい。慣習法と言われる法は、その点は宗教法と似るが、法規則も法前提も特定とくに文字化と定式化は一般には進んでいない。それらの具体的な実例を世界から探しだし分類するのに、このダイコトミーは有用である。(なお補4を参照)

(11)　私が初めてアメリカに滞在することになり最初に個人的な招待を受けたとき、時間どうり正確に玄関を訪れたら、少々遅れるのが常識だと教えられた経験がある。

(12)　これはかれが最初に擧げた六種を間もなく修正し、二を新たに加えたものである。なおここのオスト説の紹介は、原文でなくファンフッケの紹介論文（Van Hoecke 1998）によった。

(13) Gianformaggio 1998の提案を採用した。

(14) アンドレ-ジャン・アルノオとも親しく二人共同の仕事を幾つもしている。現在はファンフッケとAcadémie Européenne de Theorie du Droitの共同議長の任にあり、私の研究を中心にしてアルノオが企画した非西欧法文化の概説書Capeller & Kitamura 1998を同アカデミーの叢書中に採用し、その序文を両議長の連名で書いている。なお、以下で紹介するオストの著書中最近で最重要のOst 1999は、青木人志助教授の教示で知り読んだことを感謝する。

(15) 小林の言う法の歴史哲学に関して、すぐ後の本文で言及した私の経験論からの資料を参考として付言しておく。かれは、法が実は日常的に「悪徳・悪行」という「負の人間性と接触し対面し格闘せざるをえない」のに、それが「ふつう法史では……表面には余り出てこない」と指摘する（一九九八—二〇〇二、Ⅵ、七一六頁）。この点は経験論から言えば当然だが、法哲学としては卓見と評価すべきである。私もこれを証明する事実と理論を持っているからである。一は「秩序（法）と紛争の連続性」理論で、法と紛争とは、社会理論としては異質な敵対現象とされるのが一般だが、私は一つの連続性中に反発しつつも共存する二要因と観る（千葉一九八〇）ので、その両因子が敵対するように見えるのは観点が相互に反対方向にあるからにすぎない。二は社会的紛争処理制度の意義で、文化史として言えばこれは紛争をただ抑圧するよりも儀礼化ないし制度化によって社会がコントロールして続行させて処理を導く人類の知の産物である（千葉二〇〇一a、一三七—一三九頁）。三はその実例で、最有力な例が裁判であるには違いないが他の人間文化にも違った形で在り、とくにスポーツは「規制された紛争」の典型である（同一五三—一五六頁）。

(16) 多元制の英語に、時間の場合はpluralityを、法にはpluralismを充てる。本質的にはどちらの用語でも概念規定さえ明確にしておけばよいのだが、規範性が時間よりも法に決定的な意義を持つことを重視して、区別することにした。

(17)　個人時間については、主観による多様な感覚がしばしば語られる。たとえば、三四年にわたって連載エッセイを書き続けた一著者はこう記している。

先月まで続いた「パイプのけむり」は、毎週木曜日が締切りだった。もう既に「パイプのけむり」と別れてから1ヶ月が過ぎるが、永年の間に身体に刻み込まれた、或いは脳に刻み込まれた所謂ヴァイオリズムと言うか、条件反射と言うか、なじかは知らねど、時が過ぎ、日が過ぎ、週の目盛りが水曜日、木曜日に差しかかると、知らぬ間に原稿用紙を取り出し、何かを記そうとする自分の姿を発見して、その愚を自嘲する。ベルが鳴る度に唾液と消化液を分泌する、イヴァン・ペトロヴィッチ・パヴロフの実験室の犬の姿が見え、その犬の悲しみが判るような気がする。(團二〇〇一、三六四頁)

(18)　しかし個人時間も社会的動向としては、本書が紹介したように近代的時間制の人間的生活とくに女性への圧力あるいは情報化時代における生活時間の変革などが、また社会学や心理学では現代における個人の時間利用の仕方ひいてはその社会的変化などが、主要な問題として議論されているように、研究の実績が少なくない。これに対して社会時間については、ジョージ・ミードが時間の社会性を強調し (Mead 1932, 1934, ミード二〇〇一)、ピティリム・ソローキンとロバート・マートンの共著が社会時間を論じた (Sorokin & Merton 1937, その趣旨は矢野一九九五、一三―一六頁を参照) などの先駆的業績はあったが、社会時間自体を理論化しようとする研究は発見できなかった (「社会的時間」を言う矢野一九九五もしかり)。したがって、以下本文の叙述は私の試論である。

(19)　社会時間の個人に対する要求は、その規範性によるだけではなく、圧力ないし暴力を通ずることもある。暴力は規範性と対照される正反対の機能を果たすと言われていることが多いが、暴力的手段が規範性と結びつけて権力となることもあるから、事はそう簡単には割り切れない。だがこの点はここでは保留したまま本文の論議を先に進める。

(20)　社会規範のこの四要件は、私もここで初めて提唱する試案である。ただし、私は、法については公式法はもとより非公式法をも含めてその要件を、価値・理念、権威・権力、権利・義務、サンクションの四要因としていて（千葉一九九八、七一―七二頁）、これを根拠に類推したものである。有志の検討を願ってやまない。（なお補4を参照）

(21)　ムスリムとしての義務には、礼拝・断食・巡礼など時間を順守する行事があるから、そこには時間の管理者もいるはずであるが、その資料を発見できなかった。個々の場合はカーディで、制度についてはイマームであろうと推察するが、正確なことは有志の教えを待つところである。

(22)　典型的には、学校の時間割と休暇と年間行事、職場の一日の勤務時間と年間の休暇である。

(23)　制度と言えば、それを制度と呼べる特徴が何かと問われるであろう。尤もな問いであるが、制度とは社会科学で頻度の最も高い用語の一つであるだけに諸分野・諸学者の使用する概念が多様で、その間に共通する概念は成立するに至っていないと認識されるので、ここは私見によって議論を進めることにする。本文に示した見解は法に関して使用される類語を比較して得られたもので、「体系」がどちらかと言うと全体の静態観であるのに対して、「秩序」がむしろ動態観であり、「システム」が総合的観点であるのと対照すると、制度はその全体すなわち一定の機能を果たす特定の構造体を含意する。

(24)　一つの多元的時間制の中には、ベルクマンの言う逸脱時間も含まれる。ただし、それも、当該社会の公式あるいは標準的な時間制からする評価に基づいてそう命名されるけれども、当該社会特有の社会時間としてこれに順っている当の住民の主体的観点では、公式ないし標準的な基準時間及び他の非公式時間制とともに形成する多元的時間制の中に共存しているのて、事実として在るのは公式時間と逸脱時間との間の調整あるいはコンフリクトである。

(25)　これを「法」と言ってもよいのだが、この一語では国家法と同視されることを虞れ、私の言う「非公式法」をも包含することを明確にするために、最広義の法を意味する「法規範」とした。杞憂であれば幸いである。

(26)　世界では、内戦や洪水・地震等による生活の混乱や破壊は、何時の世にも無数に起こってやまない。それはすべて、個人時間にせよ社会時間にせよ時間制の混乱原因でもある。最近の例としては、火山の噴火により三宅島から島外に避難した全島民は「時間の災害」により「生活のリズムや生き甲斐を失い、都会で暮らすストレス」に悩んでいると言われる（朝日新聞二〇〇一年三月一三日朝刊「記者ノート」）。

(補1)　当初は確たる見込みもなくともかくも挑戦した問題に本章で一応納得できる結論を得たと思って一〇年間の五論文をこの一書にをまとめることにしたのだが、本書第五章の初出論文を書き終わってから本書の校正にかかった一年余の間に、私の志向を支持すると解せられる幸いな好文献を幾つか知った。そのうちの相当部分は他の適当な場所で紹介あるいは引用したが、ここに一括したいものがある。

ブルゴワン二〇〇一は通俗解説書だが社会時間や権力の関与を適確に指摘し、Adam 2001 は時間の多様性を強調し、ライトマン二〇〇二はアインシュタインも三〇とおりの時間を夢みていたと書いているが、いずれも本書に新らしい問題あるいは視野を示唆するものではない。レヴィーン二〇〇二も公式時間制の信者であった一西欧人が非西欧の非公式時間に驚いたことを告白するだけである。

社会学者の河村望は、「いわゆる西欧の近代科学における時空論の誤りは、現象している相対的な時空の背後に、本質的な絶対的時空をおいているところにある」と批判し、時間と空間は個体が他との関係の中で「生きてゆく場所と経過を離れて抽象的に規定されるものでもな」い（一九九七、二八、三二頁）と言うのは正論で心強いが、私はその言だけではなくさらに具体的な事例による論証を聴くことを期待する。ルーマン社会学を発展させようとするアルミン・ナセヒは、時間は近代がユートピアとしたような予定進行ではなく（Nassehi 1994）、人に「不確実性を伴う未来の被害の現在における予期」を強いるから、時間処理とはリスク回避にほかならぬと主張するので、論証は不十分だが近代的時間を人間にとっての時間として見直す観点に立つものである。哲学者の植村恒一郎も、伝統的な時間論を批判し「量的な時間様相をも、「運動」「変化」「生成・消滅という基本に立ち返」ることを主張する（二〇〇二、五頁）から、時間を人間の生きる場と理解しているとと解せられる。三者いずれも近代的時間制の人間疎外を批判し人間の復権を目指す方向を示唆し、したがって私の志向を大局では支持すると言ってよいであろう。

広中他編二〇〇二は、山口大学時間学研究所の発足を記念する出版物で、内容は各人の従来の研究を簡潔に要約する二五学者の報告集で時間研究上の諸問題を総観すると言える。そのうち私がとくに注目するのは四点にわたってやはり私の志向を支持あるいは補強すると思われるものである。一の「間」については中村二〇〇二がその時間ひいて文化とくに日本文化中の意義を要約すること、二に人の「生死」が時間の問題として論じられていること（脇本二〇〇二、阿部二〇〇二、波平二〇〇二）、三に沙漠の民の生活時間には労働と遊びとくつろぎ・やすらぎ・ゆとりの三種があること（片倉二〇〇二）、そして四が、人は時間を移動し利用し収蔵するモノとして扱ってきた（山本二〇〇二）から、時間学に「自然科学的に説明した途端に本質がずり落ちな」いように環境問題や社会問題を包含する（広中二〇〇二、六頁）、「文系、理系の融合した総合科学」（井上二〇〇二、一二頁）の待望である。この書は、時間の中で具体的に生存し行為する人間の復権を目指す組織的な時間研究だと解せられ、私はその意味で私の志向を支持するものと、本書とその組織者広中平祐に感謝の心をもって今後の発展を切に祈る。ただし感謝には我田引水と批判もあろうし、祈りには反論もあるであろう、そうならばその論戦が十分に展開されて欲しいと願ってやまない。

（補2）「三ダイコトミー」の概念枠組は、当初の「法の三層構造」（公式法と非公式法と法前提）を止揚したつもりであった（千葉編一九八八、序論と結論を参照）。しかし、事と人によっては前者よりも後者の方が応用しやすいとする場合があるかもしれないと思い、英文書では後者をも残しておいた（Chiba 1989: chaps. 9, 12, pp. 8–9）。ウェルナー・メンスキーが評価したのは、むしろこの後者であった（Manski 2000: 68–76）。

（補3）個人時間はそのようにさまざまの形に現われるが、これを利用主体である本人にとっての意味から観て類別することが可能である。近代的時間観によれば、時は金なりだから時間は有効な時間と無駄な時間とに二大別され、前者の効果を挙げ後者を少なくすることが善とされ、後者は悪と見られる。ところが現実には、道徳的にも法的にも唾棄される紛争も実は秩序と共存している（本章注15を参照）ように、社会一般に通用し法律でも規定されて基準時間として疑われることのない時間制にも、基準を外れる時間が無数の個人の時間秩序には含まれている。ベルクマンが多くの時間論中に発見した、基準からの逸脱時間（Horton 1967の言うストリート時間を例示する）と継起中の停止時間（Lyman & Scott 1970とWeigert 1981の所論を例示）とである（三章七〇—七二頁参照）。ただしかれらはみなこれをあくまで例外と観て死んだ時間（dead time）あるいは反時間（antitime）とさえ言い、有効な時間のためには無意味ないし敵対的なマイナス要因とみなす。これに対して日本音楽その他の伝統文化における「間」は、古屋野正伍ほかの日本人学者だけでなく西欧人学者も強調するように、基準時間の外にあっても基準時間の内容ないし意味を補充どころか豊かに盛り上げる機能を果し当該文化には不可欠のプラス要因を成している（四章一二七—一二八頁、本章補1を参照）。英語では間隔（interval）と訳されることが多いが、それでは無駄かせいぜい無駄のようだが有用でもあるという程度のニュアンスであるのに、「間」は有用以上に必要である。それに対照すると真実無駄な時間も確かにあるから、基準時間ではないが実はそれに伴って人間の時間秩序を形成する異質な時間を、プラスであれマイナスであれ一括して非基準時間と概念化しておけば、それと基準時間との正負の関係を究明することが時間論の新たな課題として登場するはずである。そして、同じ課題は社会時間にも見出されるに違いない。しかしそれらを本書で論及する余裕はもはやないので有志の検討を願うだけである。

　時間の「間」ばかりではなく、空間にも、書画や庭園や能舞台その他東洋とくに日本の伝統文化には「空」あるいは「無」があって全体の美に不可欠な要因を成すことを顧慮すると、それと時間の「間」とを合わせ、時間と空間をただそれとしてだけでなく人間が生きる間にこれらをどう利用するか意味付けるかを探求することも、さらに先の課題として現われる。だが、これも後続の有志に期待するほかない。

（補4）　その後私自身、非公式法のスポーツ国有法と国家法とは共通する法の要件を査察したとき、社会規範のこの四要因を一部修正し、サンクションは法の体系的構造の一機能であるのでこれを「規範構造」に替え、最基礎の社会組織を「法主体」の名で加え、五要件とした（千葉二〇〇一a、８章）。

参照文献一覧（TSは *Time & Society*, STは *The Study of Time* の略）

阿部達也　二〇〇二。「時間意識と死生観——西欧の場合」、広中他編二〇〇二所収

阿部年晴　一九六六。『アフリカの創生神話』紀伊国屋書店

Adam, Barbara 1990. *Time & Social Theory,* Cambridge: Polity Press; 『時間と社会理論』（伊藤誓＝磯山甚一訳）法政大学出版局一九九七

——— 1992. "Modern Times: The Technology Connection and Its Implications for Social Theory," TS 1 (2)

——— 1996. "Beyond the Present: Nature, Technology and the Democratic Ideal," TS 5 (3)

——— 2001. "Introduction to the The Multiplicity of Time: Contribntions from the Tutzung Time Ecology Project, " TS 10 (2/3)

——— et al. 1997. "Ideas in Action: The Tutzung Time Ecology," TS 6 (1)

赤瀬川原平　一九九九。『島の時間——九州・沖縄　謎の始まり』平凡社

阿久津昌三　一九八八。「コスモスと社会」、吉田禎吾＝宮家準編『宗教人類学の諸相』（慶應通信）所収

Alexander, Samuel 1920. *Space, Time, and Deity: The Gifford Lectures at Glasgow 1916–1918,* London: Macmillan; rep. 1966

Alexy, Robert 1995. "Law, Discourse, and Time," in Bjarup & Blegvad 1995

——— 1998. "Droit, discours et temps," en Ost & Van Hoecke 1998

青木信仰　一九八二。『時と暦』東京大学出版会

Åqvist, Lennart 1995. "The Protagoras Case: An Exercise in Elementary Logic for Lawyers," in Bjarup &

Blegvad 1995
新井正一郎　一九九九。『アメリカ英語の歳時記』近代文芸社
荒木美智雄　一九八五。「聖なる時間・空間――宗教における歴史と構造の問題として」、新・岩波講座『哲学』7
Arnaud, André-Jean, sous la direction de 1988. *Dictionnaire encyclopédique de théorie et de sociologie du droit,* Paris: L.G.D.J; 2me éd. 1993
Arnold, Thurman 1935. *The Symbols of Government,* New York: Yale University Press
アタリ、ジャック　一九八六。『時間の歴史』（蔵持不三夫訳）原書房、原本一九八二
Aultman, Mark H. 1996. "A Lawyer's Perspective: Re-presenting Life to Society," in ST VIII
Aveni, Anthony F. 1989. *Empires of Time: Calendars, Clocks, and Cultures,* New York: Basic Books
Barreau, Hervé 2000. "The Natural and Cultural Invariants of the Representation of Time in France of Globalization," TS 9 (2/3)
Baslev, Amindita N. 1986. "Reflections on Time in Indian Phylosophy: With Comments on So-Called Cyclic Time," in ST V
Bell, John 1998. "Interpreting Statutes over Time," en Ost & Van Hoecke 1998
Bender, John, & David E. Wellbery, eds. 1991. *Chronotypes: The Constitution of Time,* Stanford: Stanford University Press
Bergmann, Werner 1981. *Die Zeitstructuren sozialer Systeme: Eine systemtheoretische Analyse,* Berlin
――― 1992. "The Problem of Time in Sociology: An Overview of the Literature on the State of Theory and Research on the 'Sociology of Time'," TS 1 (1)
Bergson, Henri 1889. *Essai sur les données immédiates de la conscience*;『時間と自由』（平井啓之訳）白水社一

九九〇
——— 1932. *Les deux sources de la morale et de la religion*;『道徳と宗教の二源泉』（中村雄二郎訳）白水社 一九七八。
ベルク、オギュスタン 一九八五。『空間の日本文化』（宮原信訳）筑摩書房、原本一九八二
Biesecker, Adelheid 1998. "Economic Rationals and a Wealth of Time: In Pursuit of a New Economy of Time," TS 7 (1)
Bjarup, Jes, & Mogens Blegvad, eds. 1995. *Time, Law, and Society,* ARSP Beiheft (64)
Blaustein, Albert, & Gisbet H. Flanz, eds. 1999. *Constitutions of the Countries of the World,* 17 vols., New York: Oceana Press
Blegvad, Mogens 1995. "Time, Society, and Law," in Bjarup & Blegvad 1995
Blythe, Jennifer M. 1992. "Climbing a Mountain without a Ladder: Cosmology and Oral Traditions," in ST 1 (1)
ブルゴワン、ジャックリーヌ・ド 二〇〇一。『暦の歴史』（南條郁子訳）智の再発見双書96、創元社、原本二〇〇〇
Bourdieu, P. 1963. "The Attitude of the Algerian Peasant toward Time," in J. Pitt-Rivers, ed., *Mediterranean Countryman,* Paris: Recherche Mediterranéennes
——— 1977. *Toward a Theory of Practice,* Cambridge: Cambridge University Press
Bowen, John R. 1992 "Centralizing Agricultural Time: A Case from South Sulawesh," in Rutz, ed. 1992
Brown, Alyson 1998, "Doing Time: The Extended Present of the Long-Term Prisoner," TS 7 (1)
Burman, R. 1981. "Time and Socioeconomic Change on Simbo," *Man* 15
チャペック、ミリチュ 一九九〇。「時間」（野家啓一訳）、『西洋思想大事典』2（平凡社）
Čapek, Milič 1991. *The New Aspects of Time: Its Continuity and Novelties: Selected Papers in the Philosophy of*

Science, Dordrecht: Kluwer
Capeller, Wanda, & Takanori Kitamura, sur la direction de 1998. *Une introduction aux cultures juridiques non occidentales: autour de Masaji Chiba*, Bruxelles: Bruyland
千葉正士　一九四九。『人間と法』丁子屋書店
――――　一九六三。「公権力の社会理論」、清宮博士退職記念『憲法の諸問題』（有斐閣）所収
――――　一九八〇。『法と紛争』三省堂
――――　一九八六。『要説・世界の法思想』日本評論社
――――　一九八八。『法社会学――課題を追う』成文堂
――――　一九八九。「現代日本法の象徴的機能」、『東海法学』（4）。千葉一九九一所収
――――　一九九〇。「真の国際的法社会学のために多元的法体制の研究を」、『法社会学』（42）。千葉一九九八所収
――――　一九九一。『法文化のフロンティア』成文堂
――――　一九九二。「時間の法文化的問題性――法と時間1」、『東海法学』（8）。**本書第一章**
――――　一九九三。「わが国現行時間制度の法律的起源――法と時間2」、『東海法学』（9）。**本書第二章**
――――　一九九八。『アジア法の多元的構造』成文堂
――――　一九九九a。「時間論における法――法と時間3」、『東海法学』（22）。**本書第三章**
――――　一九九九b。「法人類学の可能性」、『国士舘法学』（31）
――――　一九九九c。「多元的法体制」、国際基督教大学『社会科学ジャーナル』（43）
――――　二〇〇〇。「多元的時間制の諸相――法と時間4」、『東海法学』（24）。**本書第四章**
――――　二〇〇一a。『スポーツ法学序説』信山社
――――　二〇〇一b。「法規範としての多元的法体制――法と時間5」、『東海法学』（26）。**本書第五章**

――――二〇〇一c。「人間の法――個人から人類まで」、沖縄国際大学『沖縄法政研究』（3）

――――二〇〇一d。「共同研究と研究協力」、東京都立大学『総合都市研究』（75）

――――二〇〇二。「総合比較法学の推進を願う」、大木雅夫先生古稀記念『比較法学の課題と展望』（信山社）所収

――――編　一九八八。『スリランカの多元的法体制――西欧法の移植と固有法の対応』成文堂

――――＝濱野吉生編　一九九五。『スポーツ法学入門』体育施設出版。再版二〇〇〇

Chiba, Masaji 1989. *Legal Pluralism: Toward a General Theory through Japanese Legal Culture,* Tokyo: Tokai University Press.

――――2002. *Legal Cultures in Human Society*, Tokyo : Shinzansha International

千葉善彦　一九九六。『からだの中の夜と昼』中公新書

Clark, Graham 1992. *Space, Time and Man: A Prehistorian's View,* New York: Columbia University Press

Commaille, Jacques 1998. "La régulation des temporalités juridiques par le social et le politique," en Ost & Van Hoecke 1998

Coser, Rose Laub, ed. 1969. *Life Cycle and Achievement in America,* Harper Torch Books

Cross, Gary 1998. "Toys and Time: Playing and Parents' Attitudes toward Change in Early 20-Century America," TS 7 (1)

Cwerner, Saulo B. 2000. Research Note: "The Chronopolitan Ideal: Time, Belonging and Globalization," TS 9 (2/3)

團伊玖磨　二〇〇〇。『さよなら　パイプのけむり』朝日新聞社

ダンカン、デイヴィッド・E　一九九八。『暦をつくった人々――人類は正確な一年をどう決めてきたか』（松浦俊輔訳）河出書房新社、原本一九九八

Davis, Karen 1990. *Women and Time: Weaving the Standards of Everyday Life,* Amersham, UK: Auebury Press
Dicks, Bella 1997, "The Life and Times of Community: Spectacles of Collective Identity at the Rhondda Haitage Park," TS 6 (2/3)
Dingwell, Robert, Wolf Felstiner, & Tom Durkin 1999. "Time, Legal Culture and Legal Powers," paper presented before the Law & Society Association Meeting 1999
Donaldson, Mike 1996. "The End of Time?: Aboriginal Temporality and the British Invasion of Australia," TS 5 (2)
Durkheim, Emile 1912. *Les formes élémentaires de la vie religieus: le systéme totémique en Australi*;『宗教生活の原初形態』上・下（古野清人訳）岩波書店一九七五
Elias, Norbert 1982. "Über die Zeit," in *Merkur* 36 (9, 10); transl., *Time: An Essay,* Oxford: Basil Blackwell;『時間について』（井本晌二＝青木誠之訳）法政大学出版会一九九六
Emery, Eric 1975. *Temps et musique,* Lausanne: L'Age d' Homme; 2me éd. 1998
Ende, Michael 1973. *Momo,* Stuttgart: K. Thienemann;『モモ』（大島かおり訳）岩波書店一九七六
Engel, David 1978. *Code and Custom in a Thai Provincial Court,* Tucson, AZ: University of Arizona Press
——— 1984. "The Oven Bird's Song: Insiders, Outsiders, and Person Injuries in an American Community," *Law and Society Review* 18: 551–582
——— 1987. "Law, Time, and Community," *Law and Society Review* 21: 605–637
——— 1993. "Law in the Domain of Everyday Life: The Construction of Community and Difference," in Austin Sarat & Thomas R. Kearns, eds., *Law in Everyday Life,* Ann Arbor: The University of Michigan Press;「日常生活のドメインにおける法」（北村隆憲＝橋本聡訳）『東海法学』(24、25)
Erickson, Erik H. 1950. *Childhood and Society,* New York: W.W. Norton; 2nd ed. 1963

——— 1959. *Identity and the Life Cycle,* New York: International Universities Press; 2nd ed. 1980, W.W. Norton

Evans-Pritchard, E.E. 1940. *The Nuer,* Oxford: Clarendon Press;『ヌアー族』(向井元子訳)岩波書店一九七八

Falassi, Alessandro, ed. 1987. *Time out of Time: Essays on the Festival,* Albuquerque: University of New Mexico Press

Fernandez, James W. 1990. "Enclosures: Boundary Maintenance and Its Representation over Time in Asturian Mountain Villages (Spain)," in Ohnuki-Tierney 1990

Ferrarotti, Franco 1990. *Time, Memory and Society,* New York: Greenwood Press

Fitzpatrick, Peter 1998. "Law in the Antinomy of Time: A Micellany," en Ost & Van Hoecke 1998

Flood, Raymond, & Michael Lockwood, eds. 1986. *The Nature of Time,* Oxford: Basil Blackwell

Fraisse, Paul 1957. *Psychologie du temps*, Paris: Presses Universitaires de France; transl., *The Psychology of Time,* New York: Harper & Row, 1963

Francis-Smythe, Jan, & Ivan Robertson 1999. "Time-Related Individual," TS 8 (2)

Frändberg, Åke 1995. "Retroactivity, Simulactivity, Infraactivity," in Bjarup & Blegvad 1995

Franz, M.-L. von 1978. *Time: Rhythm and Repose*;『時間——過ぎ去る時と円環する時』(秋山さと子訳)平凡社一九八二

Fraser, Julius Thomas 1975. *Of Time, Passion, and Knowledge: Reflections on the Strategy of Existence,* Princeton: Princeton University Press; rev. 2nd ed. 1990

——— 1978. "The Individual and Society," in ST III

——— 1981. *The Voices of Time: A Comparative Survey of Man's Views of Time as Expressed by the Sciences and by the Humanities,* 2nd ed., Amherst: U. of Massachusetts Press; 1st ed. 1966

——— 1987. *Time: The Familiar Stranger,* Amherst: University of Massachusetts Press
——— 1998. "From Caos to Conflict," in ST IX
——— 1999. *Time, Conflict, and Human Values,* Urbana: University of Illinois Press
——— 2000. "Time, Globalization and the Nascent Identity of Mankind," TS 9 (2/3)
Freeman, Eugene, & Wilfred Sellers, eds. 1969. *Basic Issues in the Philosophy of Time,* Lassalle, Ill.: Open Court
藤井保憲　一九八九。『時間とは何だろうか』岩波書店
福井憲彦　一九八六。『時間と習俗の社会史——生きられたフランス近代へ』新曜社
伏見康治＝柳瀬睦男編　一九七四。『時間とは何か』中公新書
Gasparini, Giovanni 1995. "On Waiting," TS 4 (1)
Geertz, Clifford 1973. *The Interpretation of Culture,* New York: Basic Books
Gell, Alfred 1992. *The Anthropology of Time: Cultural Constructions of Temporal Maps and Images,* Oxford: BERG
『現行法規総覧』一九六〇—。第一法規出版
Gianformaggio, Letizia 1998. "Temps de la constitution, temps de la consolidation," en Ost & Van Hoecke 1998
Giddens, Anthony 1984. *The Constitution of Society: Outline of the Theory of Structuralism,* Cambridge: Polity Press
五味　亨　一九八五。「バビロニア暦」、『大百科事典』11（平凡社）
Gounis, Kostas 1992. "Temporality and the Domestication of Homelessness," in Rutz, ed. 1992
Green, Helm B. 1872. "Temporal Attitudes in Four Negro Subcultures," in ST I
Greenhouse, Carol J. 1989. "Just in Time: Temporality and the Cultural Legitimation of Law," *The Yale Law Journal* 98 (8)

Gross, Sabine 1996. "Real Time, Life Time, Media Time: The Multiple Temporality of Film," in ST VIII
Grossin, William 1993a. "Technological Evolution, Working Time and Remuneration," TS 1 (2)
——— 1993b. *Pour une science des temps: introduction à l'écologie temporelle,* Toulouse: Octares Editions
ギュルヴィッチ　一九五六。『法社会学』（潮見俊隆＝寿里茂訳）日本評論社、原本一九四七
Gurvitch, Georges 1958. *La multiplicité des temps sociaux,* Paris: Centre de Documentation Universitaire
——— 1963. "Chapitre XIII," en ibid., *La vocation actuelle de la sociologie,* t. 2, 2me éd., Paris: PUF; 3me éd. 1969.
Haarscher, Guy 1998. "Le temps du droit et l'expérience totalitaire," en Ost & Van Hoecke 1998
Hägerstrand, T. 1975. *Dynamic Allocation of Urban Space,* Farnborough: Saxon House
——— 1985. "Time and Culture," in G. Kisch et al., eds., *Time Preferences: An Interdisciplinary Theoretical and Empirical Approach,* Berlin: Wissenschaftszentrum
Hall, Edward T. 1966. *The Hidden Dimention,* New York: Doubleday;『かくれた次元』（日高敏隆＝佐藤信行訳）みすず書房一九七〇
——— 1976. *Beyond Culture,* New York: Doubleday;『文化を越えて』（岩田慶治＝谷泰訳）ＴＢＳブリタニカ一九七九
——— 1983. *The Dance of Life: The Origin of Time,* New York: Doubleday;『文化としての時間』（宇波彰次訳）ＴＢＳブリタニカ一九八三
Halpern, J.M., & T.L. Christie 1996. "Time: A Tripartic Sociocultural Model," in ST VIII
Handelman, Don 1990. "Shaping Time: The Choice of the National Emblem of Israel," in Ohnuki-Tierney 1990
原田敏治　二〇〇〇。「明治期一農村人の時間と空間」、齋藤道子編二〇〇〇所収
Harris, Paul Andre 2000. "www.timeandglobalization.com/narrative," TS 9 (2/3)

長谷部言人　一九四三。『大小暦』龍渓書房、複刻一九八八
橋本萬平　一九六六。『日本の時刻制度』塙書房、増補一九七八
Hassard, John, ed. 1990. *The Sociology of Time*, London: Macmillan
服部セイコー編　一九八八。『時間——東と西の対話』河出書房新社
ハウトスミット（Gaudsmit）、サミュエル・A＝ロバート・クレイホーン　一九七五。『時間の測定』（小野健一監訳）ライフ
Heidegger, Martin 1927. *Sein und Zeit*;『存在と時間』上・中・下（桑木務訳）岩波文庫一九六〇—六三
Hernadi, Paul 1992. "Objective, Subjective, Intersubjective Times: Guest Editor's Introduction," TS 1 (2)
比嘉政夫　一九九三。『沖縄の祭りと行事』沖縄文化社
樋口謹一編　一九八八。『空間の世紀』筑摩書房
土方　昭　一九八四。「解題」、ルーマン『内的時間の現象学』（土方昭訳、みすず書房）所収
——　一九九八。『反哲学の哲学——ルーマンの理論によせて』新泉社
土方　透　一九八五。「N・ルーマン『法社会学』最近の展開」、『法律時報』57（5）
Hinckfuss, Ian 1975. *The Existence of Space and Time*, Oxford: Oxford University Press;『時間と空間の哲学』（村上陽一郎＝熊倉功二訳）紀伊国屋書店一九七九
広井良典　一九九九。『生命と時間』勁草書房
広中平祐　二〇〇二。「時間学研究所の発展を期待して」、広中他編二〇〇二所収
——＝他編　二〇〇二。『時間と時——今日を豊かにするために』日本学会事務センター／学会出版センター
広瀬秀雄　一九七八。『暦』東京堂、新装一九九三
Hofmeister, Sabine 1997. "Nature's Temporalities: For Environmental Politics," TS 6 (3)
『法規分類大全』再刊　原書房、2政体門（2）一九七八、58学政門一九八一、原本一八九一

『法令全書』一九七五―。原書房
Hörning, Karl H., et al. 1999. "Do Technologies Have Time? New Practices of Time and the Transformation of Communication Technologies," TS 8 (2)
Horton, John 1967. "Time and Cool People," *Trans-Action* 4:5–12
星野英一　一九七八。「時効制度に関する覚書――その存在理由を中心として」、同『民法論集』(有斐閣)所収
Husserl, Edmund 1928. *Zur Phänomenologie des inneren Zeitbewusstseins*;『内的時間意識の現象学』(立松弘孝訳)みすず書房一九六七
Husserl, Gerhart 1955. *Recht und Zeit,* Frankfurt am Main: Vittorio Klostermann
井深信男　一九九〇。『行動の時間生物学』朝倉書店
Ingold, Tim 1995. "Work, Time and Industry," TS 4 (1)
井上慎一　二〇〇二。「時間学への眺望――生物の時間と脳科学への期待」、広中他編二〇〇二所収
International Social Science Journal 1986. No. 107, "Time and Society: Sociological and Historical Perspectives," Oxford: Basil Blackwell, for UNESCO
Intzssiloglou, Nikolaos 1998. "Espace-temps et champs de relativité juridiques dans la galaxie du système ouvert," en Ost & Van Hoecke 1998
石田友雄　一九八四。「ユダヤ暦」、『大百科事典』5(平凡社)
岩井眞実　二〇〇二。「演劇と時間」、広中他編二〇〇二所収
Jackson, Bernard 1998. "On the Atemporality of Legal Time," en Ost & Van Hoecke 1998
『時間と空間の社会学』一九九六。岩波講座『現代社会学』6
樺山紘一　一九九六。「時間の社会史――遊戯の時間」、岩波講座『現代社会学』6
戒能通厚　二〇〇〇。「〝法と社会〟学会２０００年次大会に出席して」、『法社会学』(53)

上岡弘二　一九八五。「ペルシャ暦」、『大百科事典』13（平凡社）

金子　亨　二〇〇二。「トキはコトに乗って」、広中他編二〇〇二所収

Karlsson, Mikael 1995. "Time out of Mind: Memory, Sexual Abuse, and the Statute of Limitations," in Bjarup & Blegvad 1995

片倉もとこ　二〇〇二。「沙漠の〝とき〟――多文化多文明時代の時間観を考える」、広中他編二〇〇二所収

加藤秀俊　一九八二。『生活リズムの文化史』講談社現代新書

川田順造＝坂部武恵編　一九八七。『ときをとく――時をめぐる宴』リブロポート

川北稔編　一九八八。『〝非労働時間〟の生活史――英国風ライフスタイルの誕生』リブロポート

河合利光　二〇〇一。『身体と形象――ミクロネシア伝承の民族誌的研究』風響社

河村　望　一九九七。「時間と空間のなかの社会学」『東京女子大学社会学会紀要』（25）

川島武宜　一九六七。『日本人の法意識』岩波新書

Kellerman, Aharon 1989. *Time, Space, and Society: Geographical Societal Perspectives*, Dordrecht: Kluwer

剣持武彦　一九九二。『「間」の日本文化』朝文社、初版講談社現代新書一九七八

Kern, Stephan 1983. *The Culture of Time and Space 1880–1918*, Cambridge: Mass.: Harvard University Press；『時間の文化史』（浅野敏夫訳）法政大学出版会一九九三、『空間の文化史』（同訳）一九九七

Kertzer, David I., & Jennie Keith, eds. 1984. *Age and Anthropological Theory*, Ithaca: Cornell University Press

木田　元　二〇〇〇。『ハイデガー〝存在と時間〟の構築』岩波現代文庫

Kightly, Charles 1986. *Custons and Ceremonies of Britain*, London: Thames and Hudson

木村敏　一九八二。『時間と自己』中公新書

『キリスト教大事典』　一九八五。改定新版、教文館

Kirste, Stewphan 1999. "Recht und Zeit im Deutschen Idealismus," ARSP Beiheft 85 (1)

Klages, Ludwig 1944. *Vom Wesen des Rhythmus*, Zürich: Gropengiesser,『リズムの本質』（杉浦実訳）みすず書房一八七一

小林直樹 一九九五—。「人間の科学と哲学——一法哲学者の〝哲学的人間学〟ノート」Ⅰ-Ⅷ（未完）、『法学協会雑誌』一一二巻(1)—一一四巻(7)

—— 一九九八—二〇〇二。「法の人間学的考察」Ⅰ—Ⅷ（完）、『法学協会雑誌』一一五巻（11）—一一九巻（4）

国民生活研究所 一九四四。『ライフ・サイクルと生活行動に関する研究』同研究所

—— 一九四五。『ライフ・サイクルと生活設計』同研究所

古屋野正伍 一九五五。「社会構造としての時間的整合について——都市化の指標のための一假説」、『社会学評論』5（3）

Koyano, Shogo 1998. "Dynamics of Japanese Values: Noh Drama and Tea Ceremony," in G. Trommsdorff et al., eds., *Japan in Transition: Sociological and Psychological Aspects*, Lengerich: Pabst Science Publishers

「暦」一九八四。『大百科事典』4（平凡社）

Kümmerer, Klaus 1996. "The Ecological Impact of Time," TS 5 (2)

国安 洋 一九八一。「音楽的時間」、村上編一九八一所収

倉沢 剛 一九八九。『小学校の歴史——小学校政策の模索過程と確立過程』Ⅱ、日本放送出版協会、原本一九六五

黒田 満 一九八五。「年度」、『大百科事典』11（平凡社）

Landes, David S. 1983. *Revolution in Time: Clocks and Making of the Modern World*, Cambridge, Mass.: Belkamp Press

Leach, Edmund 1961. *Rethinking Anthropology*, London: Athlone Press;『人類学再考』（青木保＝井上兼行訳）

思索社一九八五
Lee, Heejin, & Jonathan Liebenau 2000. "Time and the Internet at the Turn of the Milennium," TS 9 (1)
Lestienne, Remy 2000. "Editorial," TS 9 (2/3)
レヴィーン、ロバート　二〇〇二。『あなたはどれだけ待てますか——せっかち文化とのんびり文化の徹底比較』（忠平美幸訳）草思社、原本一九九七
Lévi-Strauss, Claud 1955. *Tristes tropiques*, Paris: Pelon;『悲しき熱帯』（川田順造訳）中央公論社一九七七
——— 1962. *La pensé sauvage*, Paris: Pelon;『野性の思考』（大橋保夫訳）みすず書房一九七六
Lewis, D. 1973. *Counterfactuals*, Oxford: Basil Blackwell
ライトマン、アラン　二〇〇二。『アインシュタインの夢』（浅倉久志訳）ハヤカワ文庫、原本一九九三
Lovell, Anne M. 1992. "Seizing the Moment: Power, Contingency, and Temporality in Street Life," in Rutz, ed. 1992
Luce, Gay Gaer 1972. *Body Time: Physiological Rhythms and Social Stress*, New York: Panteon Books;『ボディ・タイム——ヒトであることを忘れた現代人』（団マリア訳）思索社一九七二
Luhmann, Niklas 1972. *Rechtssoziologie*, Hamburg: Rowohrt;『法社会学』（村上淳一＝六本佳平訳）岩波書店一九七七
——— 1982. *Soziologische Aufklärung*, Opladen: Westdeutcher Verlag;『社会システムと時間論』（土方昭訳）新泉社一九八六
Lundmark, Lennart 1993. "The Historians' Time," TS 2 (1)
Lyman, Standford, & B. Scott 1970. *A Sociology of the Absurd*, New York
Macaulay, Stewart 1889. "Popular Legal Culture: An Introduction," *The Yale Law Journal* 98: 1545–1558
MacCormick, Neil 1995. "Time, Narrative, and Law," in Bjarup & Blegvad 1995

Macey, Samuel L. 1978. "The Changing Iconography of Father Time," in ST III

—— 1991. *Time: A Bibliographic Guide*, New York: Garland

——, ed. 1994. *Encyclopedia of Time*, New York: Garland

McGrath, Joseph E., & Janice R. Eelly 1986. *Time and Human Interaction: Toward a Social Psychology of Time*, New York: Guilford

McTaggart, J.M.E. 1927. *The Nature of Existence*, Vol. 2, Book 5, Cambridge: Cambridge University Press

—— 1968. "Time," in R.M. Gale, ed., *The Philosophy of Time*, Brighton: Harvester Press

Malt, Gert-Frederick 1995. "Dynamic Interpretation. Social and Temporal Aspects in Interpretation," in Bjarup & Blegvad 1995

真木悠介　一九八一。『時間の比較社会学』岩波書店

Marin, Rafael Hernandez, & Giovanni Sartor 1998. "Time in Legal Norms: A Computable Representation," en Ost & Van Hoecke 1998

丸山真男　一九六一。『日本の思想』岩波新書

松前重義　一九八二。『現代文明論』改訂版、東海大学出版会

松本亮三　一九九五a。「時間と空間の文明学——感じられた時間と刻まれた時間」、同編一九九五所収

——　一九九五b。「インカ暦再考」、同編一九九五所収

——編　一九九五。『時間と空間の文明学——感じられた時間と刻まれた時間』共栄書房

松尾浩也　一九八〇。「時効制度」、向坊編一九八〇所収

モース、マルセル　一九八一。『エスキモー社会——その季節的変異に関する社会形態学研究』（宮本卓也訳）未来社、原本一九〇六

Mayer, Philip, ed. 1970. *Socialization: The Approach from Social Anthropology*, London: Tavistock

Mazor, Lester J. 1986. "Law in the Eyes of Time," *Rechtstheorie* Beiheft 9

Mead, George H. 1932. *The Philosophy of the Present,* ed. by A.E. Murphy, Chicago: The University of Chicago Press

——— 1934. *Mind, Self and Society: From the Standpoint of a Social Behaviourist,* ed. by C.W. Morris, Chicago: The University of Chicago Press

ミード、G・H　二〇〇一。『現在の哲学　過去の本性』（河村望訳）人間の科学社、「現在の哲学」は Mead 1932 の訳

Medicott, Dianna 1999. "Surviving in the Time Machine: Suicidal Prisoners and the Pains of Prison Time," TS 8 (2)

Mellor, D. 1981. *Real Time,* Cambridge: Cambridge University Press

Melucci, Alberto 1998. "Inner Time and Social Time in a World of Uncertainty," TS 7 (2)

Menski Werner 2000. *Comparative Law in a Global Context: The Legal Systems of Asia and Africa,* London: Platinium

Menzius, Heather 2000. "Cyberspace Time and Infertility: Thought on Social Time and the Environment."TS 9 (1)

Merry, Sally E. 1988. "Legal Pluralism," *Law and Society Review* 22: 870–901

Michon, John A. 1993. "Father Time," TS 2 (1)

Middleton, John 1970. *From Child to Adult: Studies in the Anthropology of Education,* Garden City, N.Y.: The Natural History Press

Mills, Melinda 2000. "Providing Space for Time: The Impact of Temporality on Life Course," TS 9 (1)

南　博編　一九八三。『間の研究』講談社

見田宗介　一九九六。「序――時間と空間の社会学」、『時間と空間の社会学』一九九六所収

――＝栗原彬＝田中義久編　一九八八。『社会学事典』弘文堂

宮澤節生　二〇〇一。「序文――本書の背景と構造」、財団法人法律扶助協会編『アジアの法律扶助』（現代人文社）所収

三好洋子　一九八四。「中世ヨーロッパの生活暦」、『大百科事典』5（平凡社）

Moore, Sally F. 1992. "Treating Law as Knowledge: Telling Colonial Officers What to Say to Africans about 'Their Own' Native Courts," *Law & Society Review* 26 (1)

Moore, Wilbert E. 1963. *Man, Time & Society*, New York: John Willy;『時間の社会学』（丹下隆一＝長田攻一訳）新泉社一九七四

Morello, Gabrielle 1997. "Sicilian Time," TS 6 (1)

本川達雄　一九九二。『ゾウの時間ネズミの時間――サイズの生物学』中公新書

――　一九九六。『時間――生物の視点とヒトの生き方』ＮＨＫ出版

森安達也　一九八四。「古代ギリシャの暦、古代ローマの暦」、『大百科事典』5（平凡社）

Mount, Nicholas J. 1994. "Baseball Time," TS 3 (3)

向坊隆編　一九八〇。『時間』東京大学公開講座、東京大学出版会

村上陽一郎　一九七四。「時間の哲学的基礎」、伏見＝柳瀬編一九七四所収

――　一九八〇。「古典的物理学的世界像と時間」、向坊編一九八〇所収

――　一九八一。「時間と人間――序論」、村上編一九八一所収

――　一九八六。『時間の科学』岩波書店

――編　一九八一。『時間と人間』東京大学教養講座、東京大学出版会

中島義道　一九九六。『時間を哲学する』講談社学術文庫

――― 二〇〇一。『カントの時間論』岩波現代文庫
名嘉真宜勝　一九九九。『沖縄の人生儀礼と墓』沖縄文化社
Nakamura, Hajime 1981. "Time in Indian and Japanese Thought," in Fraser 1981
中村敏枝　二〇〇二。「〝間〟の感性」、広中他編二〇〇二所収
中野義照　一九六九。『インド法の研究』高野山大学
中山伸一　一九八四。「エジプト暦」、『大百科事典』２（平凡社）
波平恵美子　二〇〇二。「個人の存在の始まりと終わりについての観念」、広中他編二〇〇二所収
浪本勝年　一九八四。「学期」、『大百科事典』３（平凡社）
ナセヒ　アルミン　二〇〇二。「リスク回避と時間処理――近代社会における時間のパラドックス」、土方透＝アルミン・ナセヒ編著『制御のパラドックス』（新泉社）所収
Nassehi, Armin 1994. "No Time for Utopia: The Absence of Utopian Contents in Modern Concepts of Time," TS 3 (1)
那須耕介　二〇〇一。「〝ルール〟観の鍛えなおしに向けて」、『アメリカ法』（1）
Needham, Josef 1981. "Time and Knowledge in China and the West," in Fraser 1981
――― 1988. "Time and Eastern Man," *Cultural Dynamics* 1 (1)
Neisser, U. 1976. *Cognition and Reality of Time,* San Francisco: W.H. Freeman
Nguyen, Dan Thu 1992. "The Spacialization of Metric Time: The Conquest of Land and Labour in Europe and the United States," TS 1 (1)
Nishimoto, Ikuko 1997. "The 'Civilization' of Time: Japan and the Adoption of the Western Time System," TS 6 (2/3)
新田博衛　一九八五。「作られた空間・作られた時間――芸術はなんのために」、新・岩波講座『哲学』７

能田忠亮　一九四三。『暦の本質とその改良』ＮＨＫ出版協会
――　一九六六。『暦――技術の上からの歴史を見る』至文堂
Nousiainen, Kevät 1995. "Time of Law – Time of Experience," in Bjarup & Blegvad 1995
Nowotny, Helga 1998. "Time of Complexity," in ST IX
落合一泰　一九八八。「時間のかたち――記録・記憶・希求」、伊藤幹治編『文化人類学へのアプローチ』（ミネルヴァ書房）所収
織田一朗　二〇〇二。『「時」の国際バトル』文春新書
Ohnuki-Tierney, Emiko, ed. 1990. *Culture through Time: Anthropological Approaches*, Stanford: Stanford University Press
岡田芳朗　一九七二。『日本の暦』木耳社、愛蔵保存版一九九六
――　一九九四。『明治改暦――「時」の文明開化』大修館
――　一九九九。『暦のからくり』はまの出版
――＝阿久根末忠編著　一九九三。『現代こよみ読み解き事典』柏書房
岡安　洋　一九八一。「音楽的時間」、村上編一九八一所収
O'Mally, Michael 1990. *Keeping Watch: A History of American Time*, New York: Viking Pengum;『時計と人間――アメリカの時間の歴史』（高島平吾訳）晶文社一九九三
―― 1992. "Standard Time, Narrative Film and American Progressive Politics," TS 1 (2)
大森荘蔵　一九九二。『時間と自我』青土社
Ost, François 1985. "Les multiples temps du droit," en F. Terré, *Le droit et le future*, Paris: PUF
―― 1988a. "Temporal Pluralism and Legal Relativism: Contribution to the Study of De-Legalisation," in Terrence Daintith, ed. *Law as an Instrument of Economic Policy: Comparative and Critical Approaches*, Ber-

lin: W. de Gruyther

——— 1988b. "Temporalité juridique," en Arnaud 1988

——— 1993. "Temporalité juridique," en Arnaud 1993

——— 1996. "Memoire et pardon, promesse et remise en question. La déclinaison éthique des temps juridiques," en P.A. Cote & J. Fremont, sous la direction de, *Le temps et droit*, Quebec: Cowansville

——— 1998a. "L'instantané ou l'institué? L'institué ou l'instituant? Le droit a-t-il pour vocation de durer?," en Ost & Van Hoecke 1998

——— 1998b. "L'heure du jugement. Sur la rétroactivité des décisions de justice. Vers un droit transitoire de la modification des régles jurisprudentielles," en Ost & Van Hoecke 1998

——— 1998c. "Le temps virtuel des lois post-modernes ou comment le droit est traité dans la société de l'information," en G. Martin et J. Clan, sous la direction de, *Le transformation de la régulation juridique - premier bilan*, Paris: L.G.D.J.

——— 1999. *Le temps du droit,* Paris: Odile Jacob

——— & M. Van de Kerchove 1993. "Pluralisme temporel et changement. Les jeux du droit," en *Nouveaux itinéraires en droit. Hommage à François Rigaux,* Bibliothéque de la faculté de droit de l'université Catholique de Louvain, 22, Bruxelles: Bruylant,

——— & Mark Van Hoecke, sous la direction de 1998. *Temps et droit: Le droit a-t-il pour vocation de durer? Time and Law: Is It the Nature of Law to Last?,* Bruxelles: Bruylant

太田正造　一九六一。『国家の構築——公式制度・靖国神社・有事法制』ぎょうせい

尾高朝雄　一九三七。『法哲学』日本評論社

———　一九四二。『実定法秩序論』岩波書店

——— 一九五二。『法律の社会的構造』勁草書房
——— 一九六〇。「現象学派の法哲学」、同他編『法哲学講座』5（有斐閣）
Paine, Robert 1992. "Jewish Ontologies of Time and Political Legitimation," in Rutz, ed. 1992
Panikkar, Raimundo 1978. "Time and Sacrifice: The Sacrifice of Time and the Ritual of Modernity," in ST III
Perkins, Maureen 1998. "Timeless Cultures: The 'Dreamtime' as Colonial Discourse," TS 7 (2)
Pertierra, Raul 1993. "Time and the Local Constitution of Society: A Northern Philippine Example," TS 2 (1)
Peters, K. 1966. "Der Zeitfaktor im Strafrecht," *Studium Generale* 19
Petev, Valentin 1998. "Temps et transmutation des valeurs en droit," en Ost & Van Hoecke 1998
Pöppel, Ernst 1985. *Grenzen des Bewusstseins: Über Wirklichkeit und Welterfassung,* Stuttgart: Deutsche Verlag
Powell, Christopher 1993. "Present Concern with Future Time: The Evidence of Building Permanence and Mutability," TS 2 (1)
Renteln, Alison D. 1988. "Relativism and the Search for Human Rights," *American Anthropologist* 90: 56–72; repr. in id., *International Humen Rights: Universalism Versus Relativism,* Newbury Park, CF: Sage Publications
Rigaux, François 1998. "Une machine à remonter le temps: la doctrine du précédent," en Ost & Van Hoecke 1998
Roos, Nikolas 1998. "On Crime and Time," en Ost & Van Hoecke 1998
Rotenberg, Robert 1992. "The Power to Time and the Time to Power," in Rutz, ed. 1992
Rowell, Lewis 1978. "Time in the Musical Consciousness of Old High Civilizations: East and West," in ST III
——— 1979. "The Creation of Audible Time," in ST IV
——— 1983. *Thinking about Music: An Introduction to the Philosophy of Music,* Amherst: University of

Massachusetts Press

―― 1996. "Ma: Time and Timing in the Traditional Arts of Japan," in ST IX

Rutz, Henry J. 1992. "Introduction: The Idea of a Politics of Time," in Rutz, ed. 1992

―― ed. 1992, *The Politics of Time,* American Ethnological Society Monograph Series (4)

―― & Erol M. Balkan 1992. "Never on Sunday: Time-Discipline and Fijian Nationalism," in Rutz, ed. 1992

劉文英　一九九二。『中国の時空論』東方書店

佐伯　守　一九八九。「法の現象学」、『松山大学論集』1(4)、2(2、5)

相良亨他編　一九八四。『講座・日本思想4　時間』東京大学出版会

齋藤　博　一九九五。「文明営為と時間」、松本編一九九五所収

―― 二〇〇〇。「計時と象徴営為」、齋藤道子編二〇〇〇所収

斎藤国治　一九九五。『日本中国朝鮮三国古代の時刻制度――天文学による検証』雄山閣

齋藤道子　一九九五。「古代中国における土地と人間――春秋時代を中心に」、松本編一九九五所収

―― 二〇〇〇a。「時間と支配――総説」、同編二〇〇〇所収

―― 二〇〇〇b。「春秋時代の支配権と時間」、同編二〇〇〇所収

――編　二〇〇〇。『時間と支配――時間と空間の文明学』東海大学出版会

坂上　孝　一九八八。「空間の政治経済学」、樋口編一九八八所収

産経新聞取材班　二〇〇一。『祝祭日の研究――「祝い」を忘れた日本人』角川書店

佐藤政治編著　一九六八。『日本暦学史　付宣明暦の研究』駿河台出版社、改訂一九七一

佐藤聡明　一九八七。「ときをきく」、川田＝坂部一九八七所収

佐藤俊夫　一九六六。『習俗――倫理の基底』塙新書

サヤマサン、ロン　一九七七。『タイの歴史』(二村龍男訳) 近藤出版社、原本一九七一

Schauer, Frederick 1991. *Playing by the Rules: A Philosophical Examination of Rule-Based Decision-Making in Law and in Life*, Oxford: Clarendon Press

Schöps, Martina 1980. *Zeit und Gesellschaft,* Stuttgart

Schütz, Alfred 1960. *Der sinnhafte Aufbau der sozialen Welt,* Wien

——— 1980. *The Phenomenology of the Social World,* London; orig. 1932

『性と年齢の人類学』 一九九八。 高橋統一先生古稀記念論文集、岩田書院

瀬戸一夫 二〇〇一。『時間の政治史——グレゴリウス改革の神学・政治論争』岩波書店

Shaw, Jenny 1994. "Punctuality and the Everyday Ethics of Time: Some Evidence from the Mass Observation Archive," TS 3 (1)

Shimada, Shingo 1995. "Social Time and Modernity in Japan: An Exploration of Concepts and a Cultural Comparison," TS 4 (2)

Sorokin, Pitirim 1943. *Sociocultural Causality, Space and Time*; repr., New York: Russell & Russell, 1964

——— & R.K. Merton 1937. "Social Time: A Metodological and Functional Analysis," *Amercan Journal of Sociology.* 42 (5)

Soulsby, Marlene P. 1989. "Mind and Time: A Comparative Reading of Haiku, Kafka, and Le Guin," in ST VI

シュペングラー、オズワルド 一九二六。『西洋の没落』（村松正俊訳）五月書房、原本一九一八—二二

Srubar, Ilja 1975. *Glaube und Zeit,* Diss., Frankfurt

Stahl, William H. 1992. "Chronology," rev. by L. Ochsenschlager, in *Encyclopedia Americana* 6

Steward, Barbara 2000. "Changing Times: The Meaning, Measurement and Use of Time in Teleworking," TS 9 (1)

須藤健一＝他編 一九八八。『暦史のなかの社会——社会人類学の可能性』I、弘文堂

The Study of Time. Ed. by J.T. Fraser et al.
I: *Proceedings of the Conference of the International Society for the Study of Time*, Berlin & New York: Springer, 1972
II: *Proc. of the Second Conf. of the Intl. Soc. for the St. of Time, Lake Yamanaka-Japan*, ibid., 1975
III: *Proc. of the Third Conf. of the Intl. Soc. for the St. of Time, Alpbach-Austria*, ibid., 1978
IV: *Papers from the Fourth Conf. of the Intl. Soc. for the St. of Time, Alpbach-Austria*, ibid., 1981
V: *Time, Science, and Society in China and the West*, Amherst: University of Massachusetts Press, 1986
VI: *Time and Mind*, Madison, CT: International Universities Press, 1989
VII: *Time and Process*, ibid., 1992
VIII: *Time and Life*, ibid., 1996
IX: *Time, Order, Chaos*, ibid., 1998

末　利光　一九九一。『間の美学——日本的表現』三省堂選書
田淵安一　一九八七。「抉りと刻み——時間記号についての発生論的試み」、川田＝坂部一九八七所収
高橋統一　一九九八。『家隠居と村隠居——隠居制と年齢階梯制』岩田書院
武笠峻一　一九九〇。「時計の統合と近代社会の形成」、『社会学評論』一六三号
滝川義人　二〇〇一。『図解　ユダヤ社会の仕組み』中経出版
滝浦静雄　一九七六。『時間——その哲学的考察』岩波新書
田村克己　一九八七。「創世神話」、石川栄吉＝他編『文化人類学事典』弘文堂
田村康二　一九九八。『「時間医学」で読む病気の時刻表』プレイブックス、青春出版社
田中　元　一九七五。『古代日本人の時間意識——その構造と展開』吉川弘文館
谷川　渥　一九八六。『形像と時間——クロノポリスの美学』白水社

多和田葉子　二〇〇二。『球形時間』新潮社

Tedlock, Barbara 1992. *Time and the Highland Maya*, Albuquerque: University of New Mexico Press

Teubner, Gunther, ed. 1988. *Autopoietic Law: A New Approach to Law and Society*, Berlin: de Gruyther

Tiemersma, D., & H.A.F. Oorterling, eds. 1996. *Time and Temporality in Intercultural Perspective*, Amsterdam: Rodop B.V.

Time & Society. Pub. since 1992 by Sage Publications, London

徳永賢治　二〇〇〇a。「多元的法体制考」、沖縄国際大学『沖縄法政研究』（2）

——　二〇〇〇b。「転換期の国家法一元論」、沖縄国際大学公開講座委員会編・発行『転換期の法と政治』所収

——　二〇〇一。「時間のなかの法と法のなかの時間」、『沖縄法政研究』（3）

Tomonaga, Tairako 1996. "Time and Temporality from a Japanese Perspective," in Tiemersma & Oorterling 1996

『トポス　空間　時間』一九八五。新岩波講座『哲学』7

Trivers, H. 1985. *The Rhythm of Being: A Study of Temporality*, New York: Philosophical Library

土屋吉正　一九八四。「教会暦」、『大百科事典』4（平凡社）

辻　信一　二〇〇一。『スロー・イズ・ビューティフル』平凡社

角山栄　一九九八。『時間革命』新書館

Turton, D., & C. Ruggles 1978. "Agreeing to Disagree: The Measurement of Duration in a Southwestern Ethipoian Community," *Current Anthropology* 19

内田正男　一九八六。『暦と時の事典』雄山閣

内山　節　一九九三。『時間についての十二章』岩波書店

植田重雄　一九八三。『ヨーロッパ歳時記』岩波新書

――――　一九八五。『ヨーロッパの祭と伝承』早稲田大学出版部、講談社学術文庫一九九九

植村恒一郎　二〇〇二。『時間の本性』勁草書房

梅林誠爾　二〇〇〇。『生命の時間　社会の時間』青木書店

UNESCO 1976-79. *At the Cross-Road of Culture:* Vol. 1: *Culture and Time*, 1976; Vol. 2: *Time and Philosophies*, 1977; Vol. 3: *Time and the Science*, 1979

ウオー、アレグザンダー　二〇〇一。『時間の話』（空野羊訳）はまの出版、原本一九九九

Urciuoli, Bonnie　1992. "Time, Talk, and Class: New York Puerto Ricans as Temporal and Linguistic Others," in Rutz, ed. 1992

Van de Kerchove, Michel　1998. "Accélération de la justice pénale et traitement en《temps réel》," en Ost & Van Hoecke 1998

Van Hoecke, Mark 1998. "Time & Law - Is It the Nature of Law to Last?　A Conclusion," en Ost & Van Hoecke 1998

Varga, Csaba 1998. "Norms through Parables in the New Testament. An Alternative Framework for Time and Law," en Ost & Van Hoecke 1998

Verdery, Katherine 1992. "The 'Extaization' of Time in Ceausescu's Romania," in Rutz, ed. 1992

脇本平也　二〇〇二。「宗教が見た死」、広中他編二〇〇二所収

渡辺　慧　一九四七。『時』白日書院、再版一九七四

渡邊敏夫　一九七六。『日本の暦』雄山閣

――――　一九九四。『暦入門――暦のすべて』雄山閣

渡瀬信之　一九九〇。『マヌ法典』中公新書

——— 一九九一。『サンスクリット原典全訳　マヌ法典』中公文庫

和崎春日　一九九二。「都市祭礼における規制と自由——祭りの固有法文化」、湯浅他編『法人類学の地平』（成文堂）所収

Weigert, A. J. 1981. *Sociology of Everyday Life,* New York

Wendorff, Rudolf 1980. *Zeit und Kultur: Geschichte des Zeitbewusstseins in Europa,* Opladen: Westdeutscher Verlag

——— 1988. *Der Mensch und die Zeit: Ein Essay*

——— 1993. *Tag und Woche, Monat und Yahr: Eine Kulturgeschichte des Kalenders*

Whipp, Richard 1994. "A Time to Be Concerned: A Position Paper in Time and Management," TS 3 (1)

ホイットロウ、G. J. 一九九〇。「時間と測定」、『世界思想大事典』２（平凡社）

Whitrow, Gerald James 1961. *The Natural Philosophy of Time,* Oxford: Clarendon Press; 3rd ed. 1980

——— 1972. *What is Time,* London: Thames & Hudson;『時間　その性質』（柳瀬睦男＝熊倉功二訳）法政大学出版会一九七三

——— 1989. *Time in History: Venus of Time from Prehistory to the Present Day,* Oxford: Oxford University Press.

Wijffls, Alain 1998. "La validité *rebus sic stantibus* des conventions: quelques étapes du développement historique," en Ost & Van Hoecke 1998

Wilson, Colin, ed. 1980. *The Book of Time*, Westbridge Books;『時間の発見——その本質と大脳タイム・マシン』（竹内均訳）三笠書房一九八二

ウィンクラー、ギュンター　一九九六。「法と時間」（森秀樹訳）、『比較法制史研究』５（未来社）

Winkler, Günter 1995. *Zeit und Recht: Kritische Anmerkungen zur Zeitgebundenheit des Rechts und des*

Rechtsdenkens, Wien: Springer-Verlag

Wintgens, Luc, & Roger Vergauwen 1998. "No Time for Time: Realism, Legalism and the Logic of Situations," en Ost & Van Hoecke 1998

Wiredu, Kwasi 1996. "Time and African Thought," in Tiemersma & Oorterling 1996

World Holidays and Telephone Guide　一九九六。ＫＤＤテレサーブ編・発行

Würtenberger, Thomas, Herg. 1969. *Phäomenologie, Rechtsphilosophie, Jurisprudenz: Festschrift für Gerhart Husserl zum 75. Geburtstag,* Frankfurt am Main : Vittorio Klostermann

山口隆二　一九五六。『時計』岩波新書、再刊一九九〇

山本和之　二〇〇二。「言語表現から見た時・時間」、広中他編二〇〇二所収

山下晋司　一九九六。「観光の時間、観光の空間――新しい地球の認識」、岩波講座『現代社会学』6

矢野真和編著　一九九五。『生活時間の社会学――社会の時間・個人の時間』東京大学出版会

横山玲子　一九九五。「マヤの時間」、松本編一九九五所収。

――――　二〇〇〇。「球戯と王権――マヤの神話『ポポル・ヴフ』に語られた世代交代と権力の継承」、齋藤道子編二〇〇〇所収

Young, Michael 1988. *The Metronomic Society: Natural Rhythms and Human Timetables,* Cambridge, Mass: Harvard University Press

―――― & Tom Schuller, eds. 1988. *The Rhythms of Society,* London: Routledge

Zerubavel, Eviatar 1981. *Hidden Rhythms: Schedules and Calendars in Social Life,* Chicago: The University of Chicago Press;『かくれたリズム――時間の社会学』（木田橋美和子訳）サイマル出版会一九八四

―――― 1982. "The Standardization of Time: A Sociological Perspective," *American Journal of Sociology* 88 (1)

——— 1991. *The Time Line: Making Distinctions in Everyday Life*, New York: The Free Press

事項索引

人名索引

人名索引

〈著者紹介〉

千葉正士（ちば　まさじ）、1919年誕生

1948　東北大学大学院後期課程修了（法哲学）
1949—83　東京都立大学勤務（法哲学）、現名誉教授
1981—　国際法人類学会理事
1983—93　東海大学勤務（法社会学）
1988—91　日本法社会学会理事長
1992—95　日本スポーツ法学会会長

主な業績

1962　『学区制度の研究』勁草書房
1969　『現代・法人類学』北望社
1970　『祭りの法社会学』弘文堂
1986　Ed., *Asian Indigenous Law*, London: KPI
1989　*Legal Pluralism*, Tokyo: Tokai University Press
1998　『アジア法の多元的構造』成文堂
2001　『スポーツ法学序説』信山社
2002　*Legal Cultures in Human Society*, Tokyo: Shinzan-sha International

法と時間

2003年(平成15年) 3月30日　第1版第1刷発行
3090-0101

著　者　千　葉　正　士
発行者　今　井　　貴
発行所　信山社出版株式会社
〒113-0033 東京都文京区本郷6-2-9-102
電　話 03（3818）1019
FAX 03（3818）0344
http://www.shinzansha.co.jp

Printed in Japan

印刷・製本／勝美印刷・大三製本
ISBN4-7972-3090-8　C3332
3090-012-040-015
NDC分類321.001

千葉正士著

スポーツ法学序説　二九〇〇円

Legal Cultures in Human Society　九三三三円

法と時間　六五〇〇円